KB268711

영 · 업 · 의 · 힘

판매의 달인이 되는 기술

정철원 지음

Master
of Sales

가림출판사

책을 내면서

　우리 주변을 살펴보면 빡빡한 세상살이에 힘드신 분들이 많습니다. 우리 나라에서 자영업을 하시는 분들이 약 700만 명이고 현장에서 대기업이던 중소기업이던 제품을 판매하는 업종에 있는 분들까지 판매, 영업의 현장에서 지금도 열심히 뛰어다니고 있습니다.

　이 책을 집필한 이유는 많은 분들이 잘 먹고 잘 살기 위해서 그렇게 노력을 하는데도 불구하고 막상 부딪치는 현실은 어떻게 해야 판매가 많이 되는지를 모르고 있기 때문입니다. 그 누구도 그들에게 해결할 수 있는 방법을 알려 주지 않는, 아니 알려 주려고 해도 그것이 무엇인지 몰랐던 것에 대해서 그 길을 알려 주고자 하는 이유였습니다.

　그래서 많은 분들이 판매를 잘해서 돈도 많이 벌고 세금을 많이 내고도 많이 남게 해 주고 싶어서 판매는 어떻게 하는 것이고, 고객은 어떤 사람들이며, 거절은 어떻게 해야 고객을 이길 수 있는 것인지, 판매하는 기법에는 어떤 것이 있는지를 기존의 판매와 관련된 모든 것들과 차별화해서 알려 주고 싶었습니다.

　처음 장사를 시작하는 분들, 처음 영업을 시작하는 분들치고 열정이 없는 사람이 어디 있겠습니까? 누구 못지않게 큰 꿈을 가지고 시작을 할 것이고 이 분들 중에 잘못된 결과를 바라는 사람이 한 명이라도 있었겠습니까?

그런데 장사가 잘되지 않아서 월세다, 인건비다, 관리비다해서 적자를 면치 못하고 있으며, 판매왕이 되려던 꿈은 온데간데없이 1년도 채우지 못하고 영업 현장을 떠나는 분들이 그렇게 많을까요?

지금도 이런 모습을 우리 주변에서 많이 볼 수 있습니다.

그래서 누구도 알지 못했고 누구도 알려 주지 않았던 판매라는 것에 도전장을 던져 봅니다. 아직도 세일즈에서 성공하지 못한 많은 분들이 있는 이유를 필자는 '판매 원리가 뭔지', '영업이 뭔지', '어떻게 하면 상품이 팔리는 것인지', '어떻게 하면 매일 힘이 나는 자신을 찾을 것인지'에 대해서 그 누구도 알려 주지 않았고, 가르쳐 주지 않았고, 어디서 배울 수도 없었기 때문이라고 생각을 합니다.

그분들은 지금까지 판매할 상품을 누구보다도 열심히 그 상품만 가지고 고객에게 친절히 판매를 하려고 했던 것이 전부였다고 봅니다.

상품이 어떤 공식으로 판매가 되는지와 어떤 공식으로 거절을 이겨낼 수 있는지도 가르쳐 주고 싶었고 어떤 것이 진짜로 고객을 만족시켜 주는 판매인지도 공유해 주고 싶었던 것이 진정한 마음입니다.

열심히 했지만 성공하지 못하고 있는 결과가 결코 독자 잘못이 아닙니다. 지금은 친절함만 가지고는 고객을 이길 수 없습니다. 잘하고 싶어서 그 분야

에서 성공한 사람들의 저서도 구입해서 보고 좋은 것은 따라 해 보려고 했던 노력들도 그 결과가 만족스럽지 않은 이유는 그분들의 내용은 누구나 할 수 있는 것이 있는 반면에 누구나 할 수 없는 내용들도 많았기 때문입니다.

이 책의 내용은 누구나 따라 할 수 있는 내용으로 엮어져 있습니다.

이 책을 집필하기 전부터 판매하는 분, 영업 현장을 뛰는 분들을 만나왔고 앞으로도 계속 만나겠지만, 그분들이 최선을 다하는 노력에 비해 뭔가 부족하고 필요한 것이 있었지만 그것이 무엇인지 정확히 몰랐고, 가슴을 시원하게 만들어 주는 지침서가 없다는 현실에 필자의 마음이 많이 아팠습니다.

책 내용에도 언급이 되어 있지만 현장에 있는 많은 분들이 지금도 당하고 있는 거절에 기분이 나빠지고, 슬퍼지고, 좌절하는 모습을 보면서 지금까지 있었던 모든 판매나 영업 교육에 대해서 도전장을 던져 보자는 마음이 생겼습니다. 독자들의 성원을 많이 받아서 모두가 힘들어도 지치지 않는 즐겁고 신 나는 판매, 영업 분야의 교과서가 되었으면 합니다.

누구나 판매의 달인이 될 수 있다는 말을 믿습니까?

지금부터는 수호아빠를 믿기 바랍니다. 단 편하게 다이어트되지 않듯이 같이 노력해야 한다는 약속은 해 주셔야 합니다. 반드시 한 가지 한 가지를 여러분들 것으로 만들어야 한다는 약속은 해 주셔야 합니다.

걱정하지 않아도 됩니다. 누구나 할 수 있는 것을 알려 드리겠습니다.

아무쪼록 이 책을 통해서 많은 분들이 새롭게 일어나는 모습을 보는 것이 글쓴이의 바램이며, 그런 분들이 많아서 세금이 부족한 우리나라의 복지가 세계 1등이 되는 모습을 그려 봅니다.

그리고 이 책을 만드는데 힘이 되어 주신 지맹욱 과장님, 손경삼 담당님, 이용재 상무님, 가림출판사 대표님을 비롯한 직원분들께 감사를 드리며 항상 필자에게 힘이 되어 주는 수호와 수호엄마 선영 씨에게도 고맙다는 말을 전합니다.

여러분들은 할 수 있습니다. 수호아빠와 같이 파이팅 합시다. 도와드리겠습니다.

준비되셨죠?

이제 시작해 봅시다.

수호아빠 정철원

차례 contents

Shoes
Shoes

1장

수호아빠 판매 특허
고객을 알아야 한다

My Shopping List

01

수호아빠 판매 특허 첫 번째

M. H. D. 판매에는 원리가 있다

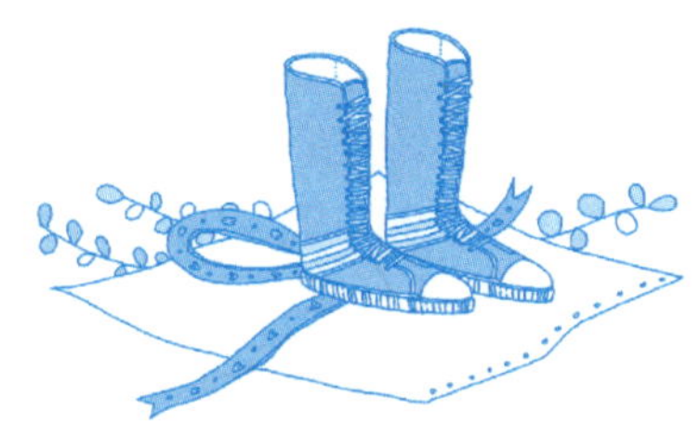

판매나 영업하는 사람들, 사업주, 종업원을 포함한 모든 사람들 대부분이 '어떻게 하면 많은 판매를 해서 돈을 많이 벌 수 있을까'에 대한 생각을 해 보지 않은 사람들은 없을 것이다.

많은 사람들이 '어떻게 하면 판매를 많이 할 수 있을까' 하고 각 업종별 판매왕들의 성공 사례를 탐독하고 따라해 보지만 그것이 생각보다는 쉽지 않다는 것을 느꼈을 것이다. 왜냐하면 사람들마다 가지고 있는 외모나 성향, 경험의 차이 등으로 인해 무조건 내 것으로 만들어지지 않기 때문이다.

판매 현장에서는 '많은 실패를 해 봐야 판매에서 성공할 수 있다'라는 말이 정답처럼 전해지고 있으며, 판매에는 왕도가 없는 것은 당연한 것이고, 수많은 실패와 거절을 밥 먹듯이 해 보는 것만이 판매의 노하우를 터득하는 비결인 것처럼 판매 리더들은 말하고 있다.

필자는 판매 현장에서 일하고 있는 많은 분들에게 판매라는 것이 1+1=2처럼 '정답이 있는 것이구나' 라는 것을 알려 주고 싶다. 이것을 실천함으로써 수많은 실패 속에서 느끼는 좌절감, 판매가 적성에 맞지 않는다고 판매 현장을 떠나는 분들에게 다시 한번 판매왕에 도전하여 경제적으로 성공한 삶을 이룰 수 있는 열정을 드리고 싶은 마음이다. 그래서 나름대로 터득한 판매의 원리와 기법, 거절을 극복하는 방법, 판매의 순서 등을 중심으로 누구나 판매를 잘할 수 있게 변신하는 모습을 만들어 드리고 싶다.

판매자 입장에서 보면 매장도 예쁘게 꾸며 놓고, 좋은 제품으로 친절하면서 적극적인 자세로 상품을 설명하고, 고객의 입장에서 가격 흥정도 해 보는데 말처럼 쉽게 판매로 연결되지 못하고 거절을 맛보게 된다.

대체적으로 고객이 구매하면서 기쁨을 느끼지 못하고 필요에 의한 구매만 하게 되는 현상을 사회가 경제적으로 어렵고 고물가 시대에 발생되어지는 고객들의 구매 패턴이라고 종결짓고, '장사가 잘 안 된다', '고객들이 예전처럼 지갑을 잘 열지 않는다', '경기가 풀리면 좀 나아지려나', '종업원들이 좀 더 친절하게 하면 좋겠는데' 라고 한숨만 쉬고 있었다.

지금까지 사업주를 비롯한 판매자들이 좋은 상품으로 기존 고객을 방문하고, 신규 고객 발굴을 위해서 열심히 설명을 했는데도 고객이 구매를 하지 않았던 경험들을 토대로 그 결과의 책임을 고객에게만 있는 것으로 귀결시켜 버렸던 판매자들의 모습에 대한 종결을 선언하기 바란다.

지금부터는 어떤 원리에 의해서 판매가 되고, 고객이 구매하지 않는 근본적인 원인은 어떠한 것이며, 왜 판매에 순서가 있어야 되는 것인지, 고객이 거절하지 못하게 만드는 원리가 무엇인지, 상품 설명은 어떤 방법으로 해야 구매율이 올라가는지를 차근차근 배워 나가면서 실천이 무르익을 즈음 판매에 종사하는 모든 분들이 판매의 달인이 되어 있을 것을 확신한다.

지금부터 판매의 원리를 이루는 3가지에 대해 알아 보자

MONEY 고객의 지갑에서 나가는 돈이 아니라 고객이 느끼는 물건에 대한 가격의 무게

고객들이 판매자에게 가장 쉽게 물어보는 것이 '이거 얼마예요?' 다. 고객은 마음에 드는 물건을 보고, 그 상품에 대한 가격을 스스로가 정한다. 살아온 환경이나 경제적 수준 차이는 있지만 구매를 하고자 하는 모든 고객들은 한결같이 자신이 그 상품의 가격을 미리 정한다.

예를 들어서 윈도 안에 걸려 있는 예쁜 옷을 보고 고객은 가격이 궁금해진다. 직원에게 가격을 물어보기 전에 스스로 그 상품에 대한 가격 선을 정한 다음에 물어보는 것이 상품의 질적인 내용에 앞선다.

직원은 고객의 마음에 어느 정도 정해져 있는 가격 가이드는 알 수 없는 상태에서 고객이 물어보는 가격에 대해서 보통은 신속하고 친절하게 응대를 한다. 그런데 그 대답을 들은 고객들의 반응은 양 갈래로 구분이 되는 현상이 판매 현장에서 나타난다.

고객은 자신이 정한 가격 가이드에 맞거나, 혹은 그 아래로 형성된 대답을 들었을 때와 그 가이드를 훨씬 넘어선 대답을 들었을 때의 행동이 확연하게 구분된다는 것이다.

다시 말해서 고객은 자신이 정한 가이드와 비슷하거나 그 아래로 형성된 가격대에서 지갑을 열 가능성이 높다. 반면에 고객에게 그 상품의 좋은 장점과 상품을 이용했을 때 얻을 수 있는 여러 혜택을 설명도 못해 본 채 가격 가이드

를 넘어선 대답 때문에 고객은 떠나게 된다는 것이다.

아주 간단하게 생각할지 모르겠으나 판매자는 고객에게 친절하게 그것도 모자라 고객 감동을 주자는 문구는 어디서 봤는지 고객이 물어보는 질문(가격에 대한 질문)에 최고로 친절하게 '그 상품 가격은 얼마입니다', '오늘 세일해서 얼마입니다' 함으로써 판매의 원리 중 가장 중요한 위치에 있는 가격에 대한 가치를 설명할 기회도 갖지 못하고 고객을 떠나 보내는 것을 반복하고 있으며 그 흥정의 결과를 구매하지 않은 고객 탓만 하고 있었다.

그런 와중에 자연스럽게 '정말 좋은 상품을 고르셨습니다' 라고 말하는 판매자가 있었다면 그 사람은 분명 그 업종에서 잘하는 편에 들어가는 사람이다. 가격이라는 민감하고 판매 원리 중 중요한 위치를 차지하고 있는 것이 알고 보면 판매 거절을 당하게 된 근본 원인이었던 셈이다.

고객은 상품을 구매하기에 앞서 어느 정도의 지출을 생각하고 물어보는 것인데, 판매자는 그 지갑을 너무 쉽게 열려고 했던 것이 아닌가 라는 생각을 해 본다.

지금까지는 잘 판매하는 사람과 그렇지 않은 사람들 모두 똑같이 열심히 하고 있고, 나름대로 고객에게 친절한 것은 똑같았다. 왜냐하면 흔히 말하는 고객의 차이에 따라서 그런 결과가 나왔다고 결론을 냈고, 또 구매를 하려고 하는 고객과 그렇지 않고 눈으로만 쇼핑을 하는 고객의 차이 때문에 판매를 잘하고 못하고 차이가 나는 것으로 치부해 버리는 경우가 대부분이었기 때문이다.

필자가 분명 판매에는 공식이 있다고 하였는데 그 공식을 그림으로 보면 다음과 같다.

판매 원리 : 판매에는 왕도가 있다(공식이 있어서 판매가 되었던 것이다)

① 판매는 정확한 원리에 의해서 되는 것이다.

② MONEY, HAPPY, DON'T WORRY (이하 M. H. D.)만 알아도 판매의
절반은 성공할 수 있다.

③ 나 스스로 어느 항목에 더 집중하고, 어느 항목에 부족함이 있는
가 판단한다.

④ 고객은 H와 D에 따라 구매가 결정되는 경우가 더 많다.

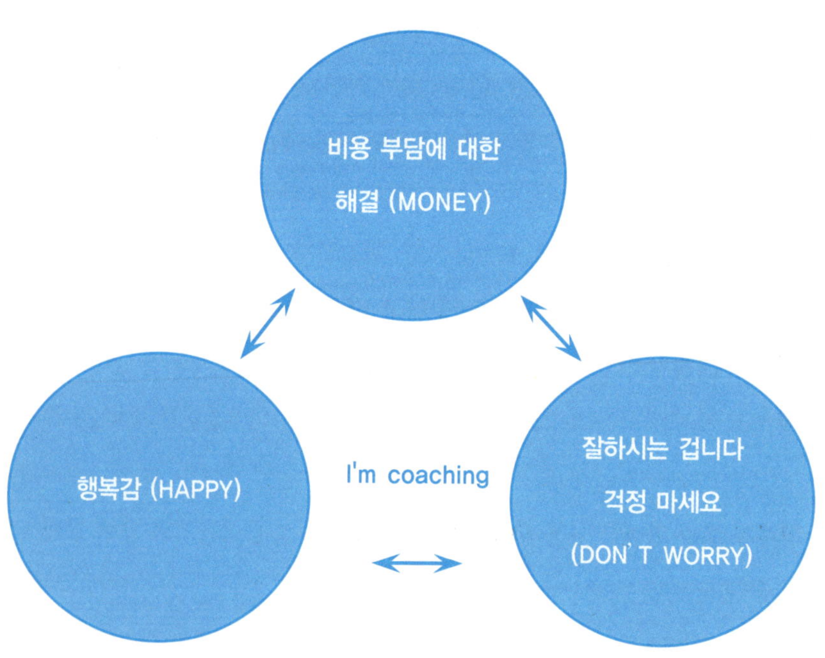

지금까지의 판매는 판매의 원리에서 말하는 M. H. D. 중에 M에 해당하는 부분조차도 습득되지 않은 상태에서 고객 응대를 한 결과인데, 판매 원리에서 말하는 MONEY란 무엇을 말하는 것인지 그 가격의 가치는 무엇인지를 알게 된다면 앞으로는 어떤 물건을 판매하던 반드시 성공하는 세일즈가 될 것이다.

필자의 판매 원리에서 말하는 MONEY란 무엇인가?

이는 판매하는 상품에 대해서 고객이 지갑을 열 수 있는 '가격의 가치'라고 말할 수 있다. 판매 원리에서 고객이 지출하는 가격대가 10,000원대 이하라면 판매의 원리가 필요 없어지게 되고 이 가격대의 상품을 판매하는 경우는 판매자의 열정과 노력으로 하면 된다.

판매의 원리가 적용되는 가격대는 적게는 10,000원 이상부터 몇천만 원까지라고 범위를 넣을 수 있다. 고객이 지불하는 가격대가 10,000원 미만에서는 판매의 원리, 고객의 거절을 사전에 제거할 수 있는 등의 세일즈 기법은 필요치 않다고 본다. 10,000원대 이하의 상품이라면 그 상품을 구매할지, 구매를 하지 않을지 금방 결정을 하게 되는 가격대이기 때문이다.

판매 원리에서 말하는 MONEY는 우리가 고객에게 전달하는 숫자의 가격을 말하는 것이 절대 아니다. 이는 고객이 매장 혹은 현장을 방문했을 때 그 상품에 대해서 고객이 느끼는 가치의 수준을 말하는 것이다.

고객이 비싸다거나 괜찮다라는 반응을 나타내는데, 이는 고객이 그 물건에 대해서 느끼는 가치의 수준으로 들을 줄 알아야 한다. 판매자는 고객들의 반응에 대해서 단지 가격이 비싸다는 것으로 듣고 끝나는 것이 아니라, '그 고객이 왜 비싸다고 생각하는 것인지', '우리가 이 상품의 가치를 더 높이 느끼게끔 진열이나 설명이 어디가 부족했는지'에 대해 정확한 피드백을 항시 할 줄 알아야 된다.

MONEY에 대한 부분은 고객이 느끼는 상품에 대한 매력과 고객 자신이 지불할 돈의 무게를 '시소' 에 올려두고 어디가 더 무거운가에 따라서 구매냐, 구매 거절이냐가 성립되어지는 것이다. 판매하는 입장에서는 돈의 무게보다 상품에 대한 매력에 더 무게가 실리게 하는 것이 판매로 이어질 가능성이 있는 것이다.

고객들은 평생 동안 많은 상품 구매를 해 왔지만 스스로도 해당 상품을 구매할 때 어떤 방법의 구매를 하는지를 생각하거나 판단하지 않는다. 순간적인 판단이나 많은 생각과 시간을 투자한 판단도 있었겠지만 자신의 판단이 맞고, 맞기를 바라며 상품을 구매한다.

가치와 돈의 상관 관계에서 고객은 많은 정보를 입력하고 구매를 하는 것 같지만 실상은 그렇지 않다. 순간적인 판단이라는 것 자체가 주변 환경이나 시장 상황에 따라서, 현재 눈앞에 놓여진 상품에 대한 MONEY의 무게를 더 가볍게 만드는 고객 스스로의 생각에 따른 구매가 대부분이다.

앞서 언급한 M은 고객이 물어보는 '이거 얼마예요?' 라는 질문에 답해 주는 숫자가 절대 아님을 기억해야 한다. M은 고객이 상품을 만져 보고, 느껴 보고 하는 과정에서 고객의 판단을 흐리게 해 주는 것이다. M은 가볍게 보이고, 상품은 무거운 시소 상황에서 고객의 지갑을 열게 만드는 M을 어떻게 사용해야 하는가?

TV 홈쇼핑 판매 과정을 보면 M의 무게를 가볍게 하는 수많은 멘트와 문구를 쉽게 볼 수 있다. 월 9,800원 무이자 12개월, 셔츠 3벌에 월 20,000원 5개월 무이자 할부 등 제품에 대한 매력적인 설명과 더불어 소비자들이 지급할 돈의 무게를 가볍게 느끼게 만드는 멘트가 홈쇼핑 시장을 매년 성장하게 한다. 이러한 모습이 M의 무게를 가볍게 활용하는 것이다.

앞으로 판매의 달인으로 성장하려면 시소를 이해하고 고객에게 상품에 대한 가격 설명을 어떻게 해 나갈 것인지를 잘 생각해야 한다.

재래 시장을 가 봐도 장사가 잘되는 가게의 점주는 '말씀만 잘해도 깎아드립니다' 라고 고객에게 유머러스한 멘트와 고객의 판단에 도움을 주는 모습을 볼 수 있다.

또 어떤 가게는 '오늘 사시면 덤으로 이걸 끼워드리죠' 라고 고객이 돈을 사용할지를 판단하려 할 때 상품의 가치와 더불어 다른 무엇인가가 추가되니 지불할 돈의 무게가 더 가벼워지게 됨으로써 구매가 쉽게 이루어지는 모습을 볼 수 있다.

일반적인 매장에서는 고객에게 상품을 보여 주고 상품의 가격을 말하면서 고객이 판단할 동안 '현금으로 하실 거예요?' 라고 물어보는 경우도 있다.

이는 고객 입장에서 현금으로 하면 좀 깎아주겠지라고 생각이 들게끔 만든다. 그래서 물건을 구매할까 말까를 망설일 때 돈의 무게를 가볍게 느끼게 만들어 주는 것처럼 느끼게 된다. M에 대한 이해가 잘되었는지 모르겠으나 기본적인

나는 MONEY에 대해서 어떤 모습일까

구분	M의 활용 Bad	M의 활용 Good
나는 어디에 속하는가	① 고객이 가격을 물어보면 즉시 대답한다 (그것도 친절하게). ② 고객에게 상품에 대한 설명보다는 가격에 집중해서 판매하려고 한다. ③ 고객의 지불 방법에는 관심이 없다. ④ 고객과 가격 외에는 나눌 대화가 없다. (이것은 얼마, 저것은 얼마, 저것은 세일중) ⑤ 한 번 입어보세요, 한 번 신어보세요, 한 번 해보세요 외에는 다른 말이 생각나지 않는다. ⑥ 구매는 고객이 알아서 판단하고 나는 친절만 하면 되겠지 라고 생각한다.	① 가격은 이미 정해진 것, 고객에게 상품에 대해서 느끼고, 만져보고, 가지고 싶게 만드는 행위에 집중한다. ② 고객의 지갑을 열기 위해서는 고객에게 편리하고, 구매하고 싶은 상품에 대해서 가장 효과적인 방법이 있는지 고객과 상의해 본다. ③ 가격, 상품 외 고객의 모습이나 분위기, 현재 기분 등에 대해서도 관심을 가진다. ④ 고객이 상품에 관심을 가지는 이유, 구매했을 때 느낄 수 있는 기분에 대해서 대화를 나눈다. ⑤ 친절한 것과 판매하는 상품에 대해서 좋은 상품을 권유하는 모습에는 차이가 난다.

세일즈 원리 중에 M에 대한 자세와 고객과의 대화 속에서 불쑥 나오게 되는 멘트에 주의를 기울이면서 활용하면 나아진 모습을 발견할 수 있을 것이다.

그다지 차이가 없어 보이지만 많은 차이가 날 수 있다.

무엇보다도 고객이 상품을 대하는 모습에서 확연한 차이를 알 수 있다. 세일즈는 누가 판매하는가에 따라서 같은 상품이라도 차이가 나는 것이 이런 이유다.

세일즈 원리의 가장 기초인 M에 대한 이해와 개선만 해도 판매하는 상품과 매장에 들어오는 고객을 대하는 자세가 달라질 것이며, 이는 장사하는 사람이 돈버는 지름길로 가는 비결이 될 수 있을 것이다.

절대로 M은 우리가 흔히 말하는 만 원, 이만 원 등의 숫자로 된 돈을 말하는 것이 아니다.

Happy Happy를 어떻게 전달하는가에 따라 구매가 된다

판매 원리 중에 가장 핵심적인 항목이라 할 수 있는 H는 우리가 접하고 있는 대부분의 상품 구매(식당도 포함) 접점에서 고객 입장에서는 '기분 좋다', '이 집 괜찮네', '주인이 참 괜찮다', '내 친구한테 소개해 줘야지', '사진 찍어서 올려야지' 등의 결과로 연결되는 세일즈에서 가장 중요한 항목이다.

상품을 구매하러 갔을 때 손님과의 대화를 살펴보면 기억나는 것은 별로 없을 것이다. 그런데 장사가 잘되는 곳의 공통적인 특징은 '고객이 상품을 구매했을 때 느끼는 행복함을 전달해 주는 곳' 이다.

즉 결혼을 앞둔 예비 신랑 신부가 결혼 반지를 맞추러 간 금은방에서의 사례를 비교해 보자. A라는 집은 금 시세, 신랑 신부가 원하는 디자인이 나와 있는 팸플릿, 완성된 커플링이 언제까지 나올 수 있는지에 대한 대화가 가장 핵심인 곳이고, B라는 집은 신랑 신부가 어떻게 만났는지, 예식장은 잘 잡았는지, 커플링은 어떤 의미가 있는지, 신혼 여행은 어디로 잡았는지 등 커플링과는 상관없는 대화를 하는 곳이라고 가정해 보자. 답이 쉽게 보일지 몰라도 판매자들은 자신들이 어떤 방법으로 장사를 하는지 잘 알지 못한다. 왜냐하면 지금까지 그렇게 판매를 해도 이득은 남았고, 앞으로도 그럴 것이라고 생각하기 때문이다.

고객이 상품을 구매할 때 가장 중요시 하는 것은 '상품을 구매했을 때 느끼는 행복함' 이다. 행복함이란 단어 속에는 더 많은 의미가 담겨져 있다.

상품을 구매하고 나서 그 상품을 가지고 어떻게 사용할지, 누구에게 자랑을 하고 싶은지 — 옷이라면 예쁘게 입고 나가서 친구들과 미팅 가는 생각, 화장품이라면 예쁘게 화장하고 달라진 모습을 생각하게 되는 것 등 — 그 상품을 가지게 되었을 때 느끼는 만족감 등 많은 것을 표현할 수 있을 것이다. 따라서 앞으로 상품을 구매하러 오는 고객들에게는 상품의 가격도 물론 중요한 것이지만 더 중요한 것이 바로 고객이 이 상품을 구매했을 때 느낄 수 있는 행복이 무엇인지를 잘 생각하고 정리하여 고객과의 대화를 통한 과정에서 연습을 하고, 끊임없이 개선을 해야 한다. 행복이란 사람마다 차이가 있겠지만 상품이 구매되는 과정에서 고객 스스로가 지갑을 여는 결정적인 이유임을 절대 잊어서는 안 된다.

예를 들어서 유명 브랜드 신발의 경우 아버지 세대부터 이어오던 느낌을 지금 젊은 세대들도 자라면서 봐 왔고 또한 그 신발을 신었을 때 가볍고, 세련되고 멋있어 보이는 부분이 타 제품에 비해서 가격이 높음에도 불구하고 고객이 지갑을 열었던 이유다.

많은 사례들이 있겠지만 식당의 경우도 이와 비슷하다.

대박나는 집들의 공통점은 음식을 판매하는 것 외에도 주인의 느낌을 고객에게 전달하고 있으며 — 욕쟁이 할머니, 포장마차의 서민적인 분위기, 국밥집의 장작나무 등 — 이런 느낌이 바로 고객이 느끼는 행복으로 지갑을 여는 이유다. 그렇다면 판매자는 이 H를 어떻게 생각하고 고객에게 전달을 해야 하는 것일까?

'이 상품을 가지게 되었을 때, 사용하게 되었을 때 느끼는 행복'을 밑바탕에 두고 이를 전달하는 과정에서의 '진실함'이 우선시 되어야 한다. 우리가 매일 접하는 홈쇼핑을 보면 H의 전달에 무척이나 집중하고 있음을 쉽게 알 수 있다.

예를 들어서 홈쇼핑에서 주스 믹서기를 판매하는 것을 보면 이 상품을 사용할 때 설거지하는 일이나 재료를 다듬는 일 등 불필요한 것에는 전혀 관심이 없고, 앞에서 말한 M대비 H의 강력함만 집중 전달하고 있다.

주스기는 가족을 더욱 건강하게, 가족들이 다같이 모여서 신선한 원액의 주스를 맛있게 마시면서 가족애가 돈독해지는 모습, 여러 가지 재료를 혼합해서 평소 섭취하기 힘들었던 영양을 섭취했을 때 느끼는 상쾌함 등 수많은 H를 볼 수 있다. 고객은 이 행복함에 지갑 속의 카드를 꺼내는 것이다.

또한 여행 상품을 보면 충분한 경쟁력을 갖춘 M과 함께 여행지에서 묵게 될 최고급 호텔, 수영장, 각종 관광지의 모습, 여행지의 특산물로 만든 음식 등을 진행하는 사람들을 통해 무척 행복해 하는 모습만을 계속해서 노출시킨다. 더불어 자녀를 두고 있는 고객을 대상으로 자녀들에게 '산교육'이라는 멋진 멘트를 통해서 우리 자녀가 해외에서 외국인과 외국 문화를 직접 체험함으로써 가지게 될 돈으로는 환산할 수 없는, 손으로는 만져지지 않는 경험을 보여줌으로써 외국 여행에 따른 준비, 공항에서의 대기, 날씨의 변화, 추가 비용, 관광 외 현지에서의 특산품 구입을 위한 대가를 알고 있지만 그것을 넘어서는 행복함이 고객을 해외로 이끄는 힘인 것이다.

어느 국밥집은 문전성시를 이루는데 어떤 집은 그렇지 못한 경우의 차이에서도 이 H의 힘은 대단하다고 볼 수 있다.

장작불에 가마솥을 올려서 오랜 시간 끓여내는 국밥을 보면 고객들은 '옛날 생각', '저렇게 하면 건강에 도움이 되겠구나', '어머니 생각', '나도 이렇게 하고 싶다' 등 개인이 그동안 가졌던 많은 생각 중에서도 행복했던 기억들을 떠올리게 만든 것이 문전성시를 이루는 국밥집의 비결이 충분히 될 수 있는 것이다.

아웃 도어와 관련된 매출 성장률이 계속 늘어가고 있다. 한 가지만 구입해도 가격이 상당하지만 등산을 하는 분들은 그래도 구입을 하는 것(구입하는 층이 다양하지만 여기서는 중년 이상의 연령대를 알아 보자)도 열심히 살아왔던 자신에 대한 보상 차원의 구입도 있겠지만, 등산복을 차려 입고 등산화를 신고 맑은 공기를 마시면서 산행을 하는 자신을 그려보는 것이 구매에 앞서 상상하는 행복한 생각이다. 이런 생각들이 가격이 비싼 등산복을 구입하는 이유가 되는 것이다. 매장에서 구매를 목적으로 방문한 분들을 대할 때, 등산복의 기능도 중요하지만 그 등산복이 주는 만족감과 산행에서의 멋진 모습을 중심으로 판매 상담이 되어야 한다는 것이다.

대한민국에 명품 열풍이 계속 되면서, 불경기에도 백화점에서 명품 세일을 하면, 고객들이 구매를 하러 가는 모습을 볼 수 있다.

몇백만 원짜리 명품을 구입하는데 매장이 복잡하다고 밖에서 대기 줄을 서도 아무런 불평없이 기다리는 것이 현실이다.

이 명품이 바로 H의 극치를 이루는 것이 아닐까 생각한다. 명품이 가져다 주는 행복, 자랑할 일, 명품을 소지했다는 자신감 등 MONEY로는 도저히 설명이 되지 않는 H의 위력을 나타내주는 것이 명품 시장이다.

등산복이나 명품을 판매하는 분들은 바로 고객이 느끼는 H를 자신이 똑같이 느끼고 그 느낌을 고객에게 전달만 해도 판매를 성공시킬 수 있다는 것을 절대 잊어서는 안 된다.

H가 가진 위력을 충분히 느낄 수 있을 것이다. 세일즈 원리 중에 우리가 판매에서 많이 해 보지도 못했고, 지금까지 판매는 고객 눈에 비친 물건의 가격이 제일 중요하다고 여겼던 부분들에 대해 이제부터라도 생각을 바꿔야 한다.

매일 야쿠르트를 배달하는 분들께 느끼는 것은 무엇인가? 우리가 야쿠르트를 마시면서 그 분들에게서 느끼는 것은 야쿠르트라는 유제품이 아니라 부지런하고 열심히 일하는 모습, 매일 만나는 반가움에서 H에 대한 느낌을 잘 알수 있다. 음식점, 홈쇼핑 외에도 모든 분야에서 우리는 이 행복으로 인해 경쟁력을 가지고 상권에서 최고의 매장이 되어가는 분들을 만날 수 있다.

H가 무엇인지, 그리고 H의 힘이 판매에 있어서 자신이 가진 상품 자체의 경쟁력보다 충분히 앞설 수 있음을 알았을 것이다.

판매는 열지 않으려는 고객의 지갑을 고객 스스로가 기쁘고 행복하게 열게 만들 때 비로소 판매의 단계에 이르렀다고 본다. 이를 위해서는 M과 H에서 H에 대한 생각과 노력, 고객 응대에 서투른 노력이 아닌 철저한 노력이 필요할 것이다.

그렇다면 H가 세일즈 원리 중에 핵심이라는데 H를 잘하기 위해서는 앞서 말한 진실한 마음으로 고객이 느끼는 것을 전달하는 것이 무엇보다도 중요하다.

처음부터 쉽게 잘되지 않는다면 고객 입장에서 이 상품을 취했을 때 느끼는 즐거움, 행복, 자부심, 느낌이 있는지 잘 생각해서 이를 메모해 놓고 고객에게 전달해 보는 과정을 반드시 거쳐서 제일 행복이 많이 묻어나는 멘트와 행동이 병행되어야 한다.

DON'T WORRY 고객의 마음을 같이 공감해 주어야 판매가 완성된다

판매에 있어서 M과 H를 열심히 했는데도 불구하고 판매가 100%로 연결되지 않은 이유는 바로 D 때문이다. 예를 들어서 A라는 옷가게에서 M도 고객이 부담을 느끼지 않도록 옷의 가치 대비 설명을 잘했고, 고객이 이 옷을 구매했을 때 느끼는 행복, 옷을 입고 자신 있게 외출하는 모습, 디자인이 몸매를 예쁘게 살리고 있다는 노력 등을 하였으면 판매가 되어야 하는데 막상 현실은 판매가 안 된 경우가 많을 것이다.

판매자는 친절하게 열심히 고객을 응대하고 노력을 하는데도 불구하고 예상했던 결과가 아닌 정반대의 결과가 나오는 이유를 잘 모를 것이다.

왜냐하면 지금까지는 모든 판매와 관련된 성공 뒤에는 노력과 정성이 전부라고 생각했기 때문이다. 그런 노력에도 불구하고 결과가 좋지 않은 이유는 노력과 정성이 부족했다는 결론이다. 하지만 이제부터는 우리도 충분히 그 성공을 경험할 수 있다. 그 해답이 바로 'D' 다.

D라는 것은 고객들마다 물품을 구매할 때 물건에 대한 가치, 물건을 가졌을 때 느끼는 기쁨, 행복 외에도 이 물건을 구매할 경우 생기는 다른 '걱정거리'와 '귀찮음'을 극복하는 것이다.

이 말은 좋은 물건, 좋은 가격이어서 물건을 구매하려고 했는데 막상 지갑을 열기 직전 이런저런 걱정거리가 지갑을 열고 싶지 않게 만들고, 사고 나서도 반품하고 싶은 마음이 생기는 것이 고객이다.

쉽게 말해서 구매 이후 고객이 느끼는 걱정거리인 '카드 금액', '구매 했을 때 주위 사람들이 뭐라고 하지 않을까', '구매하고 집에 가면 꾸지람(왜 또 샀느냐 등)을 듣지 않을까', '혹시 내가 너무 급하게 사는 것은 아닌가', '다른데 가서 비교해 보고 사야 하지 않는가', '다른 곳에 가서 손님 대접을 받으면서 구매 과정을 좀 더 누려야 하지 않나' 등의 걱정거리가 바로 우리가 M과 H를 열심히 했는데도 불구하고 구매로 이어지지 않는 이유다.

헬스 클럽의 경우 3개월에 20만 원(가격도 적당하고), 몸도 건강해지고 몸매도 멋있게, 그렇다면 대부분의(헬스 비용을 지불할 수 있는 고객층 기준) 헬스 클럽이나 수영장이 만원이어야 하는데 현실은 그렇지가 않다. 이는 고객의 입장에서 경제적인 면이나 시간 투자 대비 비용의 적당함, 그리고 헬스를 통한 몸의 변화와 마음의 변화, 헬스 클럽에서 만날 수 있는 여러 사람들 등 좋은 것들이 많지만 막상 헬스 클럽을 등록하려고 하면 '내가 3개월을 다닐 수 있을까', '등록해 놓고 안 다니면', '헬스 다닌다고 했는데 몸에 변화가 없으면 주위 사람들이 뭐라고 하지 않을까', '헬스장 갈려면 옷도 사야 되고, 운동화도 하나 새로 장만해야 되고 귀찮네', '막상 가면 힘들 텐데'와 같은 갈등이 헬스 클럽을 등록하지 못하게 막아버리는 것이다.

이처럼 걱정과 귀찮음이 판매하는 사람으로서는 가장 큰 적이 된다.

M과 H는 열심히 연습을 해서 될 것 같은데 D는 어떻게 하면 될까? 이 책의 3장 '사전 거절 처리'에서 설명되지만 결론부터 말하면 '고객이 걱정하고 귀찮아하는 부분에 대해서 판매자가 먼저 언급을 해야 한다는 것'이다.

즉 현재 판매하고 있는 상품에 대해서는 판매자가 많은 경험을 통해서 고객이 주로 어떤 이유를 들어서 구매를 하지 않더라는 것을 어느 정도 감각적으로나 경험적으로 알고 있을 것이다. 이런 이유들로 구매하기를 꺼려하는 것 같다는 것을 고객에게 언급을, 그것도 고객의 입에서 혹은 행동으로 거절 표현이 나오기 전에 해야 한다.

쇼 호스트들은 끊임없이 '불편하지 않다', '간편하게 정리된다', '오래 걸리지 않는다', '금방 요리가 된다', '물이 필요 없이 군고구마가 된다', '추석 전날까지 배송이 된다', '사용하시다가 반품을 해도 된다' 등 고객이 구매에 앞서서 느끼는 D를 반복을 통해서 제거하려고 노력한다.

또 대형 마트의 시식 코너도 판매 원리에서 D의 원리를 잘 활용하고 있다. 지금은 시식 코너에서 먹고 구매를 하지 않아도 된다는 것을 누구나 다 안다. 그런데 마트에서 같은 종류의 물품 중에 시식 코너를 운영하는 상품이 당일 가장 많이 판매된다는 사실은 판매 원리에서의 M도 아니고, 일부분의 H는 적용한다고 본다(맛있는 요리를 보면 가족이 생각나고, 가족이 떠오르면 맛있게 식사하는 모습이 주부들의 머릿속에 그려진다). 나머지 부분은 D인데 시식하는 코너에서 보면 각종 음식을 그 좁은 곳에서 쉽게 빨리 만드는 것을 직접 보고, 그리고 먹어보면 맛있고(내가 이 음식을 구매했을 때 혹시나 집에 가서 요리를 하면 맛이 없으면 어쩌나 하는 걱정을 없애주고), 봉지만 뜯어서 하는 걸 보면 나도 쉽게 할 수 있는 것이라고 생각하게 된다.

고객은 시식 코너에서 구매를 함에 있어서 M과 H를 가로막을 수 있는 D를 시식 코너를 운영하는 분과 같이 공유를 함으로써 시식 코너를 하지 않는 물품보다 당연히 구매가 많아지는 것이다. 고객이 느끼는 걱정, 불편함, 귀찮음을 극복하는 것은 쉽지 않다.

아직까지 세일즈 관련 책에서 노력과 열정, 땀과 친절로 무장되어 있던 것들의 껍데기를 완전히 벗고, 이제부터 독자들은 D에 대한 노력을 경주해야 할 것임을 다시 한번 강조한다.

판매 원리 D는 고객의 이러한 걱정거리, 불편함, 귀찮은 것들에 대해서 고객과 '공감' 하고 '공유' 할 것인가에 답이 있다.

3장의 고객의 거절을 다루면서 상세히 이야기되겠지만 판매자가 고객과 공감하고 같은 느낌으로 고객의 D에 대한 부분을 미리 해결해 줘야 하는 것이 정답이다.

고객이 구매를 하는 이유는 많겠지만 ≪뭐든지 다 판다≫의 세일즈 기본인 '고객은 비슷한 성향의 구매 패턴을 가지고 있는 동일한 집단' 이라는 전제를 다시 인지하여 새롭게 받아 들여주기 바란다. 고객이 구매를 하지 않은 이유도 당연히 큰 범위에서 보면 이유가 있을 것이다.

처음 시작하는 판매 원리인 M. H. D.에 대한 이해와 접근을 통해서 다시 한번 판매의 달인을 향해 달려가 보도록 하자.

우선적으로 1장의 M. H. D.에 대해서만이라도 장사를 시작하기 전에 10번씩만 주문을 외우듯 한 후 장사를 시작해 주기 바란다. 고객은 구매하는 이유가 분명히 있고, 그 구매하는 과정에서 일어나는 원리에는 분명 답이 있음을 절대적으로 믿는다.

좋은 물건과 친절함은 가장 기본이므로 그 위에 판매 원리를 가지고 매일 피나는 노력과 더불어 고객은 즐겁고 행복하게 물건을 구매하고 판매자도 그로 인해 수입이 많아지는 선순환이 되도록 매일 M. H. D.를 되새겨야 한다.

더 많은 예로 M. H. D.에 맞춰 보면 '맞구나', '내가 이런 부분이 조금 부족했구나', ' 이렇게 하면 되겠구나', ' 그래서 고객들이 구매를 잘 안 하는 이유가 있었구나' 라는 것을 느끼게 될 것이다. 옷가게, 건강 식품 판매 매장, 신발 가게, 음식 장사 등 모든 판매와 장사하는 분들이 세일즈 원리를 활용해서 행복한 장사꾼이 되었으면 한다.

⓵ 고객이 구매를 하지 않는 진짜 이유 2가지

거절 표현만 다르게 할 뿐이다

고객이 구매를 하지 않는 이유는 분명히 있다

고객은 수많은 물품을 구매하기도 하고 때론 거절하기도 한다. 고객 입장에서 봐도 물품을 구매한 이유, 물품을 구매하지 않은 이유 중에 구매한 이유는 어렴풋이 알겠지만(물건 가격, 가격 대비 물건에서 느끼는 가치의 높음, 판매 직원의 친절함, 구매했을 때 느끼는 행복) 구매를 하지 않은 이유를 명확히 설명하라고 하면 그 범위를 규정짓기가 애매한 경우가 많다.

판매하는 입장에서도 고객이 구매를 하지 않은 이유를 고객 탓으로 돌리는 경우도 있을 것이고, 아니면 구매하지 않은 이유에 대해 이런저런 이유를 만들려고 한다. 그러나 지금부터 정확하게 고객이 구매를 하지 않는 이유를 파악해 보자.

고객이 구매하지 않는 첫 번째 이유 : 돈이 없어서

구매를 하지 않은 이유 중에 첫 번째는 '돈이 없어서' 다.

고객은 돈이 없어서 구매를 못하는 것이지 다른 이유는 없다. 단지 고객은 구매를 하지 않으려는 행동이나 말이 돈 때문이라는 이유와 다르게 표현하고 나타나기 때문에 판매자의 입장에서는 고객이 구매하지 않는 이유를 다르게 추측할 뿐이다.

고객이 돈이 없어서 구매를 못했다. 이건 누구나 대답할 수 있는 말이다. 하지만 돈이란 고객의 지갑 속에 들어있는 세종대왕님의 숫자나 한도가 아직 많이 남아 있는 카드가 아니다. 여기서 말하는 돈이란 오로지 그 상품에 대한 가격으로만 판매하는 돈이 아니라, 고객이 구매하고자 하는 물품에 대한 가치의 돈을 말하는 것이다.

다시 말해서 판매자는 판매하는 물품을 단지 고객이 지갑을 열어서 지불해야 하는 경제 단위의 화폐가 아니라 고객이 마주하고 있는 물품(모든 종류의 물품이 해당됨)에 대한 가치의 돈이 많고 적음에 따라 바로 구매를 하는가 구매를 하지 않는가를 결정짓는 이유가 되는 것이다.

고객은 자신이 구매하고자 하는 물건을 물건으로만 보는 경우가 극히 드물다. 고객은 구매하고자 하는 물품을 바라볼 때 그 물품이 가지고 있는 가치를 보려는 경향이 많다.

예를 들어서 '화장품'을 보면 립스틱 하나를 판매하는 사람은 15,000원으로 보고 이 가격을 세일을 할까, 그냥 판매를 할까, 아니면 매장 전시를 할 때 중앙으로 할까, 고객 눈높이에 맞게 할까를 생각하는데 반해서 구매자의 눈에는 그 립스틱이 '아름답고 매력적인 입술'을 상상한다는 말이다.

과일 가게의 '사과'는 잘 닦아서 고객들이 잘 보이는 방향으로 맛깔스럽게 진열해 놓았을 때 고객은 그 사과를 보면서 예쁘게 잘 깎아서 가족들이 맛있게 먹는 상상을 한다는 것이다.

따라서 고객이 구매를 하지 않는 이유 중에 돈이 없어서라는 의미는 판매자가 그 물품을 고객이 느끼는 또 다른 의미의 가치로 전환을 시키지 못하는 과정에서 고객은 절대 전환되지 못한 물품을 단지 세종대왕 2장으로 맞바꾸고자 하지 않는다는 것이다.

그래서 고객은 단지 돈이 없어서 구매를 하지 않는다는 것이 바로 그 돈을 구매하고자 하는 상품을 자신이 느끼는 가치로 전환하지 못했기에 그 물건을 사는데 지불할 돈이 없다는 말이 된다.

1장의 세일즈 원리는 조금 이해가 되고 활용할 만한데 고객이 느끼는 가치에 대해서 이해가 필요하다면 조금 쉬어가는 시간을 가져볼까 한다.

장사를 잘하고 싶어 본인의 생각으로는 열심히 하긴 하는데 결과는 내 의지와 상관없이 고객의 결정권에 따라가기 마련이다. 이는 지금까지 판매를 잘할 수 있는 비결을 알려 주지 않았고, 판매는 왕도가 없으며, 많은 실패와 거절을 당해봐야 한다는 식으로 판매를 위축되게 만들어 왔던 것이 그 이유다.

아무도 판매가 잘되는 원리와 고객이 구매하지 않는 이유를 설명하지 않고 상황별로 알려 주니 따라 하고 싶어도 따라 하지 못했던 것이 현실이었다. 단지 판매 비결에 대해서는 '나도 할 수 있겠구나', '내가 이런 부분은 신경을 쓰지 못했네', '오늘부터라도 열심히 해야 되겠다' 라는 마인드 전환으로 위안을 삼았을 뿐이다.

총 6개의 챕터로 엮어져 있는 내용을 전부 독파하고 원리, 구매하지 않는 이유, GIVE와 TAKE, 사전 거절 처리 등을 배워 나가면서 판매에 대해서 불현듯 '느낌' 이라는 것이 올 때가 있을 것이다. 원리를 현장에서 적용하고 대면 고객에게 거절 처리를 활용하면서 종이 돈이 아닌 가치로의 전환을 만들어 내는 경험을 하면서 어느 순간에 '이제 느낌이 온다' 라는 그 순간과 시간을 경험할 수 있기를 간절히 바란다.

이 느낌이 오지 않으면 머릿속은 오히려 복잡해지고 고객에게 전달하는 목소리는 자신감이 없어지게 될지도 모르기 때문에, 꼭 순서대로 습득하고 현장에서 고객에게 활용하면 본인 스스로가 느낌을 가질 수 있을 것이다.

판매의 종류는 매우 많다. 우리가 흔히 접하는 음식점, 옷가게, 화장품 매장 등 물품 판매 현장은 물론이고, 보험 영업, 자동차 영업 이외에 기타 모든 판매 현장에서 습득한 원리와 내용을 적용할 수 있을 것이다.

물건을 팔고 사는 과정은 인간 세상에 종말이 오지 않는 한 계속해서 발생되는 활동이며 이런 현실에서 우리도 멋진 판매왕이 되는 그 날을 꿈꾸며 열심히 노력을 해야 한다.

고객이 구매를 하지 않는 첫 번째는 이렇게 '가치로 전환시키지 못한 잘못'이다. 고객이 스스로 전환을 시키면 제일 좋겠지만 판매자가 그렇게 하지 못한 이유도 크다.

두 번째 이유 : 말을 알아듣지 못해서

판매자는 고객을 대면하고 자신이 판매하는 물품에 대해서 가격 및 기능 등 많은 것들을 설명하고자 노력을 한다. 그런데 이런 판매자의 노력에 구매를 하지 않는 이유가 있는 것을 알아야 한다. 고객은 구매를 하지 않으려 할 때 '다음에 오겠습니다', '다른 곳도 알아보고 오겠습니다', '설명 잘 들었습니다' 아니면 아무 말 없이 매장을 나가게 된다.

우리는 고객이 하는 말이니 다른 반박을 하기보다는 그 행동들에 대해서도 고객 앞에서는 더욱 친절하게 '꼭 오세요', '알아보시고 다시 오세요' 식으로 응대를 한다.

그런데 이처럼 평범해 보이는 판매 현장에 바로 고객이 구매하지 않은 이유가 있었다는 사실을 알아야 한다. 그것은 판매자가 설명하는 내용을 고객이 쉽게 알아 듣도록 하지 못해서이다.

판매자는 열심히 하긴 하는데 고객에게 호흡을 전혀 맞추지 않는 평소 하던 습관대로 설명을 했을 뿐이다.

고객은 그 설명을 단지 '알아 듣는 척만' 하면서 '고개를 끄떡이고' 있었던 것인데, 판매자는 설명을 열심히 했으므로 고객이 그에 따른 긍정적인 듯한 모습으로 받아들이고 있었다는 착각을 하고 있었을 뿐이다.

판매라는 행위에서 고객의 반응은 천차만별이지만 그 근본은 세일즈 원리에서 보여지듯이 고객은 구매에 있어서 순간적이지만 많은 생각을 하게 된다. 대신 표현이 사람들마다 조금씩의 차이가 있을 뿐이다. 따라서 고객이 구매를 하지 않는 이유에 대한 근본적인 부분에 접근을 해서 판매자가 수정을 하고 개선을 해 나가야 하는 것이다. 위에 말한 고객은 설명을 알아 들은 것처럼 보이지만 고객의 마음속과 머릿속에는 판매자가 무슨 말을 하는지 알아 듣지 못했고, 이해도 못했고, 머리로는 이해가 되지만 가슴으로 납득이 되지 못한 과정에서 '다음에 오겠습니다' 라는 표현으로 구매 거부를 했던 것이다.

판매자는 고객에게 설명을 했지만 고객이 구매를 하지 않는 이유를 고객의 탓으로만 돌리고 자신을 발전시키고자 하는 노력은 하지 않았던 것이다. 하지만 이런 발전을 위한 노력을 하지 않고 똑같은 멘트를 가지고 고객에게 설명만 열심히 했다는 것은 아무런 효과가 없는 것임을 우선 알아야 한다. 고객이 구매를 하지 않는 두 번째 이유는 자신의 마음을 잘 드러내지 않고 표현도 하지 않는다는 것이다.

이는 판매하는 입장에서는 이해를 잘 못하겠지만 판매자가 구매자가 되어서 매장에 가서 구매를 해 보면 역시나 구매자와 똑같은 행동 패턴대로 하게 된다.

판매자가 열심히 하는 설명을 듣고 설명과 상관없이 잘 알아 듣지 못했던 부분들에 대해서는 추가 관심을 나타내지 않고 ― 추가 관심을 나타내면 판매자의 설명 시간이 길어지고 그 설명 시간이 길어지게 되면 구매자 입장에서는 판매자를 고생시키는 것으로 느껴져서 정확한 판단을 할 수 없는 경험이 있어서 추가적인 설명 요청을 하지 않는다 ― 물건이 조금 마음에 들었지만 납득되지 않았던 부분들 때문에 구매 거절 표현을 하게 되는 것이다.

이처럼 구매하지 않는 이유를 보면 고객은 판매자의 설명을 원하는 것이 아니라 자신이 이 상품을 구매하고자 했을 때 물품에 대한 가장 핵심적인 활용도에 대한 쉬운 설명을 원했던 것이다.

우리 주변에서 판매를 잘하는 판매자와 판매를 못하는 판매자들이 상대하고 있는 고객의 표정을 보면 많은 차이가 나고 있음을 알 수 있다.

판매를 잘하는 판매자와 그렇지 않은 판매자들의 차이는 간단한 표현이지만 '예를 들어서' 하는 설명과 '제가 고객님이라면' 이라고 고객의 입장에서 설명한다는 것에서 차이를 알 수 있다. 이는 두 판매자가 열심히 하긴 하는데 판매 결과에서는 많은 차이가 나고 있는 이유다. 그 원인을 잘 모르는 상태에서 판매하는 과정을 살펴보면 잘하는 판매자는 고객의 입장에서 그 고객이 이 물품을 사용할 때의 상황에 대해서 집중 설명하는 반면에, 판매를 잘하지 못하는 판매자는 물품 그 자체에 대한 설명에만 집중한다는 것을 금방 알 수 있다.

이렇듯 글로 표현해 놓으면 조금은 느낌이 올 거라 보지만 막상 고객 앞에서는 이런 표현들이 잘 활용되지 못하고 있는 것이 사실이다. 하지만 고객이 구매를 하지 않는 이유 두 번째에 대한 접근을 받아들이고 이를 개선하고자 할 때에 가장 필요한 것은 '고객은 물건에 대한 설명이 아니라 내가 사용할 때 잘 모를 수 있는 항목에 대한 이해' 를 원한다는 사실을 명심하고 고객이 구매하지 않는 이유를 극복해 나가야 한다.

여기서 우리가 가장 진심으로 배워 나가야 하는 것은 진정한 판매의 달인이 되고 싶으면 판매하는 물품에 대해서 고객이 구매 거부를 했을 경우 힘들겠지만 그 고객에게 ‘제가 고객에게 이 물품 판매는 실패를 했습니다. 이를 인정합니다. 대신 고객께서 이 물품을 구매하지 않는 진짜 이유가 뭔지 알려주시면 제가 그것을 배워서 다음에 오는 고객에게는 그렇게 하지 않도록 하겠습니다. 진짜로 구매를 하지 않은 이유가 뭐였습니까’ 라고 진심을 다해 질문해 본다. 이 과정이야말로 판매의 달인이 되는데 튼튼한 기초가 될 것이고, 고객의 진심을 알게 되는 과정이 되리라 확신을 한다. 모든 고객이 자신의 진심을 말해주지 않겠지만 50% 정도는 왜 구매를 하지 않았는지에 대해서 내용을 알려줄 것이다.

이런 과정을 통해서 고객이 판매자에게 무엇을 원하고 있는지에 대해서 다가서는 것을 발견하게 될 것이다. 이 과정을 통해서 고객이 정말 구매하지 않은 이유를 잘 알게 될 것이다.

그런데 그 이유를 막상 판매를 하는 현장에서는 해결하고 다가서는 모습이 나오지 않는 이유가 뭘까? 필자가 생각하기에는 아직도 우리는 자신의 껍데기에서 벗어나는 것을 민망해 하고 있기 때문이다.

고객에게 거절한 이유를 물어보는 것이 얼마나 힘이 드는지는 잘 알지만 이런 과정을 겪어야만 한다.

그 과정만 잘 이겨내면 그때부터 고객이 조금 보이기 시작할 것이고 그 시기부터는 고객을 대하는 스스로의 모습이 변화하고 있음도 알게 될 것이다.

고객이 원하는 것이 무엇이고, 그 고객이 우리 상품을 구매하지 않은 이유를 알게 된다면 판매하지 못할 것이 없다. 판매되는 원리와 구매하지 않는 이유를 안다는 것만으로 기분이 좋아지지 않는가?

달인이 되기 위해서는 판매 실패를 인정하고 그 고객에게서 배운다는 마음가짐으로 구매를 하지 않은 사유를 반드시 물어보기 바란다. 과정만 진실되게 해도 비록 초보 단계지만 말로 하는 판매의 레벨로 올라가는 경험을 하게 될 것이다.

house
HAPPY

2장

수호아빠 판매 특허

고객을 변화시키면 판매가 된다

수호아빠 판매 특허 두 번째

GIVE와 TAKE 나는 무엇을 어떻게 주고 있는가?

1. GIVE

똑같은 매장에서도 주인이나 직원들에 따라서 매출에 차이가 나는 것은 자명한 사실인데, 그 차이가 무엇일까?

친절, 열정, 노력 등 많은 것들이 있을 것이다. 매일 다니는 어떤 매장을 보면 그 집은 매일 같은 시간에 매장 앞을 정리하고 거리에 떨어진 쓰레기를 줍고, 화분에 물을 주고 하는 행위들이 생각날 것이다. 또 어떤 매장은 주인이 TV를 보고 있다가 허둥지둥 고객을 맞이했던 생각도 날 것이다.

판매라는 것이 쉽게 보면 아무것도 아닌데, 판매 원리와 고객이 구매하지 않는 이유에 이어서 이 장에서는 GIVE와 TAKE를 배워서 판매의 원리와 고객이 구매하지 않는 이유를 알고, 이 G와 T만 열심히 해도 어느 정도의 판매 레벨(판매에도 레벨이 있다)은 올라갈 수 있을 것이라 생각한다.

그렇다면 G란 무엇인가?

판매에서 판매자가 차지하는 구매 성공에서의 비중은 20% 전후다. 굉장히 높은 비율을 차지하는데, G란 바로 판매자가 고객에게 상품이 주는 가치 외에 줄 수 있는 모든 것을 말한다. 동시에 그것을 전달하는 능력을 말한다. 여러분 중에 '총각네 야채 가게'에 대해서 아시는 분들이 많을 것이다. 그 총각네가 성공한 이유가 과일이 좋아서, 배달을 해 주어서 등 많은 요인들이 있겠지만 G가 핵심이었다는 사실을 깨달아야 된다.

보통 과일 가게는 그동안 동네나 재래 시장에서 아저씨, 아줌마가 주인이었다. 그런데 그 과일을 유니폼을 깨끗하게 입은 젊은 청년들이 큰 목소리와 밝은 얼굴로 판매를 했으니 구매자 입장에서는 과일 이외에도 그 총각네가 주는 G를, 지금까지의 과일 가게에서 받아보지 못했던 것을 받았다는 점을 먼저 알아야 된다는 뜻이다.

대부분의 판매자는 1+1이나 '오늘 구매하시면 추가로 A를 덤으로 드립니다, 이번 달 구매하시면 할인율이 더 높습니다. 올해 구입하시면 연말 할인이 더 많습니다' 식으로 고객에게 뭔가를 더 주는 판매를 여기서 말하는 GIVE로 착각할 수 있다.

하지만 여기서 말하는 G는 이런 종류의 단순히 더 주는 것을 의미하는 것이 아니다. 단순히 상품과 같은 유형의 물건을 더 주는 것이 G가 아니라면 G는 무엇을 말하는 것일까? 판매하는 입장에서 G를 찾아보면 그동안 우리가 가지고 있으면서도 고객에게 주지 못했던 너무 많은 G를 발견할 수 있다. 고객이 매장에 유치원 자녀와 같이 왔을 때, 주인은 상품을 판매하는 중간에 그 유치원생의 손에 사탕 하나를 쥐어주는 행위가 바로 G인 것이다. 또한 매장에 앉아 있다가 손님이 왔을 때 일어나는 것이 아니라, 항상 손님을 기다리고 있는 바른 자세도 G에 해당한다고 볼 수 있으며, 직원들의 유니폼도 필자가 말하는 G에 해당된다고 볼 수 있다.

G는 찾아볼수록 지금까지 고객에게 주지 못했던 많은 것들에서 찾을 수 있다. 주인의 밝은 얼굴, 밝은 목소리, 환하게 웃는 미소, 설명할 때 열심히 하는 모습 등 고객은 바로 이런 판매자의 물품 외에 GIVE에서 판매하고자 하는 힘을 느낄 수 있으며, 동시에 자신들의 지갑을 여는 것에도 힘을 주는 것이다.

어느 중식당에 갔을 때, 고객이 주문을 하면 직원은 주방을 향해서 '홀에 짜장면 2개요' 라고 큰소리로 주문을 반복해 준다. 조용히 말하거나 매너 있게 주문 용지로도 할 수 있을 텐데, 괜히 큰소리로 주방을 향해 소리치는 모습을 보면서 어떤 분들은 싫어하는 경우도 있겠지만 대부분의 고객들은 그 행동에 대해서 즐거움, 밝음의 느낌을 받았다고 말한다. 이 식당에 다녀가신 손님 중 많은 분들이 또 점심 시간이 되면 '뭘 먹을까' 고민하다가 발길은 자연스럽게 그 식당으로 향하게 된다고 한다.

또 정장 옷을 맞추는 양복점에 갔는데 주인이 머리부터 발끝까지 한치의 흐트러짐도 없는 모습을 보게 될 수 있다. 이런 모습도 고객은 정장을 맞추는 행위에서 옷 외에 주인으로부터 GIVE를 받게 되었음은 말할 필요도 없는 것이다. 또한 젊은 사람들이 길거리에서 붉은 유니폼을 입고 튀김, 호떡을 열심히 판매하는 호떡집은 소위 말하는 호떡집에 불나는 경우이다. 이는 호떡이 맛있어서도 그렇겠지만 호떡집에서 고객이 느끼는 GIVE가 그 호떡집을 불나게 만든다는 사실을 알아야 한다.

어느 횟집에 가서 식사를 하는데, 식사 도중에 주방장이 직접 식사하는 자리에 와서 인사를 정중히 하면서 '오늘 회는 남해에서 직접 손으로 잡아서 온 싱싱한 것입니다' 라고 말을 하면서 고기의 아가미 부분에서 직접 회를 조금 장만해 주는 경우가 있다. 이 집은 장사가 잘되는 집일 것이다. 왜냐하면 그 주방장이 고객들에게 주는 것은 회가 아니라 주방장의 매너와 서비스라는 별도의 GIVE를 주는 것이기 때문이다.

손님 입장에서는 본인이 돈을 지불하고 회를 먹고는 있지만 그 돈을 지불하는 가치 외에도 주방장으로부터 '특별한 GIVE' 를 받았다는 사실이 그 횟집에서의 식사에 대한 만족도는 물론이고 앞으로 손님을 접대할 일이나 가족 외식 때 그 횟집으로 향하게 되는 비결이 되었던 이유다.

지금쯤이면 GIVE가 무엇이고 왜 GIVE가 중요한지는 알 수 있을 것이다. 필자는 판매하는 입장에서 GIVE가 잘 되지 않을 때는 '인사라도 정중히 최선을 다해서 하라' 고 한다. 모든 매장에서 고객은 자신의 지갑을 과감히 여는 순간이 '손님으로 대접을 잘 받았다고 느낄 때' 라는 사실을 잊지 말기 바라며 물품 외에 다른 GIVE가 잘 생각나지 않고 자신의 매장에서 잘 실천이 되지 않을 때에는 '인사' 라도 최선을 다 하길 바란다. 매장의 첫인상은 인사로부터 시작하기에 고객에게 드릴 수 있는 GIVE가 아직 연습이 잘되지 않았다고 판단이 되면 오늘부터 당장 인사하는 목소리와 자세 멘트부터 바꾸도록 한다.

지금까지 '어서 오세요' 였다면 '반갑습니다' 로 바꿔보라고 권하고 싶다. 판매는 판매자의 정성이 모이고 모일 때 그 힘을 발휘하는 것처럼 GIVE를 하나하나 생각하고 실천하는 과정에서 고객은 그 매장에 대해서 새롭게 생각하게 되고, 방문 이후 구매를 했던, 하지 않았던 좋은 이미지를 머릿속에 간직하게 되면 다시 찾아주는 고객이 될 가능성이 높을 것이다. 그런데 쉽게 보이는 이 G가 잘 안 되는 이유는 고객이 매장을 방문했을 때 대부분의 매장에서는 '필요한 거 있으세요?', '뭘 찾으십니까?' 라고 했을 때 고객은 GIVE를 경험해 보지 않았기에 평소대로 필요한 물품의 가격만 줄기차게 물어보게 되기 때문이다.

이처럼 자신이 줄 수 있는 G가 많은데도 불구하고 고객에게 그 기회를 주지 않고 바로 고객에게 판매만 하려고 했으니 그 결과는 안 봐도 알 수 있다.

G를 설명할 때 친절함, 세련됨, 열정, 노력 등을 말하지만 판매자가 고객에게 줄 수 있는 G의 핵심은 '진심으로 당신에게 이 물건을 판매하고 싶습니다' 라는 진정성이다. 그냥 친절만으로는 장사는 힘들다.

또 젊음의 열정만으로 매출이 올라간다면 대학도 갈 필요없이 젊음 그 자체로만 장사를 해도 되지만 그렇지 않은 것처럼 G를 잘못 받아들이면 추상적인, 구름 같은 존재가 되버리게 됨을 잊어서는 안 된다. 따라서 최상의 G는 고객에게 '이 물건을 당신에게 꼭 판매하고 싶습니다' 라는 마음을 전하는 과정에서 나오는 모든 것들이다.

그런 과정에서 판매자의 친절함도 열정도 노력도 다 포함한 판매자의 G가 나오기 마련이며, 마음이 담겨 있지 않은 G는 가식임을 잊지 말고 절대적으로 진심이 담긴 G를 고객에게 줄 수 있어야 한다.

판매자에게 '당신이 판매하는 물건 말고 당신이 고객에게 줄 수 있는 것이 무엇이 있습니까?' 라는 질문을 해 보면 자신 있게 '무엇이다' 라고 말할 수 있는 분들은 많지 않았음이 사실이다.

이처럼 우리는 습관처럼 물건과 고객 사이에서 거래되는 가격에만 신경 쓰면서 '할인', '추가' 등에만 집중하지 않았었나 되돌아 보자.

가게 입구에서 하는 주인 및 직원들의 맞이 인사부터 고객이 나갈 때까지, 오늘부터 매장에서 현장에서 상품 외에 무엇을 주고 있는지 잘 살펴보아야 한다. 과연 나는 고객에게 무엇을 주고 있었을까?

필자가 G를 정리해 보면 지금까지 여러 가지 G를 고객에게 전달을 하고 있었고, 지금도 하고 있음을 알 수 있다. 하지만 고객은 대부분의 매장이나 방문 영업을 하는 분들로부터 받는 G의 느낌이라는 것에 크게 차별화를 느끼지 못하기 때문에 받지 못했다고 느끼는 것이다.

따라서 진정한 G라는 것은 '고객이 본 상품을 구매했을 때 느끼는 즐거움, 행복, 기쁨, 자랑하고 싶은 마음 등을 판매자가 고객과 똑같은 느낌으로 고객에게 전달하는 것' 이다.

맛있는 음식을 고객 테이블에 전달하면서 던지는 한 마디 속에 담길 수 있는 것들은 많다. 옷을 판매하는 곳에서도 그 옷을 고객이 입었을 때 전해 줄 수 있는 것들, 예쁜 액세서리를 착용한 고객에게 전달할 수 있는 것은 많다. 이외에도 자동차, 보험, 화장품 등은 물론이고 고객을 대상으로 판매하는 모든 상품에서 진짜로 고객과 똑같은 느낌으로 그 기쁨을 전달하고 있는가?

마치 내가 그 상품을 구매한 기분으로 그 기분을 그대로 고객에게 전달을 하면 된다. 고객은 판매자가 주고 있는 G를 느끼는 감각이 매우 뛰어나다. 고객은 받고 있다는 것을 너무 잘 알고 있다. 판매자의 마음은 고객에게 그대로 전달이 된다. 그것을 전달하는 것이 GIVE이다.

필자가 강의를 하면서 영업을 잘하는 분과 그렇지 않은 분의 차이를 여러 부분에서 확인을 해 주고 있지만, 무엇보다도 눈에 보이지 않는 GIVE의 차이에 따라 상대가 느끼는 차이가 바로 판매 실적의 차이로 나타나는 것이라고 강조한다(필자는 현장에서 판매자가 주는 G가 어떤 것들이 있고, G를 전달하는 것만 봐도 개인별 영업 실적이 보인다).

G라는 것을 몰랐다면 지금부터 하면 되고, 조금 알았으면 실천을 하고, 많이 알고 있었다면 전달하는 것이 진정한 G이니 전달하는 방식을 바꿔줘야 한다. 지금까지 판매에서 실력 차이로 인해서 잘하는 사람과 못하는 사람이 있었다면 G를 활용하면 금방 극복될 수 있다. 그만큼 GIVE에 대한 접근을 새롭게 해주기 바라며 무슨 상품을 판매하고 있어도 반드시 우리는 그 상품에 대한 고객의 구매 이후의 느낌을 항상 가지고 고객을 대해야 한다. 그게 실적 차이의 근본 원인이다.

업종별 고객에게 전달했으면 하는 GIVE의 핵심

공통 GIVE	고객에게 진심으로 감사하고 있는가
	매장 방문 시 최소 3번 이상 '감사합니다. 고맙습니다'를 하고 있는가
	새로운 신상품에 대한 안내를 하고 있는가
	밝은 모습으로 하고 있는가
	진심으로 웃으면서 하고 있는가
	직원들과 우리는 무엇을 GIVE할 수 있는지, 그동안 무엇을 주고 있었는지 아는가
	줄 수 있었는데 주지 못했던 것들에 대한 리스트는 준비되어 있는가

업 종	핵심 GIVE
음식점	새로운 메뉴 개발에 대한 노력, 홍보, 테이블에 부족한 것이 있는지 수시로 점검하는가
	주인의 고객에 대한 인사, 직원들의 메뉴 선택에 대한 호응도는 높은가
옷가게	내방 고객에게 머리를 숙일 수 있는가
	시원한 음료, 따뜻한 차를 준비하는가
	옷을 입었을 때 정말 좋아해 주고 있는가
	현금 결재 시 '작은 정성'을 고객에게 제공을 해 주고 있는가
현장 방문 영업 사원	바쁘고 부지런한 모습을 보여 주는가, 검소한 모습을 보여 주는가
	고객 때문에 먹고 산다는 마음을 전해줄 수 있는가
	무엇이든지 일처리를 대신해 줄 자세가 되어 있는가
	다른 종류의 상품(내 상품을 포기하더라도)을 제공할 마음이 준비되어 있는가
보험 영업	작은 것이라도 보험금 청구를 해 주고 있는가
	가족 전 구성원에 대한 염려는 계속하고 있는가
	열심히 사는 모습을 보여 주고 있는가
	겸손한 모습을 보여 주고 있는가
자동차 영업	어떤 경우라도 고객이 부르면 달려갈 수 있는가
	고객이 자동차를 구입하는 이유에 대해서 같이 공감하고 있는가
	자동차를 타게 될 고객의 행복에 같이 행복해 주고 있는가
	사용하면서 겪게 될 불편한 부분, 귀찮은 부분에 대해서 계속 관리를 하고 있는가
화장품 영업	아름다움을 판매하고 있다는 자신감을 고객에게 전달할 수 있는가
	화장하는 방법(전문가적인 실력)을 익히고 다니면서 실행하고 있는가
	고객 트러블에 대해서 같이 마음 아파해 본 적이 있는가
	잘 맞는지, 잘 사용하고 있는지 중간에 확인하고 있는가
	고객과 개인적인 대화를 많이 하려고 하는가

방문 교사 영업	자녀를 반드시 좋은 방향으로 교육할 자신감을 전달해 주고 있는가
	고객의 지갑(경제적인 상황)을 같이 생각하고 의논하는가
	자녀의 이름을 기억하고 불러주고 있는가
	교육 시간에 혼신의 힘을 다해서 교육을 하고 있는가
	자녀가 내 자녀(미혼인 경우 조카)로 인식하고 대하고 있는가(말투나 자세)
	자녀에 대한 대화를 엄마와 같은 마음으로 하고 있는가
신발(구두) 매장	고객의 발 상태를 확인해 주고 있는가
	발에 놓는 수지침에 대한 정보 정도는 제공하고 있는가
	고객에게 좋아하는 운동(취미)에 대해서 같이 공유하고 있는가
	신던 구두에 대한 처리(A/S 등)에 대해서 대화를 나누고 있는가
	신발을 신은 모습을 보고 정말 기쁜 마음을 표현하고 있는가
동네 미용실	같이 모일 수 있는 장소 제공을 하고 있는가
	대화를 많이 할 수 있도록 분위기를 제공하고 있는가
	고객의 고민을 같이 들어주고 있는가
	고객이 친구를 데리고 오면 정말 고맙다는 말을 전해 주고 있는가
	여러 번 오면 서비스는 당연히 제공해 주고 있는가
액세서리 매장	내가 착용하고 있는 모습에 자신감을 고객에게 줄 수 있는가
	고객이 착용한 모습에 같이 기뻐해 주고 있는가
	착용 후 고객에게 일어난 변화에 대한 대화를 주도해 주고 있는가
	구매 시 A/S에 대한 걱정은 제거해 주고 있는가
카 페	커피 한 잔의 여유로움과 따뜻한 마음을 전달하고 있는가
	하는 일 잘되라고 고객에게 말로 전달하고 있는가
	커피 원산지에 대한 정보는 기본적으로 알려 주고 있는가
	신상품에 대한 시음회는 주기적으로 하고 있는가
서 점	책을 고르는 고객에게 필요 정보 검색에 대한 직원들의 응대 속도는 능동적인가
	책을 계산하는 모습에서 책을 지식으로 전달하는 모습이 있는가
	앉아서 책을 보고 있는 고객에게 불편한 점이 있는지 문의하고 있는가
	고객이 선택한 책에 대해서 짧은 대화라도 나누고 있는가(주인이나 직원이)
병 원	환자에게 치료할 수 있다는 긍정의 메시지는 전달하고 있는가
	같이 아파하는 마음을 기본적으로 가지고 있는가
	병에 대한 대화 외에 일상적인 대화를 해 보고 있는가
	환자의 이름을 불러 주고 있는가
	의사인 내가 당신의 아픈 곳을 열심히 치료해 보겠다는 마음을 전달하고 있는가

약 국	같이 아픈 마음을 느껴보고 있는가
	간절히 낫기를 바라는 마음으로 처방전에 대한 복용법을 설명해 주고 있는가
	인사말로 다음에는 뵙지 않았으면 좋겠습니다라는 말을 진심으로 하고 있는가
	처방전에 대해서 고객에게 전화나 문자로 잘 복용하고 있는지 안부를 전하고 있는가
정육점	씩씩함(건강함)을 계속 전달하고 있는가
	가족의 건강에 대해서 말씀을 드리고 있는가
	구매하는 부위별 요리 포인트는 알려 주고 있는가
	구매하는 고객에게 무엇을 하려고 하는지 대화를 나눠본 적이 있는가
	(좋은 날인지 기쁜 날인지 등)
휴대 전화 판매 매장	한 번 고객은 영원한 고객임을 전달하고 있는가
	구매한 고객의 가족에 대해서 문의를 하고 관리를 해 보겠다는 의지를 전하고 있는가
	지속적인 고객 컨텍을 하고 있는가(문자, 전화 등)
	고객에게 발생하는 귀찮은 문제에 대해서 적극적으로 해결하려고 하는가
	고객에게 이득이 되는 상담을 진심으로 하고 있는가
공인중개사	믿음을 줄 수 있는 것들이 무엇이 있는가
	안전하다는 것을 고객에게 전달할 수 있었던 것들이 있는가
	지역 상권에 대해서 성실함을 가지고 다 알려고 하고 고객에게 제공하고 있는가
	같이 동행하면서 고객에게 부동산 외의 대화를 하고 있는가
꽃매장	조화를 제외하고 꽃을 구입하는 고객들에게 사연을 물어보고 있는가
	정말 정성 들여서 포장을 하고 전달하고 있는가
	제일 좋은 꽃으로 판매를 하고 있는가
	미소 띤 표정을 기본으로 하고 있는가
	꽃을 판매하는 주인의 모습이 매우 행복한 모습임을 전해 주는가
건강 식품	주인 및 직원의 건강한 모습을 보여주고 있는가
	고객이 구매하려는 상품에 대한 복용 방법(최고의 복용 방법)을 전달하고 있는가
	고객의 건강함을 간절히 바라는 마음을 전달하고 있는가
	선물을 하는 고객의 경우 대상에 대한 대화를 해 보고 있는가
	재료에 대한 안전함, 믿음, 신뢰를 전달하고 있는가

② TAKE

판매하는 과정을 자세히 보면 고객으로부터 구매하고 싶은 마음을 뺏는 행위를 하고 있음을 의외로 많이 볼 수 있다. 개인 정보가 누출되었다고 했을 때 우리는 어떤 마음이 드는가? 이는 자신을 발가벗겨 놓은 것처럼 기분이 나쁜 것은 물론이고, 그 누출로 인한 추가 피해에 대해서 걱정하는 것까지 이루 말할 수 없는 TAKE를 당하고 있는 고객처럼 기분 나쁜 일은 없을 것이다.

고객은 기본적으로 자신을 드러내기 싫어하는 경향이 있다. 따라서 매장을 방문하는 고객들에 대해서 아무리 세일즈 원리를 적용하고, 구매하지 않는 원인을 제거해 보려고도 하고, GIVE를 열심히 한다고 하지만 아직도 고객을 만나는 순간에 고객의 무언가를 TAKE하려는 모습을 보이는 경우가 매우 많다는 것이다.

예를 들어서 고객과 대면한 이후 5초도 지나지 않았는데 친절하게 판매자는 이렇게 물어본다.

'어떻게 오셨습니까?'

'찾으시는 것이 있으십니까?'

'뭘 도와드릴까요?'

아무것도 아닌 것처럼 보이지만 이 간단한 질문이 고객으로부터 TAKE를 하고 있다고 아는 판매자는 아무도 없을 것이다. 그런데 고객은 이 간단한 질문에 무의식적으로 무언가를 뺏기고 있음을 느낀다. 무엇을 TAKE 당하고 있는지는 정확하지 않지만 '내가 왜 이런 질문에 답을 해야 되나?' 라는 반발심 같은 마음을 가지게 되는 것이다.

이처럼 간단한 질문이었지만 고객은 자신으로부터 무언가를 TAKE 당하고 있다고 느끼면 그 매장에서 구매하게 될 확률은 점점 떨어지게 되는 것은 당연한 일이다. 우리가 고객으로부터 아무 생각없이 TAKE하는 행동을 하는 경우는 여러 가지가 있다.

　고객이 '이거 얼마예요?' 라고 물어봤을 때를 가정해 보면 판매자는 어떻게 대답을 하고 있었는가? 대부분 친절하게 '얼마입니다' 라고 했을 것이다. 이런 간단한 것까지 무슨 TAKE냐라고 할 수 있겠지만 고객은 그 가격을 듣는 순간 자신의 지갑에서 돈이 빠져나가는 TAKE를 상상하게 된다. 우리가 전혀 몰랐던 부분이었지만 고객은 분명히 그런 느낌을 받는다. 고객은 T를 당하면 당할수록 구매를 하지 않게 된다는 사실을 잊어서는 안 된다.

　그렇다면 가격을 물어보는 고객에게 어떻게 T를 안하고 대답을 할 수 있는가. 또 다른 T의 경우를 살펴보면 어느 식당에 가면(맛이 엄청나게 좋고 세일즈 원리에서 말했던 H가 많은 집은 예외가 될 수 있을지 모르겠지만) '선불입니다' 라고 자신 있게 말하는 곳을 가끔 볼 수 있다. 필자는 개인적으로 선불을 원하는 식당에는 잘 가지 않으려는 성향이 있는데, 이 선불이라는 것이 음식 맛을 보지도 않았는데 고객은 지갑을 열어야 하는 TAKE의 끝을 보여 주는 사례라고 생각한다. 물론 이 식당이 사람이 너무 많이 와서 계산할 시간도 없을지도 모르고, 세일즈 원리의 M대비 H가 너무 큰 행복한 식당이라면 모를까 설령 그렇다 치더라도 이 '선불' 이 얼마나 많은 TAKE를 하고 있다는 것을 아는 사람은 별로 없을 것이다.

　반면에 홈쇼핑에서는 무이자 할부에다가 그것도 직접 사용해 보고 돈을 지불하라고 하는데, 홈쇼핑의 단점(물건을 직접 만지면서 H를 경험하지 못한다는 결정적인 단점)을 극복하고자 하는 판매 전략이지만 고객 입장에서는 그 물건을 사용해 보고 다시 반품도 된다는 과정 속에서 단 한 가지도 TAKE를 당하지 않고도 그 물건을 경험해 보는 것이 된다. 그러니 이보다 더 좋은 경험이 어디 있겠는가 하면서 홈쇼핑이 대박이 나게 만들어 주고 있었던 것이다.

고객들은 알고 보면 일주일 사용 후에 반품이라는 것을 쉽게 생각하지만 일반적으로 고객들의 성향이 귀찮은 것을 싫어하는 경향이 많아서 반품이 그렇게 많지는 않다고 한다. 세일즈 원리의 D를 잘 다룬 홈쇼핑이지만 고객은 거꾸로 자신의 최대 약점인 귀찮은 것을 실천하지 못함으로써 구매를 할 수밖에 없는 경우도 많다는 것도 알 수 있는 사례이다.

또한 GIVE와 반대로 TAKE 중에 매장 주인과 직원들의 자세와 말투로 고객으로부터 TAKE를 할만한 것들이 많다. 화장품을 판매하는 직원들은 반드시 피부를 신경 쓰고 관리를 해야 하며, 스포츠용품을 판매하는 직원들은 선탠을 하더라도 건강함을 보여 줄 필요가 있고, 식당에서는 위생에 민감한 만큼 직원들의 유니폼 소매와 손톱의 청결함 등이 고객으로부터 T를 하지 않으려는 기본적인 행동이라고 보면 된다.

이런 기본적인 것조차 없다면 고객은 그 매장으로부터 자신이 특별히 빼앗긴 것이 없더라도 구매를 하게 되지 않을 것이며 추가 구매나 추천 활동으로도 이어지지 않는다고 보면 된다.

TAKE에 있어서 앞서 말한 판매자가 고객을 향한 질문에 대해서 심도 있게 내용을 살펴보면 고객의 지갑을 열기 위한 질문이 아니라, 고객이 말하지 않아도 될 질문(고객은 T를 당하고 있다는 느낌이 드는 질문)들을 스스럼없이 하는 것을 알 수 있다.

앞서 가격에 대한 질문을 고객으로부터 받았을 때 과연 어떻게 대답을 하면 고객으로부터 TAKE는 줄이고 GIVE는 줄 수 있는지에 대한 느낌을 알았으면 한다.

고객이 상품을 보면서 '이거 얼마예요?' 라고 했을 때 어떻게 대답을 하는 것이 정답에 가까울까? 답은 '그 가격을 말하지 않는 것' 이다. 이게 무슨 생 뚱 맞은 말인가 할 수도 있지만 고객으로부터 TAKE를 하지 않는다는 것보다 중요한 것이 고객은 매장에 들어와서 자신이 필요한 정보에 대한 질문만 하게 된다.

당연히 '가격' 이 가장 중요하게 알고 싶어하는 정보다. 그런데 판매하는 입장에서 그에 대한 대답을 바로 해 버리면 고객은 더 이상 필요한 정보를 얻고자 하는 열의가 없어지게 된다는 것이다.

따라서 가격에 대해서 말해 주고 싶고, 그것도 친절하게 말해 주고 싶지만 참아야 한다는 뜻이다. 그게 고객으로부터 매장에서 나가지 않게 하는 비결이며, 고객이 그 가격에 대한 정보를 얻기 전까지 판매자는 고객과 상담할 수 있는 시간을 확보할 수 있는 것이다. 따라서 그 시간 동안 세일즈 원리의 H와 D를 할 수 있을 뿐 아니라 판매자가 고객에게 GIVE할 수 있는 기회를 만들 수 있다.

어떻게 가격을 물어보는데 대답을 하지 않는가라고 반문을 한다면 정보를 참고 기다리게 해야 한다. 그 짧은 시간 동안 내가 무엇을 고객에게 GIVE할 수 있는 것인지 그 시간 동안 내가 고객에게 물건 외에 어떤 H를 제공할 수 있는 가가 더 중요하다는 말이다. 장사를 하는 입장에서 이 장의 GIVE와 TAKE에 대해서 어느 정도 알고는 있었겠지만 대부분 GIVE는 잘하는 것 같은데 TAKE에 대해서는 생각을 많이 해 보지 않은 경우가 대부분이다.

따라서 영업에 있어서 자신이 고객에게 줄 수 있는 것들이 매우 많음에도 불구하고 자신이 고객에게 다른 사람들보다 경쟁력이 있는 GIVE가 무엇인지 인지하고, 이를 고객 입장에서 정리해서 앞으로 만나는 고객들에게 판매하고자 하는 물품 외에도 많은 것들을 받고 있다고 느끼게 해야 한다.

반대로 고객으로부터 무의식 중에 TAKE했던 것들이 무엇이 있었는지를 생각해 보고 고객이 필요한 정보를 빨리 주는 것이 답이 아니다.

고객에게 TAKE하는 행위보다는 그 시간 동안 내가 줄 수 있는 것과 세일즈 원리에서 말한 H를 고객에게 전달하는 것에 집중을 해야 한다.

GIVE와 TAKE에서 GIVE를 정의해 보면 '받는 상대방이 느끼는 기쁨, 행복, 즐거움을 대신 받은 것처럼 진심으로 상대에게 전달하는 행위' 이다. 이는 겉으로 하는 G가 아니라 GIVE를 받는 상대가 되어서 그 GIVE를 받았을 때의 느낌을 그대로 상대에게 전달하는 것이 핵심이다.

예를 들어서 오전 시간 커피(아메리카노 한 잔)를 주문하는 고객에게 우리가 흔히 하는 '감사합니다' 라는 멘트가 아닌 하루를 시작하는 시간에 커피 한 잔을 주문하는 상태이므로 그 커피가 주는 맛 이외에 즐거움까지 고객에게 전달하는 것이 바로 GIVE라는 것이다.

그래서 '감사합니다' 라는 말보다는 '상쾌한 아침 되세요', '오늘도 파이팅 하세요' 가 훨씬 그 고객에게 진심을 전달하고 그 커피 전문점에 또다시 오게 만드는 비결이 될 수 있다. 선물을 주는 남자가 장미와 케이크를 여자 친구에게 주는데 주는 것은 장미와 케이크이지만 알고 보면 그 남자의 여자 친구를 향한 사랑하는 마음을 주는 것이다.

어느 매장에서 물건 구매 시에 똑같은 추가 오퍼를 줄 때도 어떤 직원은 원래 주는 것을 고객에게 전달해 주는 반면에, 어떤 직원은 그 선물을 특별한 고객님에게만 드리는 굉장히 귀한 선물을 전달해 주는 모습으로 고객에게 전달해 주는 모습이 서로 다르듯이 GIVE는 일상 생활에서도 충분히 활용할 수 있음을 잊지 말자. 평소 고객을 향해서 '내가 줄 수 있는 것이 무엇인가' 라는 항목에 대해서 자신있게 드릴 수 있는 판매자가 되어야 한다.

　세일즈 원리와 고객이 구매하지 않는 이유를 열심히 자신의 것으로 만들고자 노력한다면 이 GIVE와 TAKE에 대해서는 절대적인 노력을 해야 한다. 지금까지 판매를 잘해 보기 위해서 세일즈의 달인이 되기 위해서 노력을 하고 있었더라도, 지금까지 습득했던 모든 것들을 잘 활용하지 못하는 경우라도 이 G와 T에 대한 생각과 실천을 반드시 해 준다면 그 어떤 판매 기법보다 좋은 결과를 가져다 줄 것이다.

　자동차를 구매하고자 하는 고객에게 세일즈 원리에서 말하는 M. H. D.에 대해서 영업 사원이 열심히 설명을 하고 고객이 자동차를 구매했을 때 그에 따른 즐거움에 대해서 진심으로 전달하고자 한다면 GIVE라는 것이 얼마만큼 자동차 영업에서 차지하는 비중이 큰지는 직감으로도 알 수 있을 것이다.

　자동차를 구매하고자 하는 고객은 자동차로 인한 세금, 보험료, 주차비, 유지비, 기름값, 과태료 등과 매월 할부로 들어가는 경제적인 비용보다도 자동차를 구매했을 때 얻어지는 부가적인 행복, 즐거움이 훨씬 크다면 그 자동차를 구매하는데 주저함이 없을 것이다.

　따라서 영업 사원은 그런 고객의 즐거움, 행복에 대해서 '적당히' 전달하는 것이 아니라, 마치 영업 사원 자신이 처음 자신의 차를 구매했을 때의 기뻤던 마음을 고객이 자동차를 구매했을 때 가질 수 있는 느낌으로 가감없이, 정말로 있는 기분 그대로, 진심으로 전달하는 것이 바로 GIVE의 핵심이다.

자동차 외에도 모든 판매 물품에 대해서 이 GIVE가 가진 위력은 실로 대단하다고 할 수 있다. 지금까지 판매에 종사하는 분들은 혹시 자신이 GIVE를 하고 있는 모습이 고객에게 '오버하지 않나' 하는 선입감 때문에 고객이 받는 그 기분을 제대로 전달하는데 인색했던 게 사실이다.

하지만 판매의 달인이 되고 싶고, '뭐든지 다 판다'의 달인이 되고 싶으면 이제부터 GIVE와 TAKE에 대해서 자신의 노트에 잘 정리를 하고, 판매하는 물품을 구매하는 고객들이 가지는 즐거움, 기쁨을 본인이 물품을 구매한다고 생각하고 즐거움과 기뻐하는 마음을 그대로 고객에게 전달해야 한다.

건강 식품을 판매하는 분들은 보통 제품 문의나 가격 문의를 하는 고객들에게 해당 제품에 대해서 '참 좋은 것입니다', '이런 부분에 효과가 있을 것입니다' 라고 친절히 말하는데 필자가 보기에는 GIVE가 잘 안 된 모습이라고 판단된다. 당연히 고객 분들은 그렇게 말하는 판매자의 설명을 들으려고도 하지 않을 것이다.

따라서 앞으로는 건강 관련 제품을 판매할 경우라면 내가 고객에게 줄 수 있는 GIVE(고객이 이 물건을 구매했을 때 가지는 즐거움, 기쁨, 행복을 마치 내가 그 기쁨을 같이 하는 모습과 마음으로 고객에게 전달하는 것)가 과연 무엇이 있는지 잘 정리해 보고 또 연습해 보면서 제품을 설명하는 판매자의 모습이 아니라, 구매를 하려고 하는 고객이 가지는 기분을 전달하고자 하는 판매자가 되어야 한다.

'고객님이 이거 드시고 속도 편안하시고 몸에 잘 받으시면 제가 더 기쁠 것 같습니다' 가 앞서 말한 '몸에 참 좋습니다' 라는 것보다 훨씬 필자가 말하는 GIVE에 근접해 있는 말이다. 대신 진심으로 말해야 된다. 진심이 담기지 않는 GIVE는 고객이 가식으로 받아들여서 오히려 기본적인 제품 설명만 한 판매보다 못한 결과를 초래할 수 있기 때문이다.

　고객이 받았을 때의 기쁨, 즐거움, 행복을 전달하는 것이 결코 쉽지는 않다. 정말로 쉽지 않기 때문에 아무나 판매왕이 되지 않는 것이다. 진심을 전달하는 것과 고객이 받는 느낌을 내가 받은 것처럼 행복한 것을 전달하는 GIVE는 가장 핵심적인 판매의 근본이다. 충분히 할 수 있는 것이고, 또 그렇게 하는 사람들이 이 세상에 더 많다는 것이 판매자들을 충분히 발전시킬 수 있는 자극제가 되었으면 한다.

02

수호아빠 판매 특허 세 번째, 네 번째

칼자루는 우리가 잡아야 된다와 고객은 똑같다
단지 표현만 달리하는 것 뿐이다

1 묻고 답하기 – 자판기 판매

판매 과정을 보면 물건을 중간에 두고 판매자와 구매 희망 고객 사이에 많은 대화가 오고 가게 된다. 주고받는 대화 속에 '질문과 대답'의 연속 선상에서 판매가 되기도 하고 구매 거절이 되기도 하는 결과가 나타나는 것이다. 이번 묻고 답하기에서는 판매 과정에서 고객과 판매자 사이에서 일어나는 질문과 대답에서 무엇이 중요한 핵심인지 살펴보도록 하자.

필자는 묻고 답하기에 대해서는 '자판기가 되지 말라'고 강조한다. 일반적으로 판매자들은 고객이 구입 의사가 있어서 매장을 방문했거나 혹은 고객이 상품에 대해서 설명할 시간을 갖고 방문했을 때 첫 인사를 제외하고 '무엇을 고객에게 물어보는가?'라는 질문을 던지면 이 질문에 대해서 쉽고 명쾌한 대답을 하는 판매자는 많지 않다. '필요한 것이 있습니까?', '찾는 게 있습니까?', '어떻게 오셨습니까?' 외에 고객과 눈맞춤 이후 물어보는 것이 거의 없을 만큼 준비된 질문이 없는 것이 현실이다.

대신 고객이 물어보는 것에는 매우 친절하게 대답을 하는 경우가 대부분이다. 고객이 '이건 얼마예요?'라고 물어보면 친절하게 '그건 얼마입니다' 판매를 잘하는 친구는 '그건 얼마인데 오늘 구매하면 얼마를 할인해 주는 상품입니다'라고 대답을 할 것이다. 이것 말고 또 다른 대답이 있었는지 스스로에게 물어보자.

필자가 앞에서 언급한 자판기라는 말이 바로 판매 현장에서 볼 수 있는 '고객이 물어보고 우리는 대답한다. 그것도 친절하게'의 모습이다. 이건 판매가 아니라 고속도로 휴게소의 커피 자판기처럼 기계적인 판매 모습이다. 우리는 자판기가 아니니 앞으로는 이런 판매(자판기 판매)는 피해야 한다.

반면에 판매를 잘하는 판매자들의 공통점은 끊임없이 고객에게 질문을 하는 것이다. 주변을 잘 관찰해 보라. 판매를 잘해서 그 업종에서 말하는 우수 영업사원들은 고객이 물어보는 것에만 친절히 대답을 하는 사원이 아니라, 오히려 고객에게 많은 것을 물어보고 고객이 답을 하는 행동들을 자연스럽게 하고 있는 것을 알 수 있다.

묻고 답하기를 VTR로 촬영을 해 보면 보는 사람들은 똑같다고 말할 정도로 고객이 물어보고 판매자가 답을 하는 모습이나 판매자가 물어보고 고객이 답을 하는 모습이나 비슷하게 보일 것이다. 하지만 필자가 말하는 판매는 절대적으로 물어보는 주체는 반드시 판매자가 되어야 한다는 것이다. 왜냐하면 구매에서 판매자가 차지하는 비중은 20~25%일 정도로 크게 차지하기 때문이다.

이처럼 큰 비중을 차지하는 판매자에게 고객의 질문에 대해서 친절하게 답을 하는 것만으로는 만족하거나 구매를 하는 경우는 찾아볼 수 없다. 고객은 판매자의 끊임없는 질문에 대해서 하나씩 대답을 하는 과정에서 '하나를 무너뜨리면 모든 것을 무너뜨릴 수 있다' 라는 세일즈 8대 기법의 한 가지 내용처럼 자신의 것을 하나씩, 쉬운 것부터 표현하는 과정에서 종국에는 구매로 빠져들게 되기 때문이다. 또한 묻고 답하기에서 고객에게 물어보는 패턴 중에 '고객의 동의를 구하는 질문' 을 자유자재로 사용할 수 있는 판매자가 있다면 그 사람은 그 업종에서 높은 판매 실적을 올리고 있는 사람일 것이다.

묻고 답하기 과정에서 구매가 이루어지는데 그 묻고 답하기의 주체가 판매자가 되어야 함은 물론이며 묻는 내용의 패턴을 가져갈 수 있다면 금상첨화로 성공적인 구매가 계속 이어질 것이다.

그렇다면 무엇을 물어봐야 할까? 뒷부분의 질문법에서 자세한 내용을 언급하겠지만 간략하게 적어보면 '고객과 이 매장과의 관계', '본 매장의 이미지', '상품에 대한 느낌', '구매 결정에 필요한 추가 설명', '동의를 구하는 맞습니까' 구매 결정을 하지 못한 고객에게 '제가 도와드릴까요', '구매하면 걱정되는 것이 있습니까' 등 세일즈 원리부터 사전 거절 처리까지 많은 것들을 고객에게 물어볼 수 있다.

고객은 질문 내용이 판매 과정에서 어떤 효력을 발휘하는지 알 수가 없으니 무슨 질문이어도 괜찮다. 단 고객이 물어보는 것이 많아지고 판매자가 대답하는 것이 많아지면 판매의 결과는 실패가 많다는 것을 염두에 두어야 한다.

왜냐하면 앞서 고객이 구매하지 않는 이유에서 밝힌 것처럼 고객은 자신이 필요로 하는 정보에만 관심이 있고 그 정보를 취득하고 나면 그 물품 외에 판매하는 사람의 노력과 열정에는 관심이 현저히 떨어지기 때문이다.

그리고 중요한 것이 묻고 답하기는 매장에 처음 들어온 고객과 물품 외 다른 대화가 전혀 없는 건조한 판매 모습과는 달리 질문하는 과정에서 고객과 처음 만난 어색함이라는 벽을 허물어뜨리는 위력을 발휘한다.

미장원에 가 보면 손님과 헤어 디자이너 사이에 많은 대화가 오고 가는 것을 볼 수 있다. 서울의 유명한 헤어숍이 아니더라도 중소 도시의 동네 미장원에서도 동네 주부들과 미장원 원장 사이에는 머리와 관련된 대화 외에 동네의 사랑방 같은 대화가 끊임없이 오고 가는 것을 볼 수 있다. 이것이 바로 묻고 답하기의 표준에 가까운 모습이다.

그런데 자세히 보면 미장원에 온 손님이 말을 많이 걸고 물어보는 것이 아니라, 미장원에 근무하는 직원들이나 원장들이 손님에게 많이 물어보는 것을 알 수 있다.

최근의 사회는 말을 들어주는 사람이 많지 않다. 그래서 내 말을 들어주는 사람이 좋다는 것을 느끼는 사회이다. 사람끼리 만나서 하는 대화보다는 문자, 카카오톡, 트위터, 이메일을 통해서 대화를 한다. 그래서 직접 내 말을 들어주는 상대는 생각보다 많지 않은 게 사실이다.

여러분은 이 묻고 답하기에서 너무 쉽게 '이거 어려운 것이 아니네 쉽네'라고 판단하지 말고, 뭘 물어보고 어떤 순서로 물어보는 것이 좋은지를 정해야 한다. 판매라는 것이 많은 항목들의 총집합체가 되어야 하는데 한 부분만 집중한다고 해서 나아지는 것은 결코 아니기 때문이다. 따라서 계속된 노력이 이어져서 어느 순간에 와 닿는 느낌을 가져야만 더 높은 판매 단계로 올라갈 수 있다. 그렇다면 묻고 답하기에서 어떤 걸 물어보고 어떤 순서로 물어보는 것이

좋은지를 살펴보자

쉬운 것부터 물어보라

매장의 단골 고객을 제외하고 처음 혹은 2~3번째 오는 손님에게 그동안 특별히 판매하는 물품 설명 외에 물어보는 것이 없었다면 거창하게 처음부터 끝까지 물어볼 것을 외워서 할 것이 아니라 쉬운 것부터 질문하면 된다. 그 쉬운 물어보기나 쉬운 권유(이쪽으로 앉으세요, 커피 한 잔 하시겠습니까? 등)부터 해 보면 된다. 그래서 고객이 쉬운 물음과 권유에 반응이 어떤지, 대답을 안하고 행동을 하지 않으면 더 이상 질문하지 말고 조금 기다려 준다.

'어디 사는지?', '우리 매장에는 처음 오는 건지?', '우리 매장 첫 인상은 어떤지', '밖에서 보는 우리 매장 디피는 잘되어 있는 것 같은지', '날씨 추운데(혹은 더운데) 잠시 쉬었다 쇼핑은 나중에' 등 생활 속에서 많이 받았던 질문들이지만 그 물음의 위력은 생각하는 것보다 대단하다는 사실이다.

상품 설명을 할 때는 동의를 구하는 묻기를 하라

계속해서 묻기가 힘이 들겠지만 묻고 답하기를 계속 연습해서 고객과 처음 만난 이후부터 서로의 친밀도가 조금 좋아지고 있다고 생각되어질 때 상품 설명을 하라. 이 단계에서는 상품에 대한 설명, 사용하면서 느낄 수 있는 즐거움, 행복 등은 물론이고, 고객이 구매할 때 구매 거부를 하는 것들에 대해서도 사전 거절 처리를 해 가면서 설명을 해야 되는데 어렵게 보이지만 가장 중요한 것은 묻고 답하기를 중단하면 안 된다는 것이다.

상품 설명 단계에서의 묻고 답하기의 핵심은 '고객에게 동의를 구하는 묻기'다. 캠핑 용품을 판매하는 매장에서 고객에게 캠핑 용품을 설명하는데 고객의 동의를 구하는 질문에는 여러 가지가 있다. '이 텐트를 사용해서 가족들과 밤 하늘의 별을 보면 가족들이 즐거워하지 않을까요?' 물론 이 질문에 답을 하지 않더라도 긍정의 답을 머릿속에 그리게 된다.

또한 로프를 판매할 때 가격을 떠나서 '로프는 생명을 담보하는 것인 만큼 튼튼한 것이 제일 좋지 않겠습니까' 라고 권유하면 고객은 마음속으로 긍정의 답을 하고 있을 것이 분명하다.

이처럼 상품 설명을 할 때는 그 상품에 대해서 고객에게 동의를 구하는 묻기를 해 주는 것이 얼마나 판매에 도움이 되는지는 실제 활용해 보면 답을 알 수 있을 것이다. 그리고 기왕이면 긍정의 답을 하도록 하는 동의, 좋은 방향으로 나아가기 위한 동의를 구하는 질문이 필요하다.

또 같은 맥락으로 상담 초반에는 고객과의 상담을 하는 경우에 고객이 궁금해 하고, 고객이 알고 싶어 하고, 고객이 반문하고 싶은 항목 등에 대해서 필자는 동문 서문을 하라고 한다. 판매에서 칼자루는 쥐고 있어야 '판매 실패를 하더라도 마음이 덜 아프게 된다' 라는 이유에서다.

또 판매 현장에서 판매자가 겪는 서러움은 구매자가 구매 거절을 하는 것을 한 번 두 번 겪다 보면 정말 상상을 초월할 정도로 크기 때문이다.

상품을 구매 하러 가면 판매자의 실력이 조금 부족하고 정성이 담긴 판매가 조금 부족하더라도 구매 거절을 심하게 하지 않았으면 한다. 화장품 영업을 하는 분들이 화장품 샘플을 가지고 오피스 빌딩을 누비는데 막상 가 보면 현실적으로 가망 고객이 될 분의 반응은 싸늘하기 그지없다. 고객 앞에서는 밝은 모습으로 뒤돌아 나오지만 나온 이후 느끼는 서러움은 매우 큰 것이 사실이다. 하물며 지인을 방문해서 오랜만에 좋은 상품을 열심히 설명하는데도 불구하고 더군다나 경제가 어렵다 보니 구매는 고사하고 준비된 말도 제대로 마치지 못하고 뒤돌아서야 하는 것이 영업계의 현실이다.

하지만 이제부터 판매에 종사하는 분들은 노력하면 월급쟁이들보다 더 많은 수익을 올릴 수 있는 직업을 스스로 선택한 것이기에 열심히 노력하고 경험을 쌓아서 멋진 프로 판매자가 되어야 한다. 그래서 수동적인 모습에서 탈피를 하여 판매의 주도권을 쥐고 판매를 할 수 있어야 한다. 그러기 위해서는 '동문 서문'을 할 줄 알아야 하고, 또 그렇게 해야 한다.

어떻게 하는 것이 동문 서문이고 왜 그렇게 해야 되는지를 알고 나면 고객은 지금까지 경험적으로 자신이 매장을 방문하면 주인과 직원들이 어떻게 대했고, 내가 어떻게 하면 이렇게 할 것이다는 무의식 속의 행동 패턴을 가지고 있다. 이런 경험 속에서 고객들은 구매를 하거나 구매를 하지 않았던 것이기에 앞으로도 계속 그렇게 할 것이다.

따라서 고객들은 판매자가 어떤 감정을 가지고 있고 어떻게 하던 상관없이 판매자들의 마음까지 신경을 쓰지 않기 때문에 준비된 묻기와 답하기는 물론이고 고객 상담을 시작할 때 고객이 무엇을 물어보던 상관없이 자신이 하고 싶었던 질문과 보여 주고 싶었던 판매 기법을 마음껏 해 보라는 것이 바로 동문 서문의 핵심 내용이다.

고객이 매장 방문 이후 물품을 잘보고 있다가 우리에게 '이거 얼마예요?' 라고 물어보면 절대 그 질문에 대답을 하지 말고 대신 고객에게 건넨 첫 인사를 제외한 고객에게 궁금했던 것이나, 상품 가격 외에 알고 싶은 것이나, 자신의 소개도 상관없으니 제발 그 가격 문의에 대한 친절한 대답은 참고 또 참아주기 바란다.

고객이 간단하지만 대답할 수 있는 질문이나 고객의 행동을 조금 움직이게 할만한 부탁이나 — 예를 들어서 구두 매장이라면 '제가 잠시 봐 드리겠습니다. 고객님 잠시 여기 앉으시겠습니까?' 라든지 옷가게라면 '손님 가방이 무거워 보이는데 잠시 내려놓고 편하게 보는 것은 어떻습니까?' — 액션을 해 보라는 것이다. 그런 다음 고객이 가격에 대한 답만 기다리는 분이 아니라면 판매자가 제시하는 질문이나 아주 작은 행동 요청에 반응을 해 줄 것이다.

이게 바로 주도권을 고객으로부터 가져오는 것인데, 아무것도 아닌 것 같지만 판매의 결과는 엄청난 차이를 만들어 주는 시발점이 된다는 사실을 명심하자. 또 앞서 말한 판매 실패에 대해 마음의 상처를 받아도 앞으로는 내가 주도한 판매를 하다가 자신의 실력이 부족해서 받은 것이라고 생각하면 된다.

지금까지 세일즈 업계에서는 '고객은 천차만별이다' 라고 판매 및 영업 사원들에게 가르치며 현장에서 다양한 고객을 상대하기 위해서는 상품뿐만 아니라 각종 거절에 대응하는 화법 등의 많은 것들을 활용하기를 기대했다. 하지만 필자의 가장 기본적인 밑바탕을 이루는 핵심 이론 중에 '고객은 똑같다' 를 알려주고자 한다. 이 말은 정확히 '고객은 똑같다. 하지만 단지 표현하는 방법만 다를 뿐이다' 라는 것이 정답이다.

고객이 매장을 방문해서 상품을 보고, 만져 보고 하면서 그 상품에 대해서 구매 욕구를 높이는 질문과 설명을 듣는데, 중요한 것은 지금까지 고객이 구매하지 않은 이유를 필자가 질문을 한다면 뭐라고 대답을 하겠는가?

"그건 고객 마음이겠죠."

"제가 그 고객 속마음을 어떻게 알겠어요?"

"제가 설명이 부족했나 보군요."

"뭐 마음에 안 드는 부분이 있겠죠."

"다른데 가서 가격 비교도 해 보고 그렇게 구매 결정하는 것이 요즘 트렌드에요."

이 대답들이 나타내는 것이 무엇인가?

"전 아직 고객을 잘 모르겠어요."

"전 아직 아마추어인가 봐요."

"판매에 왕도가 있나요, 이렇게 하다 보면 언젠가는 실력이 늘겠죠."

"오늘은 재수가 별로 없는 날인가 보네요."

"안 살 사람은 아무리 해도 구매하지 않아요. 그건 제가 척 보면 알지요."

고객은 똑같다. 절대 각양각색이 아니다. 단지 우리가 구매를 하지 않는 고객으로부터 진정성이 담긴 구매를 하지 않는 이유를 들어 본 경험도 없고 또한 그렇게 구매를 하지 않는 고객을 극복해 보려는 노력도 해 보지 않은 채 판매자 입장에서 보고 고객을 폄하하는, 그리고 판매자 실력은 문제가 별로 없었는데 고객들 문제로, 아니면 고객의 다양성으로 귀결지으려 했던 것이 아니었나 생각한다.

고객은 근본적으로 똑같다. 절대 다르지 않다. 단지 표현하는 문구나 행동에 차이가 있을 뿐이다. 예를 들어서 마트에 가면 흔히 만나게 되는 시식 코너(여기서는 두부 시식 코너)를 잘 살펴보면 시식은 해 보고 싶어하고, 또 줄도 많이 서 있지 않고, 시식 코너에서 이미 준비된 두부가 테이블 위에 놓여져 있다면 누구나 대부분이 그 시식 코너로 발걸음을 옮겨 시식을 하는 모습을 볼 수 있다. 아니면 최소한 먹지는 않지만 고개를 돌려서 그 코너를 바라보는 것이 흔히 볼 수 있는 모습이다.

이처럼 고객은 표현하는 차이가 있을 뿐이지 결코 다르지 않음을 우리는 알아야 하고, 그 똑같다는 것을 근본으로 세일즈는 시작되어야 하고 노력해서 발전되어져야 한다는 것이 여기서의 판매 핵심이다. 동문 서문하라는 말에서도 고객이 똑같다는 것을 그대로 활용하여 고객으로부터 제공받은 정보나 느낌으로 판매를 시도했을 때 실패를 해도 마음의 상처를 덜 받고, 판매에 대한 자신감이 점차 늘어갈 수 있을 것이라 확신한다. 고객이 물어보는 것에만 대답하는 자판기의 모습이 아니라 동문 서문을 통해서 대화의 칼자루를 잡고 판매를 하면 된다.

고객이 물어보면 잠시 그 순간만 참고 자신이 준비한 고객을 향한 질문을 해보라(세일즈 원리, GIVE, 묻고 답하기의 기본적인 학습이 된 이후면 더 좋다). 이때부터 판매자는 지금까지 경험했던 평소 고객이 아니라 변하는 고객을 보게 될 것이다. 그렇다면 무작정 동문 서문을 하는 것이 아니라 어떻게 하면 훌륭한 동문 서문이 될 것인가에 대한 명확한 답은 이 책의 '판매는 순서다' 부분에서 살펴보기로 하자.

독자들은 앞서 배운 세일즈 원리의 H에 대한 준비 — 어떤 것이 이 물품을 사용하는 고객에게 행복을 주는 것일까, 내가 고객이라면 이 물품에서 어떤 부분이 기쁨이 되는가, H를 설명하기 위해서는 무슨 준비를 하고 있어야 하는지에 대한 준비 — 와 GIVE에서 말하는 물품 설명 외에 무엇을 고객에게 줄 수 있는가에 대해서 정리를 한 이후 고객에게 줄 수 있는 것들을 첫 만남부터 물품을 설명하는 과정에서 중간중간 줄 수 있는 것을 준비한다. 그리고 고객이 느끼는 감정을 GIVE를 통해서 전달하고 공감을 해서 고객이 거절할 만한 유형을 매장의 상품을 기준으로 분류를 한 다음에 고객에게 판매 처음부터 중간, 마무리까지 자신있게 사전 거절 처리도 준비를 하고 고객을 맞이해 보자.

고객은 절대 다르지 않고 절대 각양각색이지 않다는 것을 느끼게 될 것이다. 고객의 간단한 질문에 자신이 준비한 동문 서문으로 시작을 하게 되면 절대적으로 독자들은 반드시 '새로운 경험'을 하게 될 것이다. 이것이 바로 프로 세일즈로 가는 과정이다. 그러므로 판매자들은 앞으로 고객이 거절한다고 해도 마음을 상하지 말아야 한다.

이것도 준비한 것이 부족하고 실력이 부족해서 겪는 것이니 꼭 노력해서 세일즈의 달인이 되어 고객에게 자신있게 판매하는 자신을 찾아야 한다.

설령 판매에 실패를 하더라도 내가 주도했던 판매이기에 오히려 고객이 멋진 판매를 듣고도 구매하지 못한 아쉬움을 가지도록 노력해야 하는 것이 판매자의 진정한 모습이다.

수호아빠 판매 특허 다섯 번째

질문만으로 판매할 수 있다

'판매는 레벨이 있다'에서 알려드린 것과 같이 이번에는 '고객에게 질문만으로 판매를 해 볼 수 있겠는가?' 라고 물어보면 과연 질문만으로 상품을 판매할 수 있겠는가?

대부분의 영업 사원들은 '잘 모르겠습니다', '생각해 본 적이 없습니다', '그게 가능합니까', '한 번 해 볼까요?' 할 것이다. 당연히 해 본 적도 없고 생각도 해 보지 않은 판매이기 때문이다.

왜냐하면 지금까지는 판매나 영업을 하면서 고객을 대상으로 질문보다는 설명을 하는 것에 조금 더 많은 시간을 할애하였고 또한 별다른 것이 없어 보이는 질문이 대부분이었거나 고객으로부터 TAKE하는 질문이었다. 고객들을 대상으로 보통 어떤 질문을 해 왔는지 스스로에게 답을 해 보기 바란다.

"찾으시는 게 있습니까?"

"뭘 찾으십니까?"

"어떤 걸 보여 드릴까요?"

"가격대는 어느 정도 생각합니까?"

"한 번 입어 보겠습니까?"

"다른 매장은 보고 오는 길입니까?"

"누구한테 선물할 겁니까?"

" 포장해 드릴까요?"

"결재는 어떻게?"

이런 질문의 형태가 대부분이었을 것이며 처음 질문한 것처럼 이런 질문으로 판매에 도움이 되는 것이 있을까에 대해 생각을 해 보자.

현장에서 고객에게 질문하는 내용을 보면 판매자가 의도한 질문보다는 우리가 평소 다른 매장에 구매자로 갔을 때 받았던 질문들이 어느 순간에 자신의 것이 되어서 그 내용을 사용하거나 아니면 매장에서 선배들이 사용하는 멘트를 보고 따라 하는 경우가 많았다.

냉정하게 봐야 한다. 질문만 가지고 판매를 할 수 있다고 했는데 지금 그런 생각으로 고객에게 질문을 한 경우가 있을 것이다.

모르면 배워서 하면 된다. 따라서 질문에 대해서 많은 시간과 노력을 기울여 꼭 훌륭한 질문을 할 수 있는 판매자가 되어야 한다.

판매자가 고객 입장이 되어서 위에 나와 있는 질문을 받았다고 가정해 보면 우리의 지갑을 열게 만드는 질문이 있는가?

그렇다면 우리가 고객 입장이라면 '어떤 질문을 받고 싶은가?' 앞에 나열한 평범한 질문보다는 상품 설명과 관련된 질문 외에 '친근한 질문', '나를 생각해 주는 질문'을 해 줬으면 하는 바램이다.

아니면 고객에게 '상품과 구매에 대한 생각을 자연스럽게 이끌어 주는 질문'을 해 주기를 바란다. 판매하는 사람이 자연스럽게 상품에 대한 좋은 점, 나쁜 점, 구매에 대한 마음, 거절하고 싶은 마음에 대해서 질문해 주면 구매자가 대답을 하게 되는 순간에 구매를 해 보고 싶은 마음이 생기게 만드는 그런 질문을 해야 한다.

질문만으로 판매가 가능할까? 자신 있게 답을 드리면 'yes'다. 순서가 있는 판매에서 상품 설명을 하는 과정만 제외하고 모든 순서를 질문으로 만들 수 있으며, 고객이 지갑을 여는 방향으로 만들어 가면 충분히 가능하다.

어떤 질문들이 판매 순서에 자리를 잡고 있어야 할까? 과연 어떤 질문들이 고객의 지갑을 열게 만드는 질문일까?

'고객의 입에서 예, 혹은 내 생각은 이렇습니다' 라는 답이 나올 수 있는 질문이 핵심 질문이다. 판매자들은 이런 질문을 자주하고, 순서에 맞게 자연스럽게 고객의 입을 통해서 대답과 행동의 변화를 이끌어 내야 한다.

질문을 통해서 우리가 학습했던 고객의 행동 변화들을 만들어 낼 수 있는가? 당연히 만들어 낼 수 있으며, 이런 변화를 만들어 내야 우리가 원하는 판매 및 영업의 성공적인 결과를 만들 수 있기 때문이다.

이런 질문들이 판매자의 리스트에 나열되어 나와 있는가? 여기에서는 질문이 많아질 것이다. 질문의 중요성과 평소 판매할 때 습관이 고쳐지도록 하기 위함이며, 질문의 힘이 얼마나 큰지에 대해서도 판매자 스스로가 정말로 느끼고 판매자가 먼저 준비된 순서와 좋은 질문이 들어가 있는 대본(연극에서 말했던 그 대본)을 가지고 있어야 한다는 의미에서이다. 그동안 어떤 질문들을 매장에서 하고 있었는지는 정확히 알아야 한다.

조금 과장해서 표현하면 무미건조한 질문들이 많았을지도 모르겠다. 물론 세련된 질문을 하는 분도 많지만 필자가 바라는 순서에 맞는 질문, 고객이 판매자의 질문에 자연스럽게, 그리고 천천히 반응을 하면서 구매로 다가가는 그런 질문은 많지 않았을 것이다.

필자가 '질문' 관련 강의를 할 때 처음 질문하는 내용 중에 '집에 냉장고를 한 번 이상은 다 교체를 해 보았을 건데, 냉장고를 바꾼 이유가 뭐라 생각합니까?' 라는 것이 있다. 여러분들은 왜 냉장고를 바꾼다고 생각합니까? 이 질문에 대한 대부분의 답은 '고장이 나서', '더 큰 냉장고를 원해서', '옆집에서 구입한 것을 보니 좋아 보여서', '타향살이 하는 아들, 딸이 돈을 보내줘서' 등이 정답일까?

여기서 우리 스스로에게 질문을 해 보면. 소비자들은 냉장고를 사용하면서 누구에게 말을 하지는 않지만 이런저런 생각들을 '무의식' 중에 하게 된다. '왜 냉동고는 작게 만들었지? 더 크게 만들었다면 좋았을 텐데', '냉장고가 너무 깊어서 안쪽에 들어가 있는 음식은 잘 보이지도 않네. 냉장고를 이렇게 깊숙이 만들지 말고 조금 덜 깊게 만들었으면 좋았을 텐데', '냉장고는 왜 흰색밖에 없지?'

최근에는 패션적인 멋진 냉장고가 많은데 과거에는 '냉장고 = 흰색' 이었고 이런 흰색이 자녀들의 정서에는 좋지 않다는 발표도 있었다(자녀들이 학교에서 돌아오면 제일 먼저 열어보는 것이 냉장고인데 흰색이 자녀들에게 미치는 영향이 좋지 않다는 내용). 이것 외에도 고객들은 개인별로 이런 생각 저런 생각을 하면서도 본인들이 사용하고 있는 냉장고를 그냥 사용하고 있는 것이다. 이처럼 고객들 스스로가 자신에게 했던 질문들을 의식했던, 의식을 하지 못하고 무의식 속에 자리를 잡고 있었던지간에 우리가 질문에 대한 학습을 하는데 매우 중요한 포인트가 된다.

이런 고객들이 대형 마트에 방문을 하게 되었을 때, 진열된 멋진 냉장고를 보고 자신이 평소 생각했던 부분들에 대해서 충분한 보완(?)이 되어 있는 냉장고 앞에 발걸음이 멈추게 된다.

이 냉장고가 지금 TV에 절찬리에 방영중인 드라마의 주인공이 선전을 하는 냉장고이고, 또 문을 열어보니 그 안에는 모형이지만 멋지게 진열이 되어 있다면 고객은 질문과 상관없이 냉장고가 고객에게 보여 주는 세일즈 원리의 H에 대해서 판매자가 설명하지 않아도 충분히 전달이 되고 있는 상황이 된다. 이런 냉장고를 집에 들여다 놓고 케이크도 넣어 놓고 와인도 넣어 놓고 냉장고 안이 복잡하지 않게 해야지, 이렇게 하면 가족들이 냉장고를 열면서 '와' 감탄을 하겠지라고 냉장고가 가져다 주는 H에 대해서 고객 스스로가 하고 있을 것이다.

이런 상황에서 직원이 와서 친절하게 '고객님께서 고르신 제품은 마침 오늘 주말을 맞이해서 5% 할인 행사가 추가되는 상품입니다. 고객님 물건 고르는 감각이 있으시네요' 라고 말했다. 그리고 '배달은 내일이면 집안에 들어가 있을 정도로 신속합니다' 라고 덧붙였다. 그런데 고객은 그 말에 즉각적인 반응은 물론이고 구매와 연결되는 행동을 하지 않았다. 왜 이런 일이 발생했을까? 모든 구매의 조건을 다 갖추고 있는 상황인데 말이다.

고객은 이 직원에게 추가 할인(대부분의 고객은 필자가 앞서 말한 것처럼 주말에 추가 할인이 조금 더 있음을 잘 알고 있고, 배달도 당연히 신속하게 해 주는 것이 최근의 추세임을 잘 알고 있다)과 신속 배달을 듣고 구매를 해야 정상인데 실상 고객은 그 직원에게 듣고 싶었던 말이 '고객님 집에 있는 냉장고를 사용하시면서 불편했던 부분이 있었습니까? 그 부분을 말해 주면 그에 맞는 상품을 먼저 보여드리겠습니다' 였다.

고객은 질문을 받으면 답을 잘 안 하거나 아니면 속마음을 감추고 겉으로는 마음과 다른 대답을 하는 행동을 많이 한다. 왜냐하면 지금까지 해 왔던 질문들이 답을 꼭 해야 하거나, 자신의 속마음을 표현할 필요성을 느끼지 못하는 '엉터리 질문' 이었거나 아니면 고객에게 그런 기회를 주지 않고 설명에 최선을 다하고 있었으니 그런 기회가 없었던 것이다.

반면에 고객은 자신이 가지고 있던 궁금한 부분이나 꼭 물어보고 싶었던 것들을 먼저 물어봐 주면 평소 들었던 고객의 대답이나 행동의 수준을 넘어서는 진심에 가까운 대답을 들을 수 있다. 고객의 대답 수준을 이와 같이 달라지게 만드는 것이 질문의 힘이다.

쇼호스트 분들이 상품 판매를 하면서 세일즈 원리의 M. H. D.와 순서에 입각한 진행, 그리고 사전 거절 처리로 반품 및 기타 고객이 이런 이유 때문에 구매를 안 할 이유가 없음을 계속 강조를 하면서도 시청자들에게 질문을 지속적으로 한다.

홈쇼핑 사례를 많이 사용하는 이유는 필자가 말하는 판매의 기본이나 순서, 그리고 기타 관련 항목들에 대해서 분명 배운 적도 없고, 원리나 기본에 대해서 당연히 모르고 있지만 경험적으로 TV라는 매체를 통해서 시청자들의 구매를 적극적으로 이끌어야 하는 과정에서 만들어진 좋은 사례들이 많아서이다. 또 장사하는 분들이 이런 판매를 계속 고객들에게 할 수 있다면 좋을 것 같아서이다.

'~하는데 힘드셨죠?(요리하는 주방 기구, 화장품, 속옷, 기타 대부분의 상품을 판매할 때 사용하는 질문이다)', '~하는데 잘 안 되셨죠?(공구 판매 시 못 박는 것, 청소 도구 판매하면서 잘 안 닦이는 것을 닦을 때 등)', '~하는데 이렇게 되어서 실망하셨죠?(주방 기구 등)', '~하는데 효과를 많이 못 보셨죠?' (다이어트 상품, 운동 기구, 화장품 등)', '~하는데 이래서 기분이 좋지 않으셨죠?(여러 가지 상품)', 'A/S 요청했는데 잘 안 되셨죠?', '보통 백화점에서 구입하면 굉장히 비싼 편이죠?', '시중에서 구입하면 가격이 지금과 차이가 얼마나 나는지 아시겠죠?' 라고 질문을 끊임없이 던지고 있다.

고객들은 어떤 생각이 들까? 자신 있게 말해 줄 수 있는 것은 1장부터 지금까지 배워 온 것들을 순서대로 공부하고 본인의 것으로 만들어 가면 홈쇼핑에서 제일 판매를 잘한다는 분보다 훨씬 판매를 잘하는 사람이 된다는 것이다.

왜냐하면 우리는 세일즈 원리(판매가 되는 원리)와 고객의 구매에 도움이 되는 증거와 질문, 고객이 거절할 부분을 사전에 차단해 버리는 사전 거절 처리의 원리, 그리고 지금 하고 있는 질문의 세계를 알고 하므로 느낌으로만 하는 경우보다 훨씬 가능성이 탁월한 판매왕이 될 수 있는 것이다.

이처럼 고객이 자신에게 스스로 했던 질문, 그중에서도 궁금하고 의구심이 있었던 부분을 판매자가 먼저 알아서 질문을 해 주는 것이 질문의 핵심이다. 그래야 고객의 입에서 진심이 나온다. 그렇다면 어떤 흐름의 질문을 우리가 준비하고 고객에게 맥을 짚어 줘야 하는가에 대해 알아 보자.

일상적인 질문을 해도 주제는 별도로 정할 필요가 없다

판매자가 고객을 여러 번 만난 이후 상품에 대해서 설명을 할 기회가 있다면 몰라도 대부분의 경우에는 고객을 처음 만난 상황에서 판매를 시도해야 하는 어려움이 있다. 판매자가 매장에서 고객이 내점했을 때 무심코 던지는 질문을 알아봤듯이 그런 질문은 도움이 되지 못한다. 하다 못해 어떤 판매자는 고객에게 '어쩐 일이십니까?', '어떻게 오셨죠?', '특별히 찾으시는 것이라도 있으세요?' 라는 질문도 한다. 이런 질문은 하지 않는 것이 더 좋다.

우리가 고객 입장에서 이런 질문을 받았다면 어떤 생각이 드는지 느껴보면 금방 알 수 있을 만큼 좋지 않은 질문의 사례다. 특별히 준비가 되어 있지 않았다면 그냥 일상적인 대화를 바탕으로 한 질문을 하라. 날씨도 좋고 식사를 했는지도 나쁘지 않다. 그리고 고객이 주차를 하고 오게 되는 매장이라면 고객에게 주차를 어려움없이 잘 했는지에 대해서도 괜찮다.

이런 일상적인 질문이 흔히 말하는 대화다(강조하지만 고객은 우리와 대화를 원하고 있다). 고객과 첫 만남에서 서로 어색한 분위기인데 불쑥 '구매와 관련된 질문'을 하게 되면 고객과 판매자가 만들어갈 수 있는 좋은 기회를 잃어버리게 되는 불상사를 낳게 되는 것이다.

고객과 첫 만남에서는 어색함을 없애는 것이 목적이므로 편안한 질문을 마음껏 하면 된다. 절대 판매와 관련된 질문은 하지 않아야 한다. 이런 일상적인 질문을 통해서 고객의 '목소리'를 들어보고 어색함을 없애는 것과 동시에 간단한 질문을 한 상황인데 그 질문에 고객이 답을 해 주는가 그렇지 않은가를 보면 고객의 지갑이 향후 열릴 가능성을 알 수 있다(세일즈 기법 : 하나를 무너뜨리면 모든 것을 무너뜨릴 수 있다에서 배워 보도록 하자).

이런 일상적인 대화가 가져다 주는 긍정적인 부분이 많은데도 불구하고 성격이 워낙 급해서인지 몰라도 고객을 보자마자 '어떻게 오셨습니까?', '무엇를 보여드릴까요?', '찾는 것이 있으세요?'라고 시작과 동시에 판매를 하고 있다는 것은 필자의 기준에서는 정말 형편없는 판매 전략이다. 이제는 질문을 통해서 고객에게 판매자가 준비한 순서에 맞게 자연스러운 변화를 일으키게 만드는 과정으로 이끌어 고객과 처음 만남에서부터 '고객의 입을 열게 만들어야 한다'는 것을 잊지 말자. 고객이 부담없이 대답을 할 수 있는 질문을 하면서 고객의 입을 열었다는 것 자체가 판매의 시작이기 때문이다.

구매 상담에서 고객들 중에는 '너희들이 능력이 얼마나 좋은지 한 번 판매를 해 봐라. 너희들이 판매하는 것을(행동과 말 전부) 잘보고 있다가 구매를 하던 하지 않던 결정을 할 것이다'라고 연극배우 아니 개그맨과 같이 뭔가를 열심히 보여줘야 한다는 생각을 가진 고객도 있다. 그 고객은 자신은 아무런 대꾸도 하지 않고 그냥 고개만 끄떡끄떡하다가 판매자가 열심히 웃기면 ― 개그맨은 웃겨야 돈을 벌 수 있는 직업이니, 여기서 말하는 웃기라는 말은 그만큼 노력해서 고객에게 개그맨이 관객을 웃게 만들 정도의 무언가를 해야 한다는 의미임 ― 그에 상응하게 지갑을 열겠다는 것인데, '이런 고객에게는 판매하지 않아도 된다'고 말하고 싶다.

왜냐하면 지금까지의 판매는 판매자가 고객을 대상으로 열심히 최선을 다해서 뭔가를 해야지만 판매가 된다고 생각하고 그렇게 해 왔다. 하지만 그 내용에 반대를 한다. 고객을 충분히 만족시키고, 준비한 순서에 맞게 고객을 안내만 잘해도 지갑이 열릴 수 있고, 세일즈 원리와 사전 거절 처리, 질문, 세일즈 기법을 활용하면 고객에게 원하는 판매를 할 수 있다.

이제부터는 고객에게 뭔가를 보여 주고 제공해야 한다는 강박관념에서 해방시키고자 한다. 판매자가 웃기는 것을 보고 구매하는 고객도 이제는 판매자의 흐름대로 판매도 하고 거절도 리드하는 것임을 절대 잊지 말고 명심해 주기 바란다. 판매는 실력으로 하는 것이다.

고객의 불편함을 만질 줄 아는 질문을 하라

우리 주변에 고객이 평소 불편함을 느끼는 부분을 잘 활용해서 판매와 직결시키는 경우를 많이 볼 수 있다. 화장품 판매하는 곳에서 미세 현미경을 통한 피부 상태를 점검하는 경우나, 두피의 상태를 점검해 주는 곳(샴푸나 기타 두발 관리하는 업종에서 사용)에서의 고객 문제점을 확인(고객은 눈으로 보는 것을 믿는 성향을 정확히 짚어 주는 사례이다. 이는 고객이 본인의 상태를 현장에서 보고 확인하는 것이니 당연히 고객이 자신의 문제점에 대해서 바로 인정을 하는 것)하는 행위이다.

또 병원에서 MRI를 통한 현재 자신의 상태 확인, 헬스 클럽에서 내방한 고객을 대상으로 지방 측정 및 기타 상담을 하면서 고객의 문제점을 확인해 주는 것, 기능성 신발을 판매하는 곳에서 고객에게 맨발로 걸어보게 하거나 아니면 발도장을 찍어서 고객의 현재 발 상태나 걸음걸이에서 발생하는 각종 예상되는 문제들을 확인하는 것도 '고객의 평소 불편했던 것'을 고객 스스로가 볼 수 있도록, 그리고 알게 하도록 하는 판매의 상담이 시작되는 것으로 고객의 불편함을 직접 질문하는 것은 아니지만 핵심 질문의 효과와 같은 것이다.

그렇다면 고객에게 불편한 점을 가장 자연스럽게 질문을 하게 되는 경우는 어떤 상황이 있을까? 다름아닌 병원이다. 병원에 가 본 모든 사람들은 의사로부터 상담 시 '어디가 불편하세요?' 라는 질문을 받는다. 병원에 오는 모든 분들이 어딘가 불편해서 오는 것이지만 의사들이 하는 이 질문이 바로 대표적인 불편을 만지는 질문이다.

이 뿐만 아니라 독자들은 냉장고 사례에서 봤듯이 세탁기, 신발(수제 신발을 만들어서 판매하는 곳에서는 이 불편함을 만져 주는 질문이 매우 좋은 질문이 될 수 있다. 왜냐하면 고객들은 기성품이 자신의 발에 딱 맞지 않아서 조금은 불편했던 기억들을 한두 번은 가지고 있기 때문이다), 안과, 안경점, 치과에서는 고객이 직접 '이래서 왔습니다' 라고 자신의 불편함을 먼저 말하는데 이보다 더 판매하기 쉬운 경우가 어디 있을까?

비록 치과는 아니지만 자신의 매장에서 판매하는 상품을 구매하러 오는 분들에게 상품을 구매하기 위한 순서에 맞는 판매자의 질문 중에 고객의 불편함을 이끌어 낼 수 있는 질문이 던져진다면, 고객의 입에서 불편했던 내용을 판매자에게 알리고 그 내용을 중심으로 상품을 권유하고 판매를 할 수 있다는 것이다. 그래서 이 불편함을 만져 주는 질문이 중요한 것이다. 쉽게 말해서 누군가 물어봐야 불편했던 것을 말하지 물어보지 않았는데 말하는 경우는 없다는 것을 명심해야 한다.

또한 상품에 대한 전체적인 불편함으로 고객에게 접근을 하지 말고, 부분적인 것이라도 좋으니(모든 상품은 사용하면서 작은 부분이지만 고객이 불만족 혹은 불편한 점은 반드시 있다) 그 부분을 고객과 같이 공감할 수 있는 시간이 필요하다는 것이다.

상품 전체에 대한 불편함을 판매자가 건드리게 되면 고객은 '자신이 과거 구입했던 행동 자체를 우리가 잘못된 것이라고 지적하는 것인가?' 라고 판매자에게 반발심을 가지게 되는, 정말 치명적으로 잘못된 부분을 건드리는 결과를 가져오게 되니 주의해야 한다.

전체를 건드리지 말라고 하는 부분을 충분히 이해했으리라 생각한다(절대 전체를 건드리면 안 된다). 고객은 대부분의 상품을 사용하면서 고장이 나서 사용하지 못하는 경우가 아니더라도 반드시 조금의 불편함이 있었다는 것을 전제로, 또한 매장에 해당 상품을 구매 의향을 가지고 들어왔다면 상품에 대해서 좋지 않은 기억들이 있다고 확신하고 역으로 고객 상담을 하라는 말이다.

고객은 그 상품을(같은 제품이 아니더라도 비슷한 종류의 상품을 계속 사용을 하면서 살아간다) 또 사용을 하려는 의도가 있으니 매장을 방문한 것이다. 그러니 불편함을 만져 주는 질문을 해 주기 바란다. 그리고 중요한 포인트는 불편함을 만져 주는 질문에 고객이 '그렇습니다' 라는 말이 나오도록 해야 된다는 점이다.

고객에게 불편함을 만져 주는 질문을 했는데도 불구하고 동의하지 않는 질문을 해서는 안 된다. 판매 순서를 잡을 때 고객에게 자신이 판매하는 상품에 대해서 고객이 동의를 하고 공감을 하는 공통적인 불편함을 만지는 질문은 수없이 많으니 꼭 고객이 동의를 할 수 있는 질문을 순서에 넣어서 판매를 진행해 나가야 한다.

또 한 가지 주의해야 할 부분은 판매자가 고객에게 불만에 대한 틈새를 파고드는 질문을 했는데도 불구하고 동의를 하지 않거나 무응답이면 더 이상 해당 부분에 대해서 순서대로 진행을 해 나가지 말고 '멈춤'을 해 주기 바란다.

왜냐하면 판매 순서에 따라 진행하였고, 쉬운 질문(평범한 질문)인데도 불구하고 대답이 없다는 것은 순서가 잘못된 것이 아니라, 고객이 순서에 맞게 따라오지 못하고 있는 것이니 처음부터 시작을 해야 한다. 다시 한번 강조하지만 이 불편함에 대한 질문을 하기 전에 순서에 맞지 않는 상품 권유나 구매 권유는 점수로 보면 '0점'에 가까운 판매이니 절대 순서에 맞는 진행을 해야 한다.

단순히 고객의 틈새(불편함이 있다는 사실을 알게 되었다는 것)를 우연히 찾았다고 해도 그 틈새에 칼을 대는 행동을 해서는 안 된다.

'만져주기'라는 내용은 '고객과 판매자의 코드 맞추기에 불과'하고 판매 전체 과정에서 겨우 시작에 불과한 것임을 인지해서 절대 그 틈새를 파고드는 어리석은 행동을 해서는 안 된다. 판매자가 좋은 질문으로 고객이 평상시 하는 상품에 대한 불편함을 알게 되었다 하더라도 아직 고객의 사전 거절 처리, 판매 순서에 맞는 마무리는 전혀 되지 않은 상황이므로, 이를 간과한 판매 시도를 해서는 안 되는 것이다.

고객의 불편함은 판매 순서의 가장 앞 단계에서 고객의 성향을 파악해 보고 상품 구매 과정에서 끄집어 내는 것이 중요한 것이다. 이쯤되면 고객의 불편함에 대해서 만져 주는 질문의 중요성을 잘 알았을 것이라 본다. 꼭 실천하기 바란다.

고객의 선택 상품 외에 다른 상품을 권유하는 질문을 반드시 해 보라
(필자의 판매 특허)

고객이 상품 구매를 위해 매장을 방문했을 때 직원이 고객이 구매할 의향이 있는 상품에 대한 안내를 하는 것과 함께 다른 상품을 권유해 주는 경험을 해 본 적이 있을 것이다.

한 개의 상품을 구매하고 난 이후 다른 상품을 권유받은 경험이 아니라 내가 지금 구매 결정을 두고 구입할 것인지 아닌지를 생각하고 직원에게 보여 달라고 한 상품을 보는 과정에서 다른 상품을 같이 권유받은 경험을 말하는데, 그렇게 많지는 않을 것이다.

왜냐하면 대부분의 판매자들은 현재 고객이 관심을 보이는 상품에 대해서 고객과 상품을 사이에 두고 그 상품을 판매하려고 하는 집중력을 발휘하는 습관이 있기 때문이다.

만약 판매자가 고객이 되어서 선택한 상품을 보여 주는 과정에서 그 직원이 다른 상품을 같이 권유하였다면 아마 그 직원은 그 매장에서 가장 판매를 잘하는 직원일 가능성이 많다(이건 어려운 세일즈 과정으로 이걸 알고 있다면 분명 좋은 결과를 내고 있는 직원이 분명하다).

질문에서 고객의 불편함을 만져 주는 질문 다음으로 '고객이 선택한 상품을 권유하는 과정에서 다른 상품의 권유를 같이 하는 질문을 반드시 해야 된다' 라고 가르친다.

무슨 '이런 질문이 있는가?' 라고 생각하는 분이 있을지 모르겠지만. '고객은 똑같다' 라는 것을 기본 베이스로 해서 본인이 선택한 상품에 대해서 '좋은 선택입니다', '안목이 보통이 아닙니다', '물건 보는 눈이 있으시네요', '물건 고르실 줄 아시네요', '어떻게 아셨죠? 그 상품이 오늘 들어 온 신상품인 줄' 이라는 칭찬 아닌 칭찬을 좋아한다. 이 모습이 보통 고객의 모습이지만 필자는 고객의 불편함을 만질 수 있는 질문이 어느 정도(1~2, 3회 정도 질문을 해 보았다면) 오고 갔으면 고객이 선택한 상품 외에 다른 상품을 거의 동시에 권유를 해 주는 질문을 하는 것도 한 방법이 된다.

우리가 식당에 가서 주문을 하면, 어떤 직원은 밝은 표정으로 손님이 주문하는 것 그대로 열심히 잘 적어서(아니면 외우겠죠) 'ok 주문' 을 받는 경우와 손님이 선택한 것을 주문을 받는 동시에 추가 혹은 변경을 목적으로 '고객님 이 메뉴는 어떻습니까?' 라는 질문을 하는 경우가 있을 때 손님의 주문 선택에 과연 변화가 있었을까? 분명한 것은 그냥 주문만 받는 친절한 식당보다는 상품 외 상품을 권유해 주는 식당의 매출이 매우 높다는 사실이다. 주문을 받을 때 '손님 오늘 주방장님 추천 요리가 있는데 이건 어떻습니까?' 라는 질문 하나가 그 식당의 매출에 지대한 영향을 미친다면 믿어지는가?

단지 주문을 하나 더 받는다는 것이 중요한 것이 아니다. 이는 상품 외 추가 상품 권유를 통해서 고객의 행동 유형을 알 수 있다는 것이 중요한 것이다. 아는 분도 있겠지만 지금까지 이런 질문의 위력을 알고 의도적인 질문을 해 왔던 분들은 많지 않을 것이다. 왜냐하면 지금까지는 경험으로만 판매를 해 왔고, 선배의 경험을 중심으로 현장 방문 영업을 해 왔기 때문이다.

알고 하는 영업은 무척 재미있다. 그리고 결과를 예측할 수 있어서 너무 신나는 영업을 할 수 있는 것이다. 고객의 행동을 예측할 수 있다는 것은 판매와 영업에서 천군만마를 얻는 것과 동일한 것이니 얼마나 즐거운 일이 되겠는가?

그런데 미리 정리를 할 부분이 있는데 패스트푸드점에서 주문을 해 보신 고객들의 경우 '추가 500원이면 사이즈 업을 할 수 있는데 어떻게 하시겠습니까?' 라는 질문을 들어 보았을 것이다. 그런데 이 패스트푸드점의 사이즈 변경을 요구하는 질문의 경우 상품 외 상품 질문과는 다른 종류의 질문이다. 이런 질문은 그냥 해 보는 질문으로 분류를 한다. 즉 고객이 추가를 해도 그만, 하지 않아도 그만인 질문이다.

판매자가 의도적인 상품 외 상품 권유라는 질문을 통해서 '고객의 예상 반응을 예측할 수 있는 질문을 하는 것' 임을 다시 한번 강조를 한다. 이런 과정을 통해서 우리는 세일즈 레벨이 정말로 올라가는 경험을 하게 될 것이다.

고객의 행동을 예상하고 할 수 있는 질문이라면 얼마나 멋진 질문인가? 이런 질문을 통해서 우리는 고객의 예상 행동을 알 수 있고, 말(대답)을 예상할 수 있게 되면 그 자체가 판매에서 엄청난 힘을 가지게 된다는 것쯤은 이제 짐작이 갈 것이다.

상품 외 상품 질문이 가지고 있는 힘은 질문을 했을 경우 고객은 2가지로 유형이 구분이 된다는 것을 알 수 있다.

이 질문에 대해서 고객은 '거부 반응'을 하는 경우와 '권유하는 상품으로 상품 선택의 변화'를 하는 경우이다. 여기서 정확하고 자세히 익혀야 하는 것은 고객이 거부 반응을 했던, 권유하는 쪽으로 변화를 했던 상관없이 원하는 방향으로 고객을 변화시켰고, 의도대로 고객을 순서에 맞게 상담을 진행해 나갈 수 있다는 것이다.

고객이 거부 반응을 한 경우

처음 고객이 선택한 상품은 구매를 한다. 이 경우는 고객이 판매자가 권해 주는 상품보다는 자신이 처음 선택한 상품에 대한 애착이 높다는 것을 알 수 있다. 따라서 해당 고객은 판매자가 권해 드리는 상품을 밀어내고 자신이 선택한 상품에 대한 애착이 훨씬 높은 행동을 보이게 된다.

좋은 결과가 예상되는 고객의 행동 변화이다. 자신이 선택한 상품에 대한 애착과 집중력이 높아진 상태에서 설명과 사전 거절 처리를 해 나간다고 생각해 보면 고객의 구매에 대한 가능성이 높아질 수 있어 즐겁게 만든다.

고객이 우리가 권하는 상품으로 변화를 할 경우 – 변화한 상품을 구입시키면 된다

직원의 질문에 고객과 주고받기가 되는 고객인데, 역시 판매자는 좋은 판매 기회를 잡은 경우에 판매자가 고객이 선택한 상품보다 다른 상품(설명할 상품)을 권유할 뿐 아니라 세일즈 원리의 H와 D를 통해서 사전 거절 처리까지 연결할 수 있다면 결과는 효과적이다. 독자들은 반드시 '상품 외 상품 질문'을 실행하고, 자신의 것으로 체득해야 한다.

필자가 만든 질문이지만 좋은 질문이라고 생각한다. 세일즈 기법의 선택 기법에서 '고객은 똑같다' 라는 말을 잊지 말아야 한다. 절대 고객은 다양하지만 각양각색이 아니다.

고객의 결정을 이끌 수 있는 질문을 하라 – 우리가 고객을 이끌어 줘야 구매로 연결될 수 있다

고객은 직원들의 상품에 대한 설명을 듣고 구매를 해야 되겠다는 생각(변화)을 가지게 되는데, 세일즈 원리, 묻고 답하기, 사전 거절 처리, 판매 순서, 고객의 구매 신호를 만들어 내는 활동 등을 통해서 설명을 하는데도 불구하고 구매를 바로 하지 않는 경우가 많다.

이는 고객의 성향 중 가장 기본이 되는 '고객은 똑같다' 라는 개념에서 이유를 찾아볼 수 있는데 구매 결정에 있어서도 기본적인 베이스에 누군가의 조언이나 힘, 아니면 밀어붙이는(친구가 구매자에게 '그거 괜찮다. 그걸로 해라' 라고 말해 주는 것도 포함) 그 무언가가 필요하다는 것을 알고 있어야 한다.

이런 고객을 대상으로 판매자가 어떤 역할을 수행해 줘야 하며, 어떤 질문이 효과적인가는 미리 짐작할 수 있다. 따라서 매장 방문을 통해서 상품을 구매할 경우에도, 아니면 영업 사원의 방문을 받고 상품에 대해서 설명을 듣고 있는 경우에도 고객의 구매에 대한 대답을 우리가 이끌어 줘야 한다는 것을 명심해야 한다.

판매 상황에서는 '세일즈 기법을 사용하고 있는데도 고객은 그 사용하고 있는 것을 모른다' 라고 설명했는데 판매자가 질문의 1, 2, 3, 4까지 의도한 질문을 해 나가도 고객은 그 질문의 의도가 뭔지 절대 모른다는 것이다.

따라서 열심히 연습을 해서 의도하는 판매를 할 수 있도록 발전시켜야 한다. 고객의 구매를 이끌어 주는 질문(판매자가 고객의 구매 결정에 조언을 해 주는 것이고, 판매자의 질문이 좋으면 고객은 그 질문에 상응하는 구매라는 선물을 준다)은 어떠한 것이 있을까? 구매를 이끌어 주는 고객에게 '상품 대비 가치에 대해서 고객 입장에서 질문을 해라' 이다.

이 질문은 고객 입장에서 내 지갑에서 나가는 돈보다는 구매하고자 하는 상품의 가치가 더 높다는 것을 질문을 통해서 느끼게 한다는 말이다.

>> 고객님 이렇게 하면 됩니다.

>> 제가 이렇게 이렇게 하면 고객님에게 제일 좋은 것 같은데 어떠세요?

>> 이렇게 하면 고객님의 비용 측면에서 또는 사용하시는 기간 동안 좋을 듯한데 어떠세요?

>> 제 경우는 이렇게 하겠습니다. A구매, B결재, C추가 요청으로 하시면 어떠세요?

>> 저는 이렇게 다른 고객님들에게 권유를 해 드립니다. 고객님도 그게 좋을 것 같은데요?

>> 제가 고객님이라면 이런 선택을 하겠습니다. 고객님 생각은 어떠세요?

>> 제일 혜택이 많은 것이 A인데 그래도 B로 하십시오. 그게 고객님에게는 기간으로 보면 제일 혜택이 크십니다. 어떠세요?

고객은 자신을 이끌어 주는 판매자를 기다리고 있다. 명품 판매는 물론이고 그 외 상품도 마찬가지이다. 그래서 고객은 누가 판매하는가에 따라서 구매도 하고 거절을 하는 것이다. 그래서 판매 잘하는 직원을 스카우트하기 위해서 노력하는 분들도 많다.

고객은 정확한 순서가 준비되어 있는 판매자나 영업 사원을 만나면 절대 그들을 판매가 승부라면 그 승부에서 이길 수 없다. 또한 고객들은 그런 준비되어 있는 사람을 만나면 한 편의 연극을 보듯이 그 직원에게 리드를 맡기고 직원이 하고자 하는 결과까지 책임을 져준다. 그래서 단골이 생기는 이유다.

질문도 판매 순서에서 중요한 역할을 수행할 내용이고, 2, 4번째 질문의 내용은 '내가 고객이 되어서 구매를 한다고 보고, 그 구매에 대한 동의와 공감을 고객에게 문의하는 것'이니 중요한 질문이라 할 수 있으며, 독자들도 그 중요성을 느낄 수 있어야 한다.

초반에 고객이 물어보는 것에 친절히 답하는 직원은 판매에 있어서 빵점이라고 하였는데 이유가 바로 고객이 질문하는 것에 판매자가 대답을 친절히 하는 것은 절대 판매나 영업이 아니기 때문이다.

이런 판매를 자판기 판매라고 한 이유가 이런 판매나 영업은 절대 고객을 이끌 수 없는 판매이기 때문이다. 그런 판매자나 영업 사원을 고객은 결코 기다리지도 않을 뿐 아니라, 그런 직원들이 판매하는 것을 보고 변화를 일으켜서 구매를 하는 고객은 많지 않다는 뜻이다.

지금부터는 절대 그런 자판기 판매를 하지 말아야 하며 질문만으로도 판매가 가능한 내용을 반드시 자신의 것으로 만들어야 한다.

그리고 자신의 성공 판매 순서의 어느 부분에 질문 1, 2, 3, 4를 넣어서 할 것인지를 결정을 하고 고객을 만나서 실패를 해도 좋으니 질문만으로 고객의 성향이나 문제점, 불편함, 그리고 고객의 구매를 선택한 상품에 대한 애정도를 체크해 가면서 구매를 결정지을 수 있도록 이끌어 주는 공감 형성을 위한 질문까지도 연습에 또 연습을 통해서(고객이 직접 내 앞에 지금 있는 상태인데, 판매자가 '질문 연습을 합니다'라고 말을 하지 않는 이상 고객은 연습을 하고 있는지 원래 이렇게 판매를 하는지 절대 알 수 없으니 걱정하지 말고 고객에게 마음껏 연습을 하기 바란다) 순서도 다시 수정을 해서 완성도 높은 판매 순서를 3가지 정도는 가지고 있기 바란다.

판매자들도 이제는 이런 모습들이 고객 자신이 원하는 판매가 아니라고 생각을 할 줄 아는 시대이다. 우리가 이제는 질문만 가지고도 판매를 할 수 있으니 얼마나 즐거운 일인가.

지금까지는 단 한번도 만족할 만한 판매를 해 보지 못했는데 이제는 실력으로 판매를 주도해 나갈 수 있는 모습으로 변화해 가는 독자들이 눈에 보인다.

- 질문만으로 판매할 수 있다

- 고객의 불편함을 만질 줄 아는 질문을 하라

- 고객의 선택 상품 외에 다른 상품을 권유하는 질문을 반드시 해 보라

- 고객의 결정을 이끌 수 있는 질문을 하라

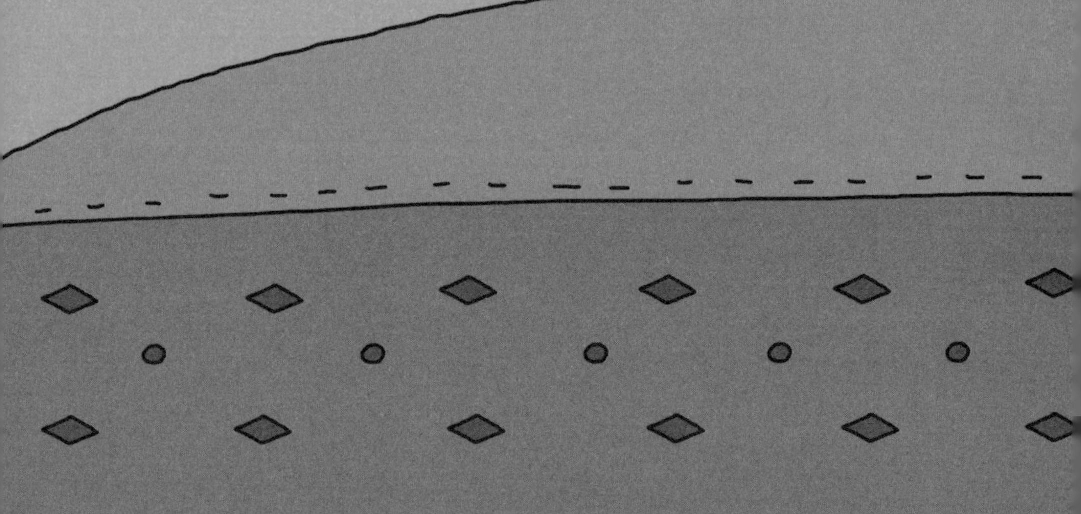

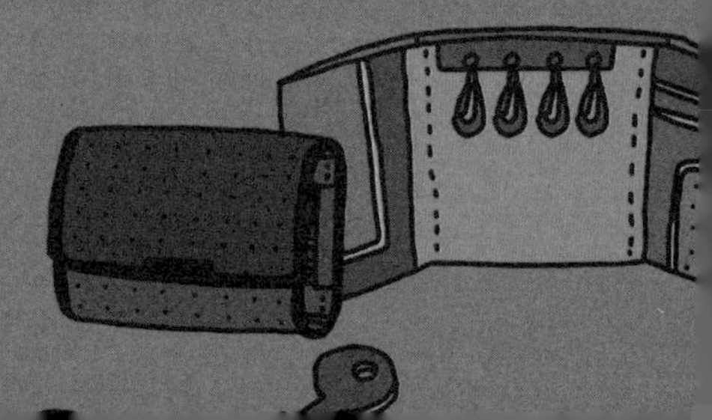

수호아빠 판매 특허

판매의 달인이 되는

5가지 테마

판매의 달인이 되기 위해서 학습하고 연습해야 할 것들이 많다. 이번 장에서는 모든 업종에서 판매의 달인이 되기 위해서 필요한 5가지 테마에 대해서 살펴보고자 한다.

지금까지 대부분의 판매 업종에서 근무하는 분(사업주, 직원, 영업 사원 전부 포함)들은 상품을 잘 판매하기 위해서 어떤 노력을 해 왔는지 궁금하다.

고객은 어떤 질문을 해 올지 모른다. 이제는 고객이 잘 모르는 부분도 쉽게 이해하도록 각종 언론 매체에 정보를 노출시키고 타사 제품과의 비교 분석까지 가능해졌다.

판매자들도 예전에는 개인적인 성격이나 노력을 보여 주고자 했던 것이 보통이었을 것이다. 그런데도 판매를 하고 나서(결과는 판매를 했던, 못했던 상관없이) 뭔가 허전한 기분이 들 때가 가끔 있을 것이다. 이는 판매하는 분들이 공통적으로 가진 느낌이며, 세일즈라는 것이 지금까지 선배들의 가르침이나 자신들이 직접 고객과 만나면서 겪게 되는 경험으로 향상된 실력이었으니 어찌 보면 당연하다.

이 책을 완성해 나가면서 판매자 입장에서 가진 '허전함'을 채워드리고자 하는 목적에서 지금까지 배워 보지 못한 방법들을 습득하여 세일즈 세계에서 모두가 달인이 될 수 있게 하고자 한다. 자신이 판매하는 상품을 고객에게 선보이기 이전에 그리고 현장에서 판매를 하면서도 반드시 준비되어져야 할 5가지 테마를 순서대로(꼭 순서를 지켜야 한다) 알아 보자.

순서가 중요한 이유는 판매자들은 지금까지 상품이 나오면 그 상품의 키 포인트에 집중하고 자신이 만나는 고객과 상관없이 차별화되지 않는 보편적인 세일즈 방법만 집중해서 공부해 왔던 것이 사실이다.

따라서 고객이 느끼는 상품의 가치가 판매자가 제시하는 것보다는 적게 인식되도록 제공되어 왔기에 앞으로는 어떤 상품이 제공되더라도 반드시 5가지 테마의 순서대로 학습을 하고 준비를 해서 고객을 만나기 바란다.

1 상품

상품이 출시(요즘 주택가 주변 및 대부분의 상권에 많이 있는 치킨 매장을 예로 들어 보자)되고 매장에 물건이 들어 오기 전부터 판매는 시작이 된다. 새로운 신상품이 출시되었을 때 TV광고가 되던 안 되던 상관없이 치킨 매장의 주인부터 직원들은 전원 해당 상품에 대해서 철저한 학습이 가장 먼저 선행되어져야 한다.

상품을 출시한 이유는 분명히 있을 것이다. 따라서 새로 나온 '매콤 치킨

(예)'에 대해서 모든 것이 학습이 되어야 한다.

- 이 상품을 만든 이유가 뭘까?

- 이 상품의 양념은 무엇으로 만들어졌는가(실력이 늘어나면서 앞으로는 양념
  의 비율에서 매장 방문하는 고객들이 보여야 된다)?

- 튀김 온도는 왜 이 온도로 하는 걸까?

- 매콤하다는 것이 누구 기준으로 만든 것일까?

- 상품 출시 안내문에 나와 있는 모델은 누가 하고 있는가?

- 상품을 잘게 자르고 또 잘게 잘라서 완전히 분해를 해야 된다(치킨에
  사용하는 닭은 몇 개월 짜리인가, 기존에 사용하던 것과 동일한 것인가).

- 튀긴 후 색깔은 앞서 나온 것과 차이가 있는가(차이가 있으면 왜 차이를 나
  게 만들까)?

치킨집 외에도 모든 업종에서(복잡한 상품을 판매하는 경우 더 많이 분해하고
학습이 선행되어야 한다) 위의 경우보다 더 깊이 상품에 접근해야 한다. 왜냐하
면 상품은 판매하는 독자들이 가장 먼저 학습하고 생각하고 연구해서 접근을
해야 되는 항목이고 5가지 테마 중 첫 번째 항목이기 때문이다.

상품을 공부하면 그 상품을 권유하는 힘이 당연히 늘어나게 마련이고, 고객
이 궁금해 하는 상품에 대한 설명은 상품이 가진 GIVE와 HAPPY까지 더해서
전달할 수 있다.

판매자가 상품에 대해서 자신감이 없으면 그건 제대로 된 영업이 아니다. 그
건 자판기 판매에 불과함을 절대 잊어서는 안 된다. 고객이 선택하고 생각해서
결정하는 것은 영업이 아니다. 따라서 상품에 대한 학습은 반드시 이루어져야
하며, 학습할 것이라면 상품을 분해해서라도 제대로 알아야 한다.

문방구 주인은 많은 상품에 대해서 놀랄 만큼 잘 알고 있다. 어떻게 저 많은 상품을 다 알고 있는 것일까?

단지 세월이 말해 주는 경험에서 나온 것인지 모르겠으나 문방구 주인과 같이 판매자들도 자신이 판매하는 상품에 대해서 만큼은 절대 양보해서는 안 됨을 다시 한번 강조하고 싶다.

'이 상품을 왜 만들었을까?' 자신에게 질문을 던져서 해답을 찾아야 한다. 그리고 반드시 그 상품을 좋아해야 한다.

판매하고자 하는 상품을 많이 판매하고 싶을 때 중요한 것이 상품에 대한 이해와 판매할 상품을 '굉장히 좋아해야 하고 사랑해야 된다' 는 것이다. 상품이 좋아 보이지 않는 판매자가 있으면 그 상품에 대해서 다시 살펴보고 반드시 좋아하는 부분을 찾아내야 한다.

그래야 그 상품을 권유했을 때 고객이 상품의 가치를 느끼게 된다. 상품을 좋아하지 않는 상태에서 의무적이거나 그냥 헐렁한 마인드로 고객을 대하는 판매는 십중팔구 실패로 이어질 가능성이 높다.

처음에 그 상품이 마음에 들지 않더라도 자꾸 살펴보면 분명 좋은 부분이 보일 것이고 좋아 보이는 부분이 보이면 더 좋아지도록 그 상품을 사랑하고 또 사랑해서 마치 연인을 바라보는 느낌이 되어야 한다. 그렇지 않고서는 상품에 대한 자신감이 무르익었다고 보면 안 된다. 판매의 달인이 되고 싶다면 반드시 그 상품을 정확하게 파악하고 좋아해야 한다.

상품을 철저히 파헤치고 공부를 했으면 그 다음 단계로 '어떤 고객이 이 상품을 좋아할까'에 대한 학습을 해야 된다. 상품이 제 아무리 좋아도 고객이 좋아하지 않으면 아무 소용없듯이 상품 학습 다음에는 고객에게 어떻게(How) 팔 것인가에 집중하기 전에 반드시 어떤 고객(Who)에게 어필을 해야 되는가를 학습해야 한다.

- 어떤 고객이 상품을 좋아할까?
- 누가 상품을 가지게 되면 행복해 할까?
- 상품의 어느 부분을 고객이 좋아할까?
- 내가 고객이라면 이 상품의 어느 부분에 눈길이 갈까?
- 상품을 싫어할 만한 고객은 어떤 분들일까?
- 나이 많으신 분들이 좋아할까?
- 남녀 성별 중에 어떤 성별이 이 상품을 더 좋아할까?
- 내가 고객이라면 판매자들이 어떤 부분을 짚어주면 좋아할까?

상품 다음으로 '어떤 고객'에게라는 주제로 판매자들이 각자 생각하고 머리와 마음속으로 고객층이 형성되었으면 한다. 그래야 해당 고객층이 방문했을 때 판매자는 자신도 모르게 힘이 솟아나게 될 것이다.

아무런 생각없이 매장에 들어오는 고객을 대하는 판매자들에게는 고객이 판매에 대한 기를 전혀 느낄 수가 없다.

판매하는 상품에 대한 고객 응대도 자신감 없이 고객에게 기본적인 판매 방법만 준비되어 있다면 그 직원은 판매가 부실할 뿐 아니라 구매를 하려고 들어온 고객도 발걸음을 돌리게 만든다. 그러면 주인은 친절히 응대하는 직원 잘못이 아니라 경기 탓이나 고객 잘못으로 생각할 수밖에 없다.

따라서 매출을 많이 올리고 싶은 주인이라면 원인도 모르면서 직원들을 가르치고 상호간에 윈윈할 수 있는 비전을 제시할 수 없음을 인지해야 한다.

이런 모습이 얼마나 슬픈 현실인지는 장사를 해 보지 않은 분들은 잘 모를 것이다. 지금까지 경험을 통해 판매의 기본부터 고객의 행동이나 구매 패턴, 그리고 고객이 구매하지 않는 이유를 어느 정도는 알고 있는 직원이지만 제대로 된 교육을 시킨 적도 없으면서 능동적인 직원이기를, 원리를 알고 판매하는 직원이 되주기를 바랄 수는 없는 것이다.

상품 다음으로 고객에게 더 나은 개선을 위하여 매장에 다녀간 고객을 다시 리뷰하는 것도 좋은 방법이다.

직원이 구매 고객이 되어 보고, 다른 직원이나 주인이 판매자가 되어서 상품을 설명하고 판매하면서 구매자 입장에서 어떤 매력을 느꼈는지를 직접 경험해 보는 것도 좋은 방법이다.

비디오를 찍어서 보면 판매를 잘하는 직원과 그렇지 않은 직원의 차이를 잘 구분하기 힘들지 모른다. 대부분의 직원들은 자신이 근무하는 매장에서 최선의 노력을 하고 있기 때문이다. 그런데도 판매 결과가 차이 나는 이유는 바로 고객에 대한 학습이 선행되지 않은 상태에서 고객을 대면하기 때문이다.

다른 이유가 있고 당연히 그런 항목들에 대해서 지속적인 학습과 경험이 쌓여야 하겠지만 고객을 대하는 직원들의 자신감 차이라고 보면 된다. 고객은 판매자가 '당신에게 판매하고 싶습니다, 당신에게 꼭 판매하고 말겠습니다' 라는 기운을 느끼고 고객들에 대해서 자신감을 가지는 것이 바로 상품 다음으로 고객에 대한 학습이니 절대 게을리해서는 안 되는 테마 두 번째 항목이다.

상품에 이어서 고객을 생각하고 학습할 때 핵심은 '마주하고 있는 고객이 좋아하는 친구고 연인이고 선배고 가까운 친척이라고 생각하며 진심으로 판매를 할 수 있는가' 이다. 고객을 단지 우리가 흔히 말하는 '돈' 으로 보기 시작하면 그 장사는 끝이 보이는 재미 없는 결과를 보게 될 것이다.

매장에 오는 고객들을 좋아하는 분을 맞이하는 마음으로 대하고, 고객이 궁금할 내용이 무엇인지 알고 먼저 상담을 해 준다면, 고객이 평소 방문하는 다른 매장과의 차이를 느끼기 때문에 결과는 훨씬 좋을 수 있게 된다.

그렇다면 고객에게 어떻게 하면 이런 마음으로 대할 수 있을까? 상품에서처럼 '내가 상품을 좋아하고 사랑해야 하는 것' 이다.

마주하는 고객에게 진정성을 전달하기 위해서는 고객이 아니라 좋아하는 대상으로 계속 마인드를 전환하면서 연습을 하다 보면 결국 그런 마음과 상태에서 고객 상담을 할 수 있게 된다.

'이렇게 판매를 하는데 어찌 판매가 안 될 수 있단 말인가' 가 고객을 학습하는 핵심이다. 지금까지 그렇게 하지 못했다면 고객과 상담할 때는 고객을 바라보는 눈빛에서 말투까지 자신이 좋아하는 사람과 대화하듯이 한다. 그러면 고객이 조금 더 많이, 더 자세히, 더 친밀하게 느껴질 것이다.

테마 세 번째는 '시장'이다. 내가 판매하는 상품과 고객에 대해서 학습이 되었다면 '어느 시장에 이 상품이 먹힐 것인가'라는 주제에 대해서 해답을 찾아가는 과정이다.

여기서 말하는 시장이란 지도상의 시장이 아니다. 물론 지도상에서 거주지와 집단 상가 지역으로 시장을 구분해도 상관없다.

시장이란 '어느 직업군에 필요한 상품인가'에 대한 것이다. 상가 전화 번호를 안내해 주는 전화 번호부를 자세히 살펴보면 여러 업종 구분을 발견할 수 있다. 너무 많아 망라하기 힘들 정도인데, 바로 그 직업군을 의미한다.

보통 판매(매장 방문하는 고객은 물론이고, 고객을 찾아가야 하는 방문 영업도 포함)를 하다 보면 고객과 상담을 할 때, 매장에 들어오는 고객들에게 어떤 일을 하는지에 대해서는 물어본 경험이 거의 없을 것이다. 하지만 추천 판매, 연계 판매에서 언급하겠지만 시장을 분류하고, 해당 시장(고객군)에 대한 이해의 폭과 시장에 대한 자신감을 축척해 나가면 계속해서 나오는 신상품에 대해서도 충분히 시장을 구분하고 그 시장에 대한 판매 방법이 판매자들에게 생겨나게 된다는 것을 알아야 한다.

시장의 구분 중에 물리적인 시장으로 구분을 해도 상관이 없다.

매장에서 판매한 고객에게 '안녕히 가세요'라는 멘트를 날리기 전에 구매자에게 어디 사는지를 물어보는 것도 방법이다. 고객은 물어보는 질문에 100% 대답을 해 줄 것이다.

주인이 별도로 관리하는 지도가 있다면 그 지도에 고객이 말한 동네(상세한 주소가 아니더라도 상관이 없다)를 표시해 나간다.

　그런 과정을 6개월 정도 하다보면 지도에는 매장을 방문하고 구매하는 고객들의 표시가 특이하게 구분되어지는 것을 경험할 것이다. 작은 표시를 할 수 있는 스티커로 표시해 보면 매장에서 구매한 고객들이 거주하는 지도상의 표시가 매장에서 앞으로 선전을 하던, 전단지를 돌리던 효과적으로 이용될 것이다. 이는 가장 기초적인 시장 분류임에도 실천하지 않은 분들이 많았다. 지금부터라도 시작해 보면 고객과 시장을 파악하는 데 좋은 자료가 될 것이다.

　상품, 고객, 시장 순서대로 준비를 하고 지금까지 실천하지 않은 것이 있다면 시작하면 된다. 물론 서울 명동이나 직장인들이 몰려 있는 역삼동이나 번화가의 커피 테이크 아웃 매장에서는 이런 시장 구분이 큰 의미는 없겠지만, 그런 테이크 아웃하는 곳에서도 커피를 사 가는 분들의 직업 정도는 물어볼 수 있다. 그런 과정에서 자신의 매장에서는 주변의 'ㅇㅇ업체가 주고객 시장이구나'라는 것을 금세 알 수 있을 것이다. 이런 행위가 뒷부분에 나오는 추천 판매, 연계 판매를 할 수 있는 기반을 가질 수 있게 된다.

　'판매할 것은 많은데 우리 매장은 손님이 왜 없지?' 라고 생각하기에 앞서 상품에 대한 새로운 학습을 하고 고객에 대해서 '내가 고객을 상담할 때 부족한 느낌'이 없었는가를 뒤돌아보고, 매장에 왔던 고객들에 대한 시장 구분(실제 시장과 고객군 시장 분류)을 체크해야 한다. 판매에는 왕도가 없는 것이 아니라 판매에는 분명 왕도가 있다. 그리고 모든 분들이 판매의 달인이 될 수 있음을 다시 한번 강조한다.

3장에서 세일즈 8기법을 다루겠지만 우선 '판매는 기법으로 하는 것이 아니다' 라는 것을 설명하고자 한다. 여기서 말하는 기법이란 '자신은 사용하고 있지만 고객은 알지 못하는 판매의 기술' 인데, 이 기술을 많이 연습하고 활용하면 판매는 수월하게 성공하겠지만, 판매는 절대 기술로 해서는 안 된다는 것을 명심해야 한다.

필자가 세일즈 관련 강의에서 기술만 배워서 고객에게 현란한 말솜씨로 판매하는 분들을 판매하는 분이라 말하지 않고 '기술자' 라고 한다. 이처럼 기술자가 되어서는 안 된다고 하는 것은 판매는 판매자의 팔고자 하는 마음과 고객을 대하는 마음, 그리고 세일즈 원리에서 말하는 M과 H, D의 조화 속에 되는 것이지 기술만 개발되어서는 안 된다는 것을 의미한다.

상품, 고객, 시장 다음으로 세일즈 기법인데, 이는 고객에게 상품을 어떤 핵심으로 판매를 해볼까라는 모든 업종을 망라한 직원 및 교육팀에서 연구하고 축적된 기술을 배우는 것으로 클로징 기법 등 다양한 방법으로 현재 고객을 상담할 때 사용하는 것들이다. 하지만 지금까지 많은 과정을 통한 배움이 있었음에도 불구하고 막상 현장의 판매 직원들에게 세일즈 기법에 대해서 문의를 해보면 여전히 '잘 모르겠다', '그냥 열심히 고객님 응대하고 있습니다', '판매에 기술이 어디 있나요. 내가 최선을 다하면 되는 것 아닌가요' 라고 한다. 이는 지금까지의 판매는 매장의 인테리어를 어떻게 해야 되고, 디스플레이를 어떻게 해야 되고, 직원들 유니폼은 어떻게 해야 되는지 외에는 주인도 특별하게 구매를 할지 안 할지 모르는 고객들을 향해 구매를 이끌어 내기 위한 기술을 전수

할 만한 것이 없었기 때문일 것이다.

세일즈 기법이란 여러 가지가 있지만 많은 기법을 사용해서는 안 되고, 고객에 따라서 많아야 2~3가지 기법만 사용해야 한다. 세일즈 기법 8가지 중에 8가지 기법을 자유자재로 전부 사용하는 분은 결코 본 적이 없다.

만약에 이 세일즈 기법 8가지를 고객 상담하는 과정에서 자유롭게 사용할 수 있는 분이 생긴다면 그분은 아마도 그 업종에서 쉽게 판매왕에 도달할 수 있을 것이라 본다(오랜 시간 동안 판매왕을 유지한다고는 볼 수 없다. 왜냐하면 판매는 절대로 기술로 완성되어지는 것이 아니기 때문이다).

기법이란 판매하는 사람은 사용을 하지만 고객은 전혀 알지 못하기에 기법에 대한 학습 및 연습을 할수록 고객 입장에서는 구매를 하는 과정에서 판매자로부터 많은 것들을 수혜받은 느낌이 들 것이다. 또한 고객은 구매하지 않아도 될 물품이었는데도 불구하고 판매자의 노력(기법에 대한 노력)에 의해서 만족한 구매는 아니지만 구매가 이루어질 수 있는 이유가 바로 기법의 놀라움이다.

- 선택 기법
- 맞지예 기법(동의 기법)
- 무너뜨리기 기법
- 폭탄 기법
- Do you know 기법
- IF 기법
- 저라면 기법(솔루션 기법)
- 점쟁이 기법

이 있는데 자세한 내용과 활용법, 그리고 사례는 3장에서 살펴보도록 하고 이

8대 기법을 '소림 8대 기법'이라고 명명한다.

소림 8대 기법만 전수받아도 판매 세계에서 자신의 능력 이상으로 실적을 올릴 수 있는 기법이므로 함부로 기술만 전수하기에도 사실 부담스럽다.

판매하는 여러 업종 중에 '자신도 모르게 고객들이 구매를 잘하는 것 같더라' 하는 것에 여러 가지가 언급된 기법에서 찾아볼 수 있는 사례가 많다. 한 가지 예를 들자면 홈쇼핑에서 '컴퓨터(노트북)'를 판매하는 방송을 보면 호스트가 이런 멘트를 하는 것을 볼 수 있다. '이제 고객이 할 것은 단지 색상만 선택하는 겁니다' 라고. 이 멘트가 아무것도 아닌 당연히 판매하는 사람이 사용하는 평상시 멘트라고 생각할 수 있지만, 필자가 보는 이 멘트는 상당히 고객에게 구매를 만들어 내게끔 유도하는 좋은 멘트이자 기법이라고 본다. 이 기법은 선택 기법 중 낮은 단계에 해당한다.

다른 홈쇼핑을 보면 — 여기에서 홈쇼핑을 자주 언급하는 이유는 홈쇼핑에서 판매를 담당하는 분들의 준비된 멘트와 다양한 내용들, 그리고 구매하고자 하는 고객들이 가지는 구매 거절에 대한 적절한 타이밍에서의 거절 처리 등 판매의 전반적인 부분들에서 좋은 사례가 많기 때문이다. 또한 판매하는 분들이 자신이 할당받은 제품을 사전에 공부하고, 해당 물품을 방송 시간대에 준비된 수량을 전량 매진을 해 보고자 노력하는 모습을 보이는 것도 좋은 경우라 할 수 있다 — 호스트가 '만약에 구매를 했다가' 그리고는 말을 이어가는데 이 만약에 구매를 하셨다가라는 멘트가 구매를 망설이는 고객들에게는 구매를 하고 싶은 마음이 많이 들게 만드는 기법 중의 한 화법이라 할 수 있다.

아주 간단한 화법 하나로 구매를 촉진시킬 수 있는 것인데, 전체적인 방송을 잘보고 있으면 좋은 멘트가 많이 들린다. 물론 자신있게 말할 수 있는 것은 홈쇼핑에 근무하는 분들은 멘트를 준비하고 방송을 하면서도 그 멘트들의 효과나 세일즈 원리, 구매를 하지 않는 이유, GIVE나 TAKE에 대해서는 알지 못한다는 것이다.

앞으로는 홈쇼핑의 멋진 쇼호스트보다 훨씬 많은 판매를 할 수 있고 많은 매출을 올릴 수 있다고 자신 있게 말을 할 수 있다. 이제부터는 세일즈가 뭔지, 판매가 뭔지, 고객이 무엇을 원하는지, 자신은 무엇을 준비하고 고객을 만나야 되는지를 알고 갈 수 있기 때문이다.

상품, 고객, 시장, 세일즈 기법까지 전반적인 흐름을 읽을 줄 아는 판매자가 되어야 한다. 한 부분만 잘하는 그런 단편적인 판매를 하면 절대 안 된다. 판매는 흐름이자 순서이기 때문이다.

5 판매 TOOL : 고객은 눈으로 보는 것만 믿는 성향이 강하다

판매 중에 제일 어려운 업종(품목)이 무엇일까?

물론 자신들이 판매하고 있는 것이 어렵다고 하겠지만, 필자가 판단한 제일 어려운 판매는 '보험 상품'이라 본다. 왜냐하면 보험은 세일즈 원리 중에 M도 적용이 가능하고, D도 적용이 가능하지만 가장 기본이 되는 H를 구사하기 힘든 상품이기 때문이다.

고객이 물건을 구입하면 그 물건을 구입한 것으로 인해 기쁘고 즐겁고 행복한 그런 느낌이 H인데 보험 상품은 이것을 구사하기 어려운 부분이 있다.

반면에 화장품의 경우는 판매하기 쉬운 상품 중의 하나이다. 물론 경쟁이 치열하지만 화장품이 가져다 주는 가격대비 H는 표현하기 쉬운 것들이 많기 때문이다. 화장품을 사용하면 여성분들이 아름다워지고 피부가 살아나며, 눈가의 주름이 줄어들고, 굉장히 많은 H를 고객에게 드릴 수 있다. 특별히 세일즈 기법을 사용하지 않아도 되는 그런 품목이다.

하지만 위의 상반된 품목 2가지도 많이 판매되는 이유가 테마 다섯 번째 판매 TOOL 때문이다. 고객은 '눈으로 보는 것을 믿는다' 라는 평범한 판매 진리를 기본으로 판매하는 분들은 상품의 본질적인 설명에 집중하는 경향이 많은데, 앞으로는 말로 하는 것보다는 눈으로 보는 것을 믿게 한다. 고객에게 보여 줄 수 있는 것이 무엇인지를 잘 준비해서 고객을 만나라.

보험 상품(펀드형 보험 상품을 제외한 사고 시에 보상을 받는 보험 상품)을 판매할 때 컨설턴트들이 고객에게 보여 드리는 것 중에 하나가 '기존 고객 분들의 보상을 받은 사례' 이다. 이런 경우에 해당되어서는 안 되지만 만약을 대비해서 그런 경우가 발생한 분들의 사고 사례 및 보상 사례를 중심으로 상담 고객에게 보여드리는 것이다.

고객은 보험의 중요성과 필요성을 알고 있지만 보험 상품이 다양하고, 주변에 보험 영업을 하는 분들이 많기에 어떤 분에게 어떤 상품을 가입해야 되는지를 잘 모르는 분들이 대부분이다.

그리고 보험 영업을 하는 분들이 평상시에 고객 한 사람 한 사람을 만나서 보험 상품에 대해서 자세히 설명할 시간이 모자라는 것도 사실이다.

하지만 이런 어려운 여건 속에서도 보험 계약을 한 건씩 올리는 것에는 많은 노력이 숨겨져 있음은 당연하다. 그런 노력과 더불어서 상담 고객들에게 보여 주는 TOOL이 무엇인가를 잘 살펴보면, 이 TOOL의 활용도에 따른 가입 성공률 차이가 많음을 알 수 있다.

그래서 회사 로고가 있는 배지를 착용하고, 좋은 IT 도구(노트북 등)를 활용한 상담, 그리고 소지하고 다니는 가방 속에 기존 가입자들의 사고 처리 내역(물론 개인 정보 처리는 완벽히 된 내용)을 고객에게 보여 주고 설명함으로써 고객은 자신이 지금까지 생활하면서 직간접적으로 겪었던 사고 사례나 그 사고로 인한 금전적 어려움을 생각하게 되고 그런 증거물에 따라 상담자의 능력과는 별개로 이 보험 상품의 필요성을 가지게 되는 것이다.

성형 외과의 before, after는 판매 달인을 위한 테마 마지막 순서인 TOOL의 대표적인 사례이다.

또한 주위에서 성형으로 인해 자신감을 갖는 사람들을 보고 느낀 점들이 성형에 대한 인지가 전혀 없었던 사람들조차 성형에 대한 관심의 증대는 물론이고 비싼 비용에도 불구하고 성형을 감행(?)하는 실행력에 힘을 보태주는 것이다.

음식점에서는 고객들이 메뉴 선택을 할 때의 시간적 낭비를 줄이기 위함과 식당이라는 광고 효과와 더불어 고객들이 음식을 보면서 식욕을 더 가지게끔 만들기 위한 목적으로 음식 모형을 사용한다. 고객 입장에서는 그 음식 모형을 보고 식당의 대부분을 판단할 만큼 눈으로 보는 것을 믿는 경향이 여전히 높기 때문에 판매에서는 마음껏 활용해야 한다.

또한 한때 광풍처럼 유행했었던 맛있는 음식점 TV방송 시 해당 식당은 그 방송을 캡쳐해서 식당에서 가장 눈에 잘 보이는 곳에 홍보물을 전시해 놓은 것을 볼 수 있었을 것이다.

유명 연예인이 방문했던 식당은 해당 연예인의 친필 사인과 함께 사진까지 카운터 입구에 진열을 하는 것이 바로 고객의 구매 성향 중의 하나인 눈으로 봐야 믿는 것을 잘 활용한 사례라고 할 수 있다.

아파트 단지 내에서 '누구 집에서 뭘 구입했다고 하더라' 라는 말의 위력과 같은 판매 TOOL의 활용은 특히 대단지 아파트를 대상으로 하는 인테리어 업자나 각종 음식 배달, 우유, 가정용 소품, 가정 방문 학습지 등을 판매하는 분들은 판매 TOOL에서 말하는 눈으로 봐야 믿는 고객들의 성향을 십분 활용할 수 있다. 그동안 자신들이 시공해 주었던, 배달하고 있는, 방문 교육을 받고 있는 동호수만 가지고 다녀도 반드시 판매에 많은 효과를 볼 수 있을 것이다.

이밖에도 각종 홈쇼핑에서 유명 연예인이 런칭하고 선전하는 상품이 대박이 나는 이유도 해당 연예인이 직접 만들었는지가 중요한 것이 아니라, 그 연예인을 보면서 설명을 듣는 순간에 적용되는 판매 TOOL을 활용한 사례다. 이렇게 사례를 중심으로 설명하는 과정에 '이런 거였구나', '쉬운 것이었는데 나는 많은 활용을 하지 않고 있었구나' 라고 생각이 들었다면 바로 준비해서 자신의 매장을 방문하는 고객들에게 보여 주고 확인시켜 주기 바란다.

이처럼 판매 TOOL은 매장에서 판매하는 상품에 대해서 많은 것들을 활용할 수 있는데도 불구하고 그동안 고객 상담 시간이 길어질 수 있다는 이유와 한 번 만들어서 끝나는 것이 아니라 계속 트렌드에 따라서 바꿔줘야 하는 불편함 때문에 잘 활용하지 않았던 것이 사실이다. 그러나 지금부터는 고객이 눈으로 보고 믿을 수 있는 것들을 생각해 보고, 준비하도록 하자.

지금까지 판매의 달인이 되기 위한 5가지 테마를 학습하면서 왜 순서가 필요하지라는 의문점이 들었을 것이다. 물건을 판매할 목적이 먼저 보이면 고객들은 그 목적으로부터 달아나기 때문이다.

'팔지 않으려고 해야 판매가 된다' 라는 교육을 많이 하는데, 이는 바로 매장에 방문하는 고객들을 대상으로 고객을 맞이하고 5초도 안 되어서 '팔려고만 하는 직원' 이 되기 때문이다.

요즘처럼 정보화 시대에 웬만한 상품은 고객이 사전에 검색을 통해서 가격 비교도 할 수 있고, 해당 상품의 특장점을 미리 알 수 있는데도 불구하고, 상품에 대한 준비도 많이 되어 있지 않은 상태에서 고객을 만나자마자, 고객이 물어보는 가격을 알려 주면서 바로 판매만 하려 했던 것이 실패의 원인임을 깨닫지 못했다는 사실이다.

고객이 구매를 하지 않는 이유와 해당 물품에 대한 가격 이외에도 많은 것을 고객에게 줄 수 있고(GIVE) 또한 묻고 답하기에서 말한 것처럼 고객에 대해서 아무것도 알려고 하지도 않고, 고객과 눈도 마주치지 않았는데도 불구하고 고객에게 상품의 가격으로만 승부를 하려고 했으니 실패를 맛보는 것은 당연하다고 생각한다.

따라서 학습을 하고, 실행을 하면서 본인이 판매의 달인이 되고자 한다면 5가지 테마에 대해서 순서대로 준비하기 바라며, 고객을 모르는데 어떻게 세일즈 기술 몇 가지, 소위 말하는 '혀놀림' 으로 판매를 하려고 했던 자신을 되돌아보고, 달인이 되는 길을 향해 한 걸음 한 걸음 나아가야 할 것이다. 그런 누적된 노하우가 있어야 지치지도 않고 고객을 만나는 것 자체가 즐거워진다.

❷ 내 판매 실력은 어느 정도일까? – 판매에도 레벨이 있다

필자는 판매에 레벨이 있다고 생각한다. 쉽게 설명하면 태권도에서 말하는 노란띠, 파란띠, 빨간띠, 검정띠처럼 판매에도 그 레벨을 높여가는 성취감과 함께 자신이 점점 판매의 달인이 되어가는 모습을 발견해 나가는 즐거움도 있을 것이기에 판매 레벨을 정해서 관리를 한다. 지금도 판매 일선에서 근무를 하는 사업자, 직원들은 많지만 과연 어떤 사람이 판매를 잘하는 사람이고, 어떤 사람이 판매를 못하는 사람인가를 구분하는 기준은 없다. 단지 말을 잘하고, 얼굴이 잘생겼고, 고객에게 상당히 매너 있고 친절하며 객관적이지 못한 것을 기준으로 구분했던 것이 전부였다.

앞으로는 판매를 잘하고 못하고의 구분도 정확히 알고 판매의 레벨을 높이기 위해서 어떤 것들을 자신의 것으로 완벽하게 만들어야 하는지 기억해야 한다. 고객도 만족하고, 매출도 나아지고 열심히 한 만큼 소득도 많이 올릴 수 있을 것이다.

1 판매를 잘하고 못하고의 기준

어떤 사람이 판매를 잘하는 사람인가?

현장을 방문해서 질문을 하면 해당 월에 판매 실적이 제일 많은 사람을 지목하거나 아니면 평균적으로 판매 실적이 좋은 사람들을 지목한다. 질문을 더 하면 '판매를 잘하는 사람과 그렇지 않은 사람의 구분 기준과 차이점은 무엇일까?'

여기에 대한 답은 화장품 영업, 보험 영업, 자동차 영업, 매장을 가지고 판매를 하는 모든 사업자들은 그 차이점을 다음과 같이 생각한다.

"고객에게 친절하다."

"고객의 거절을 잘 처리한다."

"고객이 뭘 원하는지 잘 알고 상담을 한다."

"고객 일을 자신의 일처럼 처리한다."

"상당히 부지런하다."

"다른 사람들은 한 번 가는 것을 그 사람은 세 번 이상을 간다."

"고객이 뭘 요구해도 인상을 찌푸리지 않고 응대를 한다."

"고객과 눈높이를 맞추는 것 같다."

여러분은 어떻게 생각을 하는가?

판매를 잘하는 사람과 그렇지 않은 사람을 구분하는 기준이 있다고 생각하는가?

단지 그 개개인의 역량 차이라고 생각을 하는가?

오랜 역사를 가지고 있는 영업 세계에서 자신 있게 대답하는 사람을 본 적이 없다.

왜냐하면 수치화하는 작업에 중점을 두었고, 현장에서 영업을 하는 사람들에게 어떤 교육이 정말 필요한지를 몰랐었고, 형식적인 상품에 대한 교육과 소위 말하는 '정신 교육(멘탈의 차이)'에 중점을 둬서 판매가 부진한 사람들에게는 강한 스트레스와 실적에 대한 변화를 통해서 영업을 영위해 나갔던 게 현실이었다. 그래서 판매를 잘하는 사람과 그렇지 못한 사람의 차이를 세일즈 원리와 GIVE, TAKE, 사전 거절 처리로 구분을 지어서 나름대로 그 기준을 만들어 보았다.

물건을 판매하는 데 있어서 중요한 것은 당연히 상품 가격이다. 하지만 상품 가격만 친절히 설명하는 직원은 매장에 근무할 필요가 없다고 생각한다.

왜냐하면 주인은 매월 나가는 월세와 운영비, 그리고 많은 비중을 차지하는 인건비가 있고 매출에 대한 세금과 사업주 본인이 그 매장에 투입하는 본인들의 노력이 있다.

그러므로 그냥 가격만 열심히 설명하고 물건을 구입한 고객에게 포장만 해주는 그런 직원이라면 인건비 지급하는 것 자체가 매우 아까울 수 있다는 것이다.

따라서 본인이 직접 매장을 운영하는 경영자던, 아니면 판매 직원으로 있던 현장에서 고객을 직접 만나러 가는 영업 사원이던 상관없이 단순히 가격만 알려 주는 모습이 아니라 판매 잘하는 사람으로 발전하는 것이 좋지 않을까?

판매를 잘하는 사람과 그렇지 않은 사람의 차이의 첫 번째 기준은 세일즈 원리로 판매하는 과정에서 얼마나 사용하는가 하는 비율로 구분할 수 있다.

대부분은 M. H. D.에서 M의 비중이 상당히 높다는 것을 본인들은 잘 모르겠지만 그 사람들의 고객맞이부터 판매, 성공, 실패까지의 과정을 비디오로 찍어 보면 그 사람들은 높은 비율로 M을 중심으로 고객 설득에 노력을 하고 있음을 알 수 있다.

다시 말하면 판매를 하다 보니 고객을 척 보는 순간 대충 알 것 같고, 그런 고객들은 그냥 뒤에서 기다리고 있다가 고객이 물어보면 친절히 답해 주는 것이 습관화되었다고 볼 수 있다.

고객은 이런 판매자에게는 구입을 잘하지 않는다. 반면에 고객에게 가격과 상관없이 묻고 답하기를 많이 하는 직원들에게 구매를 하는 경향이 높다.

고객은 정말 원하는 것이 가격 안내가 아니라는 것을 알아야 한다. 고객이 진정으로 원하는 것은 고객으로서 대접받는 것과 판매자와 오고 가는 대화 속에서 느끼는 H와 고객 입에서 나오기 전 거절에 대한 공감대를 통한 '열심히 상품을 판매해 보겠습니다'라는 판매자의 모습에 비례해서 구매를 하는 것이다.

이처럼 판매의 원리에서 말하는 3가지 M. H. D.의 비중을 어떻게 구사를 하고 있는가를 가지고 기준을 세워 보면 다음과 같다.

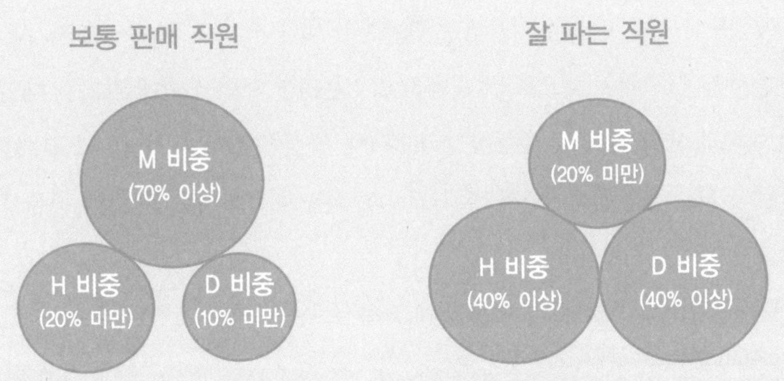

그림으로만 봐도 아직까지 H에 대한 노력과 D에 대한 연습이 안 되어 있음을 알 수 있다. 고객이 구매를 하고 싶어 물건을 보고 있었지만 판매자가 가격에만 올인을 하고 있으니, 그 상품에 대한 매력과 구매를 하는 과정에서 너무 성급하게 구입하는 것이 아닌가 하는 걱정을 제거해 주지 못하므로 구매 확률이 떨어질 것은 당연하다.

그림을 보고도 현재 자신이 하고 있는 판매 방식이 옳다고 생각하거나 고집을 하고 있다면 빨리 수정을 해서 반복 연습을 통해서 판매하는 상품이 고객에게 줄 수 있는 즐거움, 행복함이 어떤 것들이 있는지 리스트로 나열하고 습득해서 고객에게 활용해 보기 바란다.

D가 전혀 되지 않았던 사람들이 대부분이겠지만 고객이 구매를 함에 있어서 '가격도 괜찮아 보이고', '물건도 마음에 드는 것 같은데' 도 불구하고 구매를 하지 않았던 이유가 D를 해소해 주지 않았던 것임을 인식하자.

매장에서 판매하는 상품에 대한 전반적인 고객들의 걱정거리와 귀찮음에 대한 구별을 잘 준비해서 고객에게 D를 제공하고 귀찮음을 해소해 줘야 한다.

판매를 잘하고 못하고의 차이를 세일즈 원리를 통해서 보면 쉽게 구분을 할 수 있다.

매장에서 처음 판매를 시작하는 판매자가 있다면 고객 상담을 할 때, M. H. D.를 어느 정도의 비중으로 잘 활용하고 있는지를 보면서 판매 지도를 하면 훨씬 이해가 빠를 것이고, 추상적인 내용이나 정신력 강화가 아니더라도 배우는 직원과 공감대를 형성하면서 상호 기준이 되는 대화의 주제를 같이 공유할 수 있을 것이다.

판매를 잘하고 못하고의 기준을 개그 콘서트에서 했던 애정남(애매한 것을 정해 주는 남자)이 했던 것처럼 정해 보았다.

고객은 귀찮은 것을 싫어한다

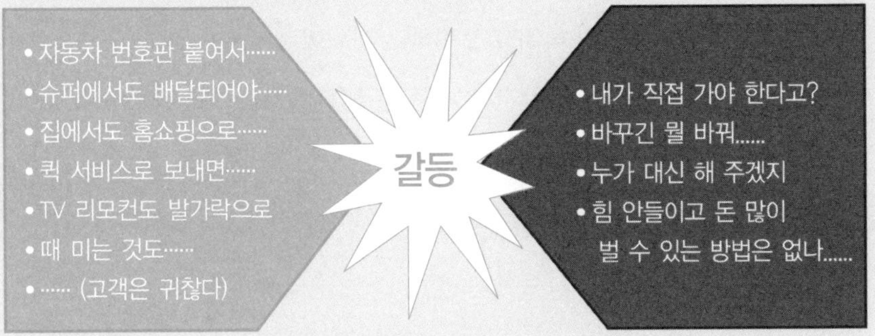

● 아무리 좋은 것이 있어도 고객은 귀찮다는 생각이 들면 거부를 한다.

● 특히 '바꾼다'는 말은 어떤 경우를 제외하고 귀찮은 일이 있을 것이라는 생각을 하게 된다(전학, 이사, 휴대 전화 번호 바꾸기, 동사무소 일 보는 것 등).

● 아침에 운동하는 것(귀찮아서), 영어 공부하는 것, 매일 애들 공부 봐 주는 것(작심 삼일이라는 속담이 나왔을 정도로 현대 사회는 고객의 귀찮은 것을 틈새 시장으로 성공하는 장사가 많이 있다. 통닭 배달, 퀵서비스, 택배, 포장 이사업체, 자동 세차기……), 고객은 항상 이렇게 갈등을 한다. 그 갈등을 줄여 주는 뭔가를 기다리고 있다고 보면 된다.

두 번째 기준은 앞서 2장에서 서술한 GIVE와 TAKE의 사용 비중과 G의 전달 방식과 내용이다. 어느 누구도 자신의 매장에 들어오는 고객에게 불친절한 사람은 없다. 그런데도 불구하고 친절함이 매출로 이어지고 있는가는 한 번 생각해 봐야 할 것이다. 고객이 느끼는 당연한 친절이 물론 없다면 문제가 되겠지만 매장을 가지고 장사를 하는 사람들은 친절함 외에 과연 그 무엇이 매출 증대의 핵심이었을까를 생각해 봐야 한다. 판매를 잘하는가 못하는가의 차이를 나타내는 두 번째 기준이 바로 G와 T의 사용 비율이다.

중요한 것은 보통 판매 직원의 T 비중 정도가 30%라고 했지만 결국 고객으로부터 T를 더 많이 하고 있다는 것이고, 판매를 잘하는 직원은 G를 50%라고 했지만 더 많은 G를 고객에게 하려고 노력하는 직원이다.

판매를 잘하는지 그렇지 못한지의 기준 두 번째인 G와 T를 기준으로 '고객에게 이 직원은 상품 외 뭘 더 주려고 노력하고 있는지' 반대로 '고객으로부터 고객이 제일 싫어하는 지갑만 빨리 열라고 하고 있는지'를 잘 살펴보자.

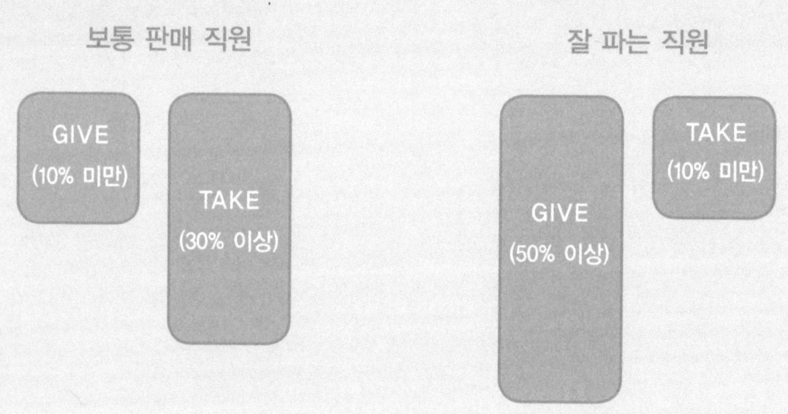

그래서 그렇지 못한 직원이나 영업 사원들은 판매 현장에서 고객을 만나기 전에 꼭 '연습 과정'을 거쳐서 고객에게 줄 수 있는 것들을 스스로가 정리를 하게 만들자. 연습 과정에서 고객에게 질문하는 내용이나 행동을 잘 관찰해 보면서 이 직원의 T를 제거해 줌으로써 배워가는 판매자나 영업 사원들은 정확히 자신을 교정하고 수정하는 시간을 거치면서 고객 만날 시간이 기다려질 것이다. 또 가르치는 분들도 정확히 그 직원의 G와 T의 사용 비율을 확인하고 G를 늘리고 T를 줄여서 고객은 물건이 가져다 주는 행복외에도 판매하는 직원들의 G를 통해서 더 많이 받았다는 느낌이 들게 해야 한다.

　매장에서 고객을 맞이하는 실력이 늘어나고 고객의 지갑만 열게 만드는 동종 업계의 매장과는 차이 나는 실력을 향상시킴으로써 장사하는 맛을 많이 느꼈으면 한다.

　판매는 사람이 하는 것인데, 사람이 사람을 대하면서 줄 수 있는 것들이 많았음에도 불구하고 지금까지 판매와 영업에서 고객은 왕이다라는 소리에 주눅이 들어서 고객이 물어보는 것 외에는 그 어떤 것도 잘 주지 못했던 것이 사실이다.

　고객이 왕이 맞지만 그 왕도 원하는 것이 매우 많고, 줄려고 하는 영업 사원을 좋아하는 왕이라는 것이다.

　G는 무엇이 있는가?

　어떻게 전달을 하면 효과가 만점일까?

　고객은 받고 있는 G를 정말로 좋아할까?

　G가 약간 추상적인 면도 있고, 눈에 보이지 않는 부분도 있지만 분명한 것은 고객은 그 G를 통해서 손님 대접을 받았다고 느끼고, G가 많을수록 그 매장에 대한 이미지 및 향후 재방문에 필요한 무의식을 자극시키는 매개체 역할을 하고 있다는 것을 알아야 한다. 당연히 G를 고객에게 전달하는 모습도 고객이 구매했을 때 가지는 즐거움, 기쁨을 고객과 같은 즐거운 마음으로 전달하고 있는가를 봐 줘야 함은 물론이다.

　두 번째 판매 기준을 가지고 현장의 판매 직원 및 현장 방문 중인 영업 사원들이 고객을 상담할 때를 살펴보면 지금까지 보이지 않았던 것들이 많이 보일 것이다.

　여기서 원하는 것이 바로 이런 것이다. 지금까지는 상품에 대한 해박한 지식 이외에는 별다르게 판매에 대한 노하우가 없었다. 그러나 계속 판매에 대한 공부를 하는 과정을 자신의 것으로 만들어 가는 매장 주인과 직원들이 한마음이 되어서 고객맞이부터 고객 구매까지 전 과정에 걸쳐서 실력이 늘어나는 것도 알 수 있게 된다는 것을 판매 일선에 근무하는 모든 사람들이 느꼈으면 한다.

세 번째 기준은 '사전 거절 처리'를 할 수 있는가 사용하지 못하는가이다. 고객이 거절할 만한 사유를 고객 입에서 'no'라는 말이 나오기 전에, 전체 판매 과정에서 2~3가지 사전 거절 처리를 통해서 고객이 거절할 만한 사유를 사전에 차단하라는 의미의 사전 거절 처리는 아무리 강조해도 지나치지 않을 만큼 중요한 판매 원리 중의 하나다.

지금까지는 고객이 거절을 하면 그에 상응한 거절 극복을 해 왔을 뿐이다. 많은 판매 현장과 영업 현장을 봐 왔지만 아직까지 고객의 거절에 대한 해결책을 제시해 주는 곳은 없었다.

앞으로도 없을 것이 분명하다고 확신한다. 왜냐하면 고객의 거절을 극복하는 비결이 있다면 그것만큼 대박이 어디 있겠는가?

하지만 과감하게 거절 처리라는 단어를 '사전 거절 처리'로 전환을 시키고, 고객들의 거절에 대한 사전 처리를 통해서 고객의 거절하고자 하는 마음을 최소화시키고, 고객과 공감하는 거절 유형을 미리 파악함으로써 거절을 해결할 수 있는 비결이라고 확신한다.

고객은 당연히 수많은 이유로 거절을 해 왔고, 처음에는 마음이 많이 아팠지만 지금은 거절을 많이 당해 봐서 태연하게 받아들이게 되었다. 하지만 앞에서도 밝혔지만 고객이 거절하는 유형은 많아 봐야 5가지 범위 안에서 형성되어진다.

그 5가지 범위도 가격, 판매자의 말과 행동, 다른 곳과의 비교, 현재 금전적 여유, 별다른 생각없는 아이 컨텍 쇼핑이라고 보면 된다.

누가 판매를 잘하고 잘하지 못하는가를 구분할 수 있는 기준 세 번째는 바로 사전 거절 처리를 사용할 수 있는가, 그렇지 않고 고객이 거절을 했을 때 그에 대한 대처 수준의 극복 활동을 하는가를 가지고 구분할 수 있다. 그림으로 설명하면 간단하다.

보통 판매 직원   잘 파는 직원

고객이 거절하면 그렇지 않더라도 열심히 설명한다	고객이 거절할 만한 유형을 판매 과정에서 미리 짚어 드린다

지금까지 판매를 잘했던 직원들도 중요한 것은 자신이 사전 거절 처리를 하고 있었는지 몰랐다는 것이다. 판매를 경험하면서 고객들에게 이런 멘트 저런 멘트를 하다보니 고객이 싫어하지 않고, 고객이 그런 멘트에 지갑을 여는 비율이 늘어나는 것을 경험하면서 자연스럽게 형성되고 누적된 것이지, 사전 거절 처리라는 것을 알고, 미리 판매의 시작부터 마무리까지 준비된 순서에 맞게 해왔던 게 아니라는 것이다.

TM업체도 마찬가지이다. 고객들이 전화가 걸려와서 전화를 받는 순간, 상대방의 목소리와 멘트 한 번만 듣고도 바로 전화를 끊어버리는 것이 현실이다.

하지만 TM업체에 근무하는 분들의 끊임없는 노력으로 고객이 전화를 받는 순간 어떤 멘트로 해야 고객이 전화를 거절하는 것을 자제시키고, 계속 대화가 이어지게 만드는 화법인지 알아냈다.

그런 과정의 연속 선상에서 TM으로도 보험 상품을 판매해 내는 실력까지 올라갔다는 것은 대단한 판매의 단계라고 인정한다. 남자분들은 금요일 저녁부터 회식이 많은데, 길에서 만나는 술집 호객 행위하는 젊은 사람들을 한두 번쯤은 접해 봤을 것이다.

이 호객 행위를 하는 사람들이 사전 거절 처리를 상당히 잘하는 경우라고 생각을 한다. 그 사람들이 하는 멘트를 보면 직장인들이 그 호객 행위에 따라갈 수 있는 술집에 대해 거절할 수 있는 것들 '비싸겠지', '서비스가 별로겠지', '예전에 가 봤는데 만족도가 높지 않았어' 등 동료들의 경험담이나 자신이 직간접적으로 경험했던 기억들로 인해서 거절을 하려고 하는 것을 알고 대처하는 것을 알 수 있다.

호객 행위를 하면서 직장인들을 대상으로 '2차 맥주 한 잔 하시죠?' 라는 바보 같은 질문은 하지도 않는다. 호객 행위를 하면서 직장인 그룹 중에 술을 좋아할 것 같고, 삼삼오오 그룹 중에 힘이 있을 만한 사람 옆에 착 붙어서 '사장님 좋은 곳에서 2차 한 잔 하시죠' 라면서 2차로 술을 한 잔 하고 싶은 직장인들에게 사전 거절 처리로 '좋은 곳' 이라고 말한다. 반응이 없어도 다음 멘트로 '가셔서 보고 마음에 안 들면 바로 나오면 됩니다' 라고 가서 눈으로 보고, 직접 확인을 할 수 있는 기회를 준다는 말인데 이것 또한 사전 거절 처리에 해당된다. 그래도 반응이 없으면 '분위기 정말 괜찮습니다' 라고 또 멘트를 날린다.

직장인들은 술을 간단하게 한 잔 더 하고 싶을 것이다. 그런 상황에서 호객 행위를 하는 사람들이 직장인들의 그런 마음을(거절할 만한 유형의 거절을 미리 알고) 사전에 짚어 주는 활동을 한다는 것은 필자가 보는 아주 우수한 사전 거절 처리의 유형이라고 볼 수 있다.

이렇게 한두 가지 사례를 보면서 '내가 그동안 사전 거절 처리를 하고 있었나, 그렇지 않고 고객이 거절하면 그것을 극복해 보려고 했던 것인가' 에 대한 스스로의 판단을 해야 한다.

이처럼 판매를 잘하는 분과 그렇지 않은 분의 세 번째 기준은 바로 사전 거절 처리를 현장에서 고객에게 자유자재로 사용하고 있는가 그렇지 않고 아직도 사전 거절 처리를 내 것으로 만들지 못하고 고객이 거절했을 때 비로소 극복하려고 하고 있는가를 기준으로 판단해 보면 된다. 판매의 달인이 되기 위해 노력하고 있다면 지금까지의 학습을 통해 스스로가 판매를 잘하고 있는 것인지 아니면 그렇지 않은지 판단이 되어져야 한다. 하지만 판매를 잘 몰랐을지라도 절대 실망할 필요가 없다는 것도 강조하는 바이다.

판매를 잘하는 것인지, 그렇지 않은지의 기준에 공감이 되었는지 궁금하다. 이제 판매의 레벨에 대해서 알아보고자 한다. 나는 과연 판매 레벨 몇 단계에 해당되는지 스스로 확인해 보고, 아직 판매 단계가 낮은 경우라면 발전할 수 있는 가능성이 많은 만큼 실망해서는 안 된다.

이 판매 레벨은 필자가 나름대로 생각하는 레벨이니, 독자들은 이 레벨 구분을 인정하지 않아도 된다고 우선 알리고 시작하고자 한다. 필자는 처음 만나는 영업 사원들에게 이렇게 질문을 한다.

"당신은 판매 레벨 10단계가 있다면 몇 단계에 해당된다고 생각합니까?"

"한 중간쯤은 된다고 생각합니다."

이런 대답에 또 추가 질문을 던진다.

"판매의 원리는 뭐라 생각을 합니까?"

"제가 제공하는 상품의 우수성을 알리고 고객에게 타 제품과의 차별성을 강조하는 과정에서 구매가 발생된다고 생각합니다. 그리고 판매하는 사람들의 열정과 노력의 산물이 바로 판매 결과라고 생각합니다."

자신의 것으로 만들고자 노력하고 있는 사람들은 이 대답에 대해서 어떻게 생각하는가?

조금 과장해서 '엉터리' 라고 생각한다. 판매는 분명한 레벨이 있고, 그 레벨을 높이고자 노력하는 행동에서 판매 실력이 늘어나고 고객을 감동시키는 판매를 할 수 있을 것이다. 판매의 달인이 되어가는 단계를 우선 3단계로 설명을 하면 다음과 같다.

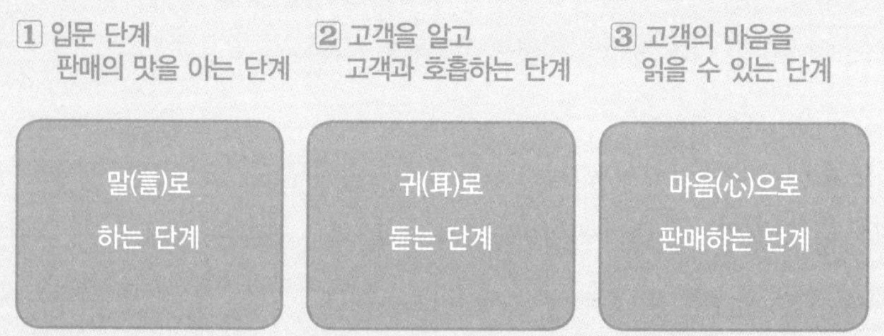

판매를 매우 잘하는 사람에게 '어떻게 그렇게 판매를 잘 합니까? 무슨 비결이 있을 것 같은데 한 말씀만 해 주십시오' 라고 물어보면 그 분들의 대답 중에 하나가 '전 제가 말을 많이 하기보다는 고객의 말을 많이 경청하는 편입니다' 라고 한다.

그럴 듯한 대답이지만 상품을 판매하는데 상품에 대한 설명과 특징, 사용하면 좋은 점 등에 대해 열심히 설명하는 것이 판매를 하려고 노력하는 정상적인 모습 같은데, 반대로 판매하는 사람이 조용히 고객이 하는 말이나 행동을 보고 듣는 것이 더 많다면 판매를 잘할 수 있을까라는 의문이 들게 됨은 당연하다.

판매의 단계를 앞에서의 그림으로 보여주는 것도 대다수의 판매하는 분들은 '어떻게 하면 내가 판매하고자 하는 상품을 고객에게 어필할 것인가?' 에 대한 초점으로 고객을 분류하고, 상품을 공부하고, 고객과 상담하는 기회가 왔을 때 최대한 짧은 시간에 요점 중심으로 고객에게 말을 집중해서 하기 위해서이다.

대부분의 판매자들은 귀로 고객의 말을 듣는 영업의 단계로 나아가 보지도 못하고, 지금 이 순간에도 열심히 고객에게 상품에 대해서 많은 말들을 쏟아내고 있을 것이다.

여기서 한 가지 중요한 포인트가 있는데, 다름아닌 우리나라에서 100명의 영업 사원(매장 판매 포함)이 있다고 가정했을 때, 말로 하는 영업의 단계에 머무는 비율이 약 70%이며, 귀로 듣는 영업을 하는 비율이 약 20%, 고객의 마음을 읽으면서 영업을 하는 비율은 불과 10% 미만의 소수의 인원이라는 것이다.

또한 말로 하는 영업을 하고 있다고는 하지만 아직도 말로 하는 영업의 단계에도 도달하지 못한 '초보 판매자'들이 많음을 잊어서는 안 된다. 말로 하는 영업이라고 해서 대부분의 판매자가 말로 영업을 잘하고 있다는 것은 아니다.

- 고객에게 첫 인사 이후 묻기 답하기에서 물어볼 항목이 자연스럽게 나오고 있는가?
- 내가 고객에게 상품 외에 GIVE할 수 있는 것들이 무엇이 있는가?
- 상품의 장단점 외에 '이 상품을 사용했을 때 고객이 느끼는 또 다른 즐거움, 행복'을 고객에게 표현할 수 있는가?
- 고객이 거절 표현을 하고 난 이후 그에 대한 거절 극복의 말이 아니라, 고객이 거절 표현을 하기 전에 사전 거절 처리를 2~3가지 준비되어 있는 표현들로 할 수 있는가?
- 고객이 상품 구매를 통해 얻을 수 있는 무형의 가치에 대한 기분을 고객과 같은 마음으로 전달할 수 있는가?

이렇게 준비된 순서대로 전달하는지를 점검해 보면 아직도 말로 하는 영업이라는 것도 쉬운 것이 아님을 어느 정도 느낄 수 있을 것이다. 말로 하는 영업이라고 해서 '아무나 쉽게 고객이 질문하는 것에 친절히 대답을 하는 수준의 영업'이라고 생각하면 안 된다.

그렇다면 귀(耳)로 하는 영업이란 무엇인가? 나는 아직도 말로 하는 영업의 단계도 아닌 것 같은데, 언제 귀로 하는 영업을 할 수 있을까라는 생각 때문에 실망할 필요는 없다.

왜냐하면 누구나 처음 판매나 영업을 배울 때 영업에 대해서 구체적이고, 실질적인 교육을 받은 적이 없기 때문이다. 처음부터 배우는 것이 상품을 설명하는 것인데 누가 더 열정적으로 상품을 설명하는가? 그리고 고객이 이런 거절을 하면 이렇게 대처를 하고, 저런 거절을 하면 저렇게 대처를 하라고만 배워왔다.

처음부터 고객을 만나서 무엇을 어떻게 시작을 하고 발전시켜 나가야 하는지 말로 하는 영업이 무엇이고, 귀로 하는 영업이 무엇인지를 구분하지 못하는 것은 당연하다.

지금부터라도 배우고 연습하여 자신의 것으로 만들고 다른 영업 사원들과 차별화된 영업 사원을 만난 느낌을 고객에게 주고, 자신 또한 고객을 만나러가는 것이, 매장에 들어오는 고객들을 만나는 것이 기분 좋아지는 날을 빨리 만들어야 한다.

귀로 하는 영업이란 간단히 말해서 '고객이 이 상품을 사고 싶은 진실된 이유', '이 상품을 판매하는 영업 사원에 대해서 느끼는 기분', '이 상품이 고객인 나에게 가져다 주는 또 다른 의미', '영업 사원에게 상품 외에 관계 개선을 통해서 한 사람(후배가 될 수도 있고, 선배가 될 수도 있고, 친구가 될 수도 있음)을 알고 싶은 마음'에 대해서 우리가 들어주는 판매를 의미한다.

귀로 하는 영업이 어려운 이유는 고객과의 만나는 시간이 굉장히 짧다는 것이다.

매일 만나는 고객이라면 충분히 그런 대화가 될 수 있을 것 같은데 길면 5분~10분 사이(매장을 방문한 고객), 방문 영업을 했을 경우 상품 설명할 시간조차 만들기 어려운 현실이기에 귀로 하는 영업이 그만큼 어렵다는 것이다.

그런데도 판매를 잘하는 사람들은 귀로 하는 영업을 하고 있다는데 '어떤 비결이 있는 것일까' 라는 궁금증이 생길 것이다. 그러나 '그들도 처음부터 그렇지 않았다' 는 것이다.

판매왕을 하고 있는 사람들은 보통 실적을 만들어 내는 사람들보다 차별적인 경쟁력을 가지고 있다.

예를 들어서 같은 설명을 해도 차분히 고객이 이해하고 납득이 되는 것을 보면서 하는 역량이라든지, 굉장히 부지런한 방문(매장 방문의 경우는 친절함의 차원이 다른 진정한 느낌의 친절을 제공해 주는 역량)을 통해서이다.

'저 정도면 한 번 설명은 들어봐야 되겠네' 라는 생각이 들게끔 만드는 노력, 한 건 한 건 계약이 늘어가는데(여기까지는 보통 판매자와 속도가 비슷함) 가입한 고객을 대상으로 '한 번 가입으로 끝이 아니라 계속 챙기고 또 챙기면서' 그 가입한 고객이 자발적으로 소개해 주게 만드는 능력 등 분명한 차이가 있다.

이들도 귀로 하는 영업을 처음부터 하지는 못했다는 것을 기준으로 보면 귀로 하는 영업의 비결은 '내가 하는 질문의 차이' 라고 해답이 나온다. 고객과의 짧은 만남의 시간에 상품 설명할 시간도 없는데 무슨 질문을 하길래 고객이 오히려 말을 더 많이 하는 것인가?

의외로 간단한데 세일즈 단계로 봤을 때, 귀로 하는 영업을 정말로 잘하고 싶다면 '본인이 고객이 되어보는 연습을 무한정 해 보십시오' 라고 권해 본다.

고객이 되면 상품에 대한 궁금증 외에도 해당 상품의 가격이 높은(혹은 낮은) 이유, 이 상품을 구입했던 고객들의 사용 후기, 상품의 불량 발생 빈도, 해당 상품을 구입하고 추천해 준 고객들이 과연 많은지 등 판매자에게 궁금증이 많이 생길 것이다.

이런 궁금증을 물어보고 대답을 들으면서 구매에 대한 진심을 알아가는 것이 듣는 영업이다.

필자의 세일즈 기본에 바로 '내가 고객이 되어야 된다' 라는 기본 정신을 철저히 실천해 보면 안 보이는 것들이 보이기 시작하고 안 들리던 것들이 들리기 시작한다.

안 들리던 것들이 들리는 것이 바로 귀로 하는 영업의 시작이 되는 것이다. 그것을 뒤집어서 고객에게 물어봐야 한다. 그래야 고객과 주고받는 대화가 비로소 성립이 되기 때문이다.

절대적으로 상품에 대한 구매, 가격 등 고객의 지갑만을 노리는 상담에서 벗어나야 한다는 것을 우선 받아들여야 한다.

말처럼 쉽지 않은 것이 귀로 하는 영업이다.

고객의 마음의 소리가 들리기 시작하면 이 단계에서는 고객을 만나는 것 자체가 매우 기쁘고 행복해져서 빨리 고객을 만나러 가고 싶어지는 단계가 되므로, 귀로 하는 영업에 대한 도전을 절대 멈추지 말고 계속 학습하고 또 실천해야 한다.

마음으로 하는 영업이란 '고객에게 자신의 진심을 전달하는 영업을 말하는 것이다.' 영업에서 수준이 높고, 어떤 세일즈 기법이나 노하우하고는 차원이 다르며, 어떤 것도 절대적으로 경쟁이 될 수 없는 영업, 즉 진심을 전달할 수 있는 영업이다.

고객의 진심을 들을 수 있는 자세, 판매한 상품을 사용하는 고객이 느끼는 기쁨을 대신 전달할 수 있는 진정성의 영업을 마음으로 하는 영업이라 한다.

마음으로 하는 영업이 단순히 진심만 가지고 완성되어지는 것이 결코 아니며, 기초부터 다지면서 기초가 튼튼한 경우에 비로소 열매와 같은 선물의 영업(마음으로 하는 영업)이 자연스럽게 얻어지는 것이다.

현재 판매나 영업을 하는 분들에게 판매가 아무나 시작할 수 있는 쉬운 것 같으면서도 아무나 쉽게 판매왕이 절대 될 수 없는 힘든 과정이라고 말하고 싶다.

그 과정을 참고 견디지 못하고, 약간의 경험만 쌓이면 쉽게 고객을 판단해 버리는 실수와 매장에서 아무 생각없이 있다가 손님이 내방한 직후부터 시작되는 판매는 조금 거친 표현이지만 '죽어 있는 판매' 이다. 또 그런 매장에 들어가는 고객은 '내가 잘못 들어왔구나, 빨리 대충 물어 보고 나가야지' 라는 마음을 가지게 된다.

결국 고객이 그렇게 느낀다면 아무리 친절하게 설명을 해도 그 고객의 마음을 움직이는 것은 너무 힘들다. 이런 모습이라면 '귀로 하는 영업이다, 마음으로 하는 영업이다' 라는 표현을 감히 붙일 수 없음을 느낄 것이다.

수많은 젊은 판매자 여러분들은 다른 젊은이들보다 훨씬 용감한 DNA를 가지고 있는 분들이다. 집에서는 귀한 아들, 딸인 여러분들이 고객으로부터 심한 소리도 들을 것이고, 또 친한 친구들로부터 거절을 당하는 아픔을 반드시 겪을 것이다. 하지만 그런 마음 아픈 거절을 알고도 자신의 힘으로 판매를 통해서 더 많은 실적을 쌓으면 훨씬 높은 수익을 올릴 수 있을 것이라는, 반대로 조금은 안정된 일을 선호하는 친구들보다 시작부터 용감한 DNA를 여러분들의 몸에서 깨워서 한다는 그 자체만으로도 충분히 고개를 숙여 존중한다.

'맨땅에 헤딩' 이라는 말을 들어보았을 것이다. 세일즈 세계에서 '맨땅에 헤딩하니깐 내 머리만 아프네' 라고 하는 분들이 없었으면 한다.

앞으로 이 영업의 세계에 발을 들여놓을 예비 영업맨들에게 '맨땅에 헤딩' 이 아니라 정말 영업은 체계적이고, 준비될 수 있는 영업임을 가르쳐 주고 싶다.

모두가 속도의 차이는 있겠지만 달인이 되어서 판매하는 자신도 멋지고, 고객들도 기분좋게 구매를 하고, 또 소개도 시켜 주는 선순환이 되는 영업을 할 수 있음을 다시 한번 확인하면서 판매의 단계에서 판매의 레벨을 한 번 살펴보도록 하자.

세일즈 원리부터 많은 것들을 배우고 실천하면서 독자들 자신의 것으로 만들어 가고 있는 과정으로 봤을 때, 필자가 영업 현장에서 만나 본 많은 분들은 아직도 레벨 1도 되지 못하는 것이 현실이다.

판매를 많이 하면 고수익을 올릴 수 있는 것은 당연하다.

처음 이 세계에 발을 들여놓는 많은 분들은 성공한 동료를 보고 그들을 흉내내면서 '저렇게 되고 말 거야' 라는 심리적인 부분만 가지고는 성공하기란 쉽지 않은 것이 영업임을 알아야 한다.

따라서 어느 레벨에 속하는지를 체크해 가면서 아직 레벨별로 습득화되어야 하는 주제들에 숙련되지 않았다면 완성될 때까지 연습해서 레벨 5를 넘어서고 7을 넘어서기 바란다.

필자가 판단한 레벨을 그림으로 보면 다음과 같다.

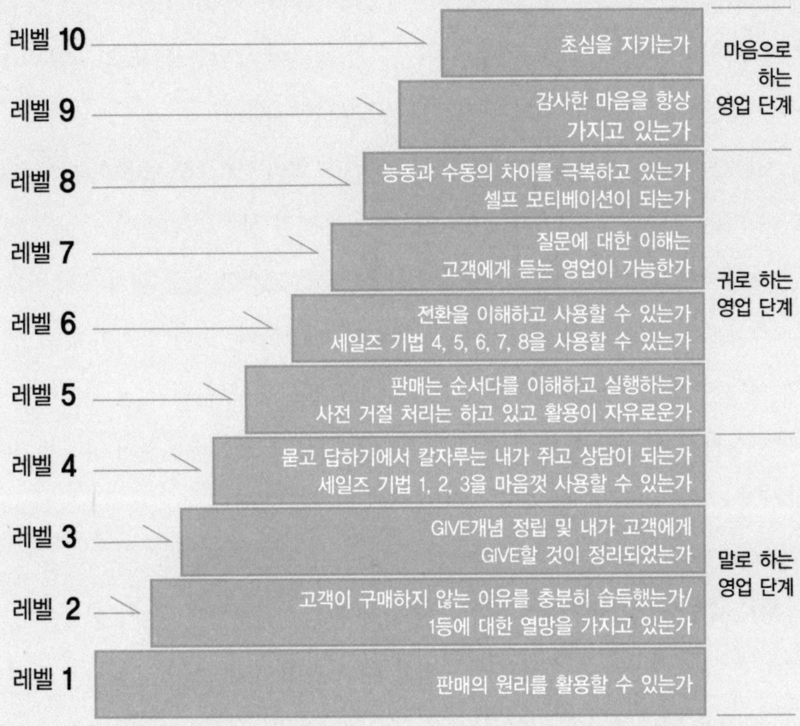

그림을 보면서 독자들은 어떤 생각이 드는지 궁금하다. 판매의 달인이 되기 위해서는 보는 것처럼 많은 노력이 필요함을 다시 한번 강조한다. 고객에게 친절함을 무기로 매너 있는 모습으로 판매하는 분들은 어느 레벨일까? 고객이 물어보는 질문에만 열심히, 친절한 분들은 어떤 레벨인가? 고객이 매장에 들어오고 그때부터 판매가 시작되는 분들은 레벨 0이라고 분류를 한다.

여기서 매우 중요한 것은 레벨 1을 우선 마스터하는 것이다. 세일즈 원리인

'MONEY, HAPPY, DON'T WORRY' 부터 학습을 하고, 어떤 원리에 의해서 판매가 되고 그렇지 않은가를 정확히 인지해 주고, 매일 M. H. D.를 10번 이상씩 주문을 외우듯이 반복해 줘야 한다. 세일즈 원리가 가장 기초가 되고 판매에 대한 자신감을 가지게 해 주는 원천이 되기 때문에 세일즈를 제대로 배우고자 하는 분들은 이 원리를 먼저 완벽하게 습득을 해야 한다.

지금까지 많은 분들을 컨설팅하면서 세일즈 원리만으로도 충분히 판매의 달인이 되는 분들이 많았다. 성공한 분들의 공통적인 성공 경험담이 세일즈 원리를 자신이 판매하는 상품에 어떻게 적용을 했고, 고객이 상품을 가지게 됨으로써 추가될 수 있는 H에 대해 많은 노력을 했다고 한다. 또한 가격이 좋고 상품의 새로운 가치(고객의 기쁨)가 잘 맞았는데도 불구하고 판매가 안 되었던 고객의 걱정거리, 귀찮음을 어떻게 자신의 매장에서, 현장을 방문해서 만나는 고객들에게 극복을 해 나갔는지에 대한 이야기가 가장 많았다.

어느 대기업의 판매 담당 신입 사원들에게 강의를 할 때 '우리 회사에서 판매하고 있는 상품 A를 지금부터 숫자를 빼고 판매를 해 보겠습니다' 라고 말하고, 상품을 판매하는데 있어서 가격, 사이즈, 용량, 고객이 월 부담하는 비용 등 숫자로 표현될 수 있는 모든 것을 제외하고 판매를 해 보라고 했다. 과연 결과는 어떻게 되었을까?

독자들도 지금 본인들이 판매하고 있는 상품(수많은 상품이 있음) 앞에 고객이 있다고 생각하고 해당 상품의 판매를 숫자를 제외하고 해 보기 바란다. 결과가 어떻게 나왔는가?

판매하기가 매우 어렵다는 것을 느끼게 될 것이다.

여기서 보면 지금까지 만나왔던 고객들에게 상품의 좋은 점, 구매했을 때 느끼는 즐거움, 행복, 그리고 고객이 구매 이후에 가질 수 있는 걱정거리나 귀찮은 부분은 제외한 상태에서 그 상품의 가격이 좋다, 오늘 세일이다 등의 가격에 집중한 판매를 해 왔던 것이 보통의 모습이었을 것이다.

'숫자를 빼고 어떻게 판매를 합니까' 라고 물어보는 분이 너무 많아서, 여기서 설명하기에는 부족한 부분이 있지만 간단하게 말하면 '고객에게 이 상품을 판매하게 된 기회를 가지게 되어서 너무 기쁘다. 고객에게 이 상품의 가격을 빼고 나머지를 알려 줄 예정인데, 마음에 들면 가격을 물어보고, 그렇지 않으면 중간에 스톱(stop)을 시켜주기 바란다. 지금까지 판매해 왔던 모든 분들이 상품을 왜 구입했냐고 물어보면 전부가 상품의 이 부분을 짚어준다. 고객은 이 상품을 구입한다면 어떤 부분에서 제일 즐거운 마음을 가질 것 같습니까? 만약 오늘 그냥 물건만 보고 나중에 집에 가셔서 상의를 하고 올 예정이라면 제가 좋은 제안을 드리고 싶다' 라고 시작되어지는 멘트로 권한다.

조금 어색한 시작일 수 있겠지만 지금부터라도 가격을 제외한 판매를 계속해 보고, 자신 있게 고객을 만나서 판매하는 상품에서 가격에 대하여 설명하는 비중이 점점 작아지고 있을 때 비로소 레벨 1의 과정으로 들어왔다고 보면 된다.

판매하는 전 과정의 멘트를 외우면서 상품을 판매하므로 상품의 이름만 바꿔서 판매를 하면 되고 어떤 고객을 만나도, 어떤 상품을 판매한다고 하더라도 준비되어 있는 상태에서 상품 소유를 했을 때의 GIVE와 고객과의 묻고 답하기의 칼자루를 잡고 상담할 준비가 되어 있는 것이니 판매에 실패를 해도 마음의 상처가 심하지는 않을 것이다.

또한 앞으로 배워나갈 세일즈 기법을 2~3가지 활용해서 고객으로부터 승낙을 체험해 나갔으면 한다.

판매에는 왕도가 있고, 판매에는 정확한 원리가 있다고 말하는 것도 준비되어 있지 않은 상태에서 고객을 만났고, 상품과 설명하는 준비가 전부였다면 이제는 새롭게 태어나는 영업을 경험하고, 고객을 만나서 실행해 보고 싶은 마음으로 신나는 판매를 해 보기 바란다.

레벨 단계에서 솔직히 레벨 7을 넘어서는 경우는 거의 본 적이 없다. 아무리 강한 정신력의 소유자라도 같은 일을 반복적으로 매일 해 나가는 것이 결코 쉽지 않기에, 그리고 노력하는데도 불구하고 판매가 성공하지 못하는 경험이 늘어나는 것은 어쩔 수 없다. 레벨을 높이고자 하는 노력도 중요하지만 레벨 1에서부터 자신의 것으로 완전하게 만들어 가는 것이 더 중요한 것임을 잊지 말고 항상 겸손한 마음으로 세일즈에 임해야 한다.

레벨 7에 해당되었던 사람 중에 '하루에 한 건을 하지 않으면 굶었던 분' 이 있었다.

그 분은 정해진 장소에서 판매를 하다가 해당 장소가 문을 닫을 시간까지 판매가 되지 않으면 문을 닫은 매장 앞에서 계속 판매를 했다.

정말로 한 건을 판매하지 않으면 점심도 저녁도 굶는 강한 정신력을 가지신 분인데 1년이 지날 무렵부터 지금까지(5년이 넘는 시간이 지났으니) 단 한 끼도 굶지 않았다. 고객 10명을 만나서 판매가 되지 않으면 보통이라면 힘들어서 조금 쉬었다 할만한데 11명을 만나다 보면 내 고객이 나타난다고 하면서 고생한 경험으로 1년이 지난 시점부터는 '귀로 듣는 영업을 하는 단계' 로까지 성장을 했다.

그 분은 매년 스승의 날이면 '참기름 2병' 을 선물해 준다. 가르침에 대한 고마움의 표시가 아니라, 자신의 잠재력을 찾게 만들어 준 고마움의 표시라고 한다.

현재 수익의 대부분을 학교의 장학기금으로 기부를 한다. 미래를 생각해서 올바른 일은 학생들에게 투자하는 것이라고 한다. 여러분도 방금 소개해 드린 분과 똑같이 되는 것은 문제도 아니다.

단지 지금은 영업에 임하는 마음가짐에서의 차이라고 보면 된다. 이 영업이 생활하고 밥 먹는 수단이냐 아니면 항상 겸손하게 고객을 맞이하는 마음이냐의 차이임을 잊지 말고 항상 겸손한 마음으로 영업을 했으면 한다.

독자들은 절대 걱정할 필요가 없이 지금까지 경험해 왔던 '실패한 판매'를 바탕으로 세일즈를 다시 배워 나가면 된다. 레벨이 잘 올라가지 않는다고 해서 실망할 필요도 없다. '고객이 상품을 구매했을 때 느끼는 즐거움, 기쁨, 행복을 전달할 수 있는 것'이라고 생각하기 바란다.

세일즈 관련해서 아무런 기술이 없어도 상관이 없는 것이 이런 이유이다. 판매를 잘하는 분과 그렇지 않은 분의 차이는 바로 GIVE의 차이부터 시작되고 GIVE의 차이로 고객 입장에서 '내가 상품 외에도 많은 것을 받고 있구나'라는 것을 고객의 오감을 통해서 느끼게 해 주었던 차이였다. 레벨을 보면 역시나 판매라는 것이 쉬운 것이 아님은 자명한 사실이다.

누구나 판매를 잘할 수 있게 만드는 것이 필자의 목표이고, 또 판매하는 분들이 판매 과정에서 결코 많은 스트레스와 판매 실패로부터 상처를 조금이나마 적게 받았으면 한다.

③ 나는 어떤 사람인가? – 능동과 수동

세일즈 원리, 질문, 거절, 순서에서 조금 벗어나서 능동과 수동에 대해 살펴보자. 한 가지 사례로 고속도로 휴게소에서 어떤 사람이 A라는 친구와 B라는 친구에게 동시에 '자판기 커피 한 잔'을 부탁했을 때(당시 커피 자판기는 고장이 난 상태였다)라고 가정해 보자. A라는 친구와 B라는 친구의 행동으로 능동과 수동이 금방 표현되는데, B라는 친구는 커피를 당연하다는 식으로 가지고 오지 않고 '커피 자판기가 고장이 났던데요' 라고 말하면서 본인의 임무는 모두 끝났다는 식의 반응을 보였다. 반면에 A라는 친구는 자판기가 고장이 난 사실을 알고는 다른 자판기 판매대가 있는지 확인을 해 보고, 편의점에 가서 비슷한 종류의 커피(따뜻한 커피)를 구매해서 부탁한 사람에게 가져왔다. 차이를 느끼는가? 영업에서 능동과 수동의 차이는 말로 표현하지 않아도 누고나 다 알 만큼 고객 만들기, 상담 그리고 기존 고객 관리까지 많이 나타난다.

대기업에 다니는 3년차 사원에게 임원이 되는 비결을 알려 준 첫 번째가 바로 능동과 수동의 차이였다. 대기업에 근무하는 직원(영업하는 직원들)들의 부정적인 모습을 조금 나열해 보면 다음과 같다.

이런 모습은 부정적인 모습만을 열거한 것인데, 반면에 긍정적인 모습은 훨씬 많다. 여기서는 능동과 수동에 대한 부정적인 모습만 열거를 한 것뿐이다.

장사를 하고 있는 분들도 혹시 비슷한 생각인지 궁금하다. 분명 앞에서와 같은 생각의 반대 생각이나 행동을 하는 사람과는 차이가 많다는 것을 알 수 있는 내용이다.

매장 사례를 보면 같은 매장에서 직원들이 보여주는 능동과 수동의 모습을 보면 사업주 입장에서는 속이 상할지 몰라도 최근 많은 젊은 직원들은 능동보

❋ **스스로 세우는 계획이 없다**

회사에서 개인별로 부여해 주는 목표가 자신의 목표가 된다.

❋ **주어진 일은 늘려서 한다**

주어진 일을 빨리 해 버리면 다른 일이 주어지니 주어진 일을 꼼꼼하게 한다
는 명목으로 시간을 늘려서 남들이 보면 그래도 열심히 하는 모습을 보인다.

❋ **일을 하면서(영업) 효율적인 방안을 생각하지 않는다**

효율보다는 시키는 일에 집중해서 그 일을 다 했는지 확인하고 점검한다.

❋ **지금 주어진 일도 힘들고 고달프다**

이 정도의 월급에 이 정도의 일이면 많다고 생각한다.

❋ **영업하는 친구들을 '자라목' 이라고 부르는 이유**

실적이 조금 좋으면 목을 쭉 올렸다가 실적이 안 좋으면 목이 쏙 들어가
는 자라목을 가지기 때문이다.

❋ **창의적인 일, 생각하는 것을 드러내지 않는다**

선배들 하는 일을 그대로 답습해서 똑같이 영업을 한다.

❋ **자신의 노하우를 전수할 것이 별로 없다**

후배가 물어보면 선배는 열심히 하면 된다고 말하든지 아니면 갑을 관계
에서 갑의 강력한 장점에만 중점을 두고 가르친다.

다는 수동에 가까운 모습을 보이는 것이 사실이다.

왜냐하면 지금까지 우리 사회의 교육 문화나 환경이 스스로 생각하고 행동하는 판단력이 없는 것이 아닐까 할 정도로 어린 시절부터 수동적인 행동이 습관이 된 경우가 많아서이다. 그런 사람들이 능동적인 모습으로 변화를 하기 위해서는 교육적인 측면과 정신적인 측면에서 변화가 되어져야 한다.

특히 매장에서 차이가 많이 나타난다. 필자 입장에서는 개인적인 차이라고 보지 않는다. 이 능동과 수동의 경계선에서 능동으로 옮겨가지 못하는 이유는 많겠지만, 필자가 생각하는 것은 우선 판매에 대한 자신감이 많이 부족한 것이 이유라고 본다.

자신감이 있으면 고객을 맞이하는 순간부터 판매, 고객의 거절 신호에 대한 적극적인 태도를 보이는 것은 물론이고 내가 판매할 수 있는 실력이 있으니 목표가 조금 부족한 경우 그 목표를 채우고 싶은 마음이 들게 되어 있다.

남편들은 부인이 설거지를 부탁할 시간임을 알고 있을 것이고 이를 능동적인 마인드로 부인에게 '내가 설거지 할께' 라고 하는 모습은 어떤가? 분명 같은 설거지를 하는데 차이가 많다.

지금부터 수동을 능동으로 바꾸는 방법에 대해 알아 보자.

능동적으로 변하고 싶으면 수동적인 행동을 하고 있는 모든 분들은 지금부터 'anything else?' 라는 아주 간단한 질문을 계속 자신에게 하기 바란다. 능동으로 바뀌는 기적을 경험할 수 있게 될 것이다.

10가지의 일을 부여받았다고 가정해 보자. 10가지 주어진 업무 처리를 위해 근무를 늘려서 오랫동안 하는 것이 아니라, 10가지 일을 효율적인 방법과

매장에서 보여지는 수동과 능동의 행동

구 분	수동적인 자세	능동적인 자세
고객맞이 인사	고객이 들어오면 그 자리에서 인사한다 (기존 해 왔던 감정 없는 인사)	고객 앞으로 다가가면서 인사한다 (목소리는 정말 반가운 목소리로)
상품 설명 전	고객이 질문할 때까지 기다린다 아니면 TAKE하는 질문(찾으시는 것)	고객에게 상품 외 매장에서 준비된 오감만족 을 전달한다 (오퍼를 고객이 yes, no 상관없이 전달한다)
상품 설명	상품에 대한 설명 가격에 대한 설명(싸다 중심)	고객에게 H에 대한 공감대 형성 (고객에게 상품을 만져 보고,착용하고,가질 듯이)
고객 거절	고객이 no라고 하면 그때서야 거절을 극복해 보려고 이것 저것한다	고객에게 사전 거절 처리를 실행한다 (고객에게 눈으로 보는 믿음을 전달)
판매 목표 달성	목표 못해도 나는 월급 받는 사람 (내일 열심히 하지)	목표 달성할 때까지 끝까지 해 보자
매장 정리 정돈	사장님이 시키면 한다 (유리는 아침에 와서 1번만 하면)	고객의 눈으로 보는 매장 청결 유지 (상품에 먼지가 있는지)
고객 관리	업체에 의뢰를 해서 문자 · DM 발송 등	내 고객은 내가 아니까 내가 고객에게 상품 만족도나 주변 추천 여부 확인(매장 나오면 기억해야지)

생각으로 정리하여 진행을 하고 'anything else?' 라고 질문을 해 보기 바란다. 상대가 원하는 것이 10가지인데 10가지를 수행하면 잘하는 것인데 무엇이 필요한가라고 반문하게 된다면 지금까지와 같이 그렇게 평소대로 생활하면 된다.

하지만 자신이 좀 더 적극적인 모습으로 변화를 원하는 경우나 판매와 영업에서 판매왕이 되고 싶은 경우라면 반드시 오늘부터 세일즈 원리의 M. H. D.를 매일 10번 이상 외치는 것과 똑같이 매일 능동으로 변하는 자신을 생각하고 자신에게 질문(anything else?)을 한다.

'수동적인 직원을 능동적인 직원으로 바꾸는 방법은 쉽다' 영업에서 능동적인 사원과 수동적인 사원의 고객 만남에서는 과연 어느 정도의 차이가 날까? 그 결과는 비교하기 힘들 만큼 많이 난다.

능동적인 영업 사원은 고객이 물어보는 것에 대해서만 설명하지 않는다. 고객이 물어보는 것과 'anything else' 가 습관이 되어 있으면 고객이 상품을 구매했을 때 도움이 될 만한 내용을 같이 전달을 하게 된다.

한 가지 간단한 사례를 들어보면 식당에서 흔히 볼 수 있는데, 보통 식당에서는 밑반찬이 부족하면 고객이 직원을 부른다. '여기요. 김치 좀 더 주시겠습니까?' 그런데 식당 직원들은 바빠서 그 부탁에 대한 실행의 속도가 빠르지 않은 것이 보통이다.

그런 와중에 고객은 다시 부탁을 한다(언성이 약간 높아진 상태로, 아니면 일행 중에 목소리가 제일 큰 사람이) '여기 김치 안 주세요' (우리가 많이 경험한 내용이다).

반면에 능동적인 식당에 가 보면 직원들의 행동에서 앞선 경우와 다른 차이를 알 수 있다. 직원이 손님의 주문에 맞춰서 음식을 날라 주고, 동작도 신속한 것이 다른 식당과 별 차이가 없어 보이지만 손님 테이블에 밑반찬이 부족한지를 체크해 가면서 움직이고 있다.

그런 식당에서는 직원이 주인에게 신호를 보내면 주인이 직접 그 손님 테이블에 가서 부족한 부분에 대해서 여쭤보고 밑반찬은 기본이고 손님에게 '혹시 다른 것도 필요하신 게 있으십니까?' 라고 물어본다.

앞의 두 식당의 사례에서 쉽게 보이는 차이를 독자들은 어떻게 생각을 하는가? 능동이 좋기는 한데 쉽지는 않다고 생각이 들 것이다.

구두 매장에서의 차이를 살펴보면 수동적인 직원은 고객만 따라다닌다.

고객이 물어보면 친절히 답해 주고, 그리고 또 그 고객 뒤만 따라 다닌다. 그리고는 고객이 다른 매장을 둘러보겠다는 신호를 보이면 뒤를 따라가서 친절하게 인사를 한다. 이 정도만 해도 충분한 역할을 했다고 생각할지 모르지만 잘못된 것이다.

반면에 능동적인 직원은 항상 'anything else'를 자신에게 질문을 하고 매장에 들어온 고객에게 고객이 물어보는 상품 외에도 '이번 달 직원 추천 베스트 3 상품'에 대해서 안내를 하고 고객이 편안하게 상품을 보면서도 귀는 잘 들을 수 있도록 '발이 아프지 않게 구두를 신는 방법', '부츠를 오랫동안 잘 보관하는 방법' 등도 알려 준다. 그러면서 구두를 오랜 기간 판매를 했던 경험을 바탕으로 발의 모양에 따라서(긴 발, 폭이 넓은 발 등) 구두 선택 시 도움이 될 만한 정보를 열심히 제공한다.

능동과 수동을 실천으로 옮겨 지속적으로 하기에는 힘든 부분이 있다. 당연히 몸에 습관이 되기 전까지는 힘들 것이고 모든 고객에게 순서에 맞게 해 보려고 하지만 생각이 다른 고객을 만나는 변수에 따라 흐트러질 수도 있다. 하지만 고객들은 지금까지 수많은 구매와 거절, 그리고 영업 사원의 방문을 경험했기에 고객도 어느 정도의 판매 직원(영업 사원 포함)들에 대한 습관을 알고 있다는 것이 오히려 더 좋은 기회가 될 수 있다.

고객은 '이 정도겠지'라고 순식간에 판단을 하는 습관을 가지고 있다.

그만큼 지금까지 고객에게 능동적인 판매 직원을 만났던 경험이 부족하고 대부분 판매자들의 움직임이나 행동 패턴을 짐작하고 있다는 말이다.

따라서 우리가 지금부터라도 능동적인 모습으로 변화를 시도한다는 것 자체가 고객들의 기대감을 넘어설 수 있는 기회를 잡을 수 있을 것이다.

지금도 여전히 유명한 보쌈집 사례는 TV를 통해서 본 분들도 많을 것이다. 초창기에 손님이 먹다 남은 보쌈을 '포장해서 집에 가져가겠다고 말하기도 그렇고 그냥 두고 가기에는 조금 아까웠는데' 고객의 마음을 미리 알고 마무리가 되어가는 테이블에 가서 '손님 포장해 드릴까요?'라고 물어보았다. 고객은 집에 가서 포장을 열어 보았는데 자신이 먹다 남긴 보쌈의 양보다 훨씬 많다는 것을 알게 되었고, 고객은 자신의 기대치에 대한 응대만 받아도 만족을 하는데, 그 기대치를 넘어서는 행동에 당연히 그 집의 단골이 되었음은 물론이고, 주변 사람들까지 데리고 와서 단골을 만든 사례는 능동을 추구하면서 강조하는 사례이다.

'뭐 다른 것은 없는가?'

'뭐 더 필요한 것은 없는가?'

'더 H할 만한 경우가 없는가?'

생각하고 행동으로 옮길 수 있다면 고객은 그 매장에 대한 생각과 행동도 반드시 변하게 될 것이다.

생선 가게 사례를 보면 생선을 사면서 판매하는 분이 능동적이라는 생각을 해 본 경험이 있는가? 대단지 아파트(세대수 5,000세대) 앞에 있는 시장에서 생선 가게를 하는 곳이 3군데가 있는데 처음 시작은 비슷했다.

그러나 시간이 지나고 일 년이 다 되어가는 시점에서는 A, B, C매장의 매상에는 차이가 많이 나기 시작했다. 그 매장들의 차이는 특별한 것이 아닌 주인의 능동과 수동의 차이였다.

A매장은 주인이 지나가는 손님들에게 목소리를 크게 해서(고객의 변화는 일어난다) '한 번 보고 가세요' 라고 열심히 판매하는 매장이었고, B매장은 손님이 고른 생선을 손질하기에 앞서 구이용인지 조림인지를 물어보고 조림이라고 하면 무 반토막을 끼워서 드리는 서비스를 하는 매장이었고, C매장은 손님이 조림을 한다고 했을 때, 맛있게 조림을 하는 방법을 물의 양과 불의 세기까지 친절히 알려 주면서 손질하는 매장이었다.

어느 매장에 손님이 계속해서 오게 되었을까? 답은 C매장이었다.

지금까지 여러 구매 과정에서 손님들이 정말로 원하는 것은 판매자와의 상품에 대한 가격 흥정이 아니라 '대화' 였던 것처럼 생선을 구입하면서도 손님은 그 생선을 판매하는 주인에게 기본적으로 가졌던 기대치가 있었는데 그 기대치를 넘어서는 대화를 C매장의 주인은 계속해서 했던 것이다. 그리고 C매장의 주인은 오는 손님의 특징을 잘 기억해 두었다가 매장 앞에서 생선을 고를 때 일일이 알아봐 주었으니 매상의 차이는 당연한 것이었는지 모른다.

우리의 일상 생활에서도 능동적인 행동과 수동적인 행동의 차이는 많은 변화를 가져오게 한다.

능동적인 행동은 상대를 만족시키는 것과 동시에 그 일을 하는 사람도 스스로 하는 일이니 일의 질적인 차이도 많게 마련이다. 그러므로 능동으로 변화하려는 노력을 게을리해서는 안 된다.

여러분은 능동일까? 수동일까? 자동차의 구조로 보면 오토매틱인지 스틱인지 구분되는 것처럼, 스틱은 운전자가 조작을 해 줘야 2단, 3단으로 변신을 하는 것이니 판매자들은 오토매틱이 되어야 한다.

판매나 영업에서 능동과 수동의 차이는 당연히 그 결과 차이가 많이 나는데 단순하게 고객에게 추가 정보를 제공하는 수준의 능동이 되어서는 안 된다.

능동의 변화 속에는 우리가 상상하기 힘든 엄청난 힘이 있음을 인정하고 지금까지 만나왔던 판매왕들은 항상 고객이 생각하는 수준보다 더 많은 노력을 제공해 줌과 동시에 남(고객)이 귀찮아하는 일을 거리낌 없이 해 나가는데 이것이 바로 그 판매왕들이 보통 영업 사원들과 차이 나는 부분임을 알아야 한다.

그렇다면 어떻게 하면 능동이 될 수 있는가?

고객을 만나기 전 anything else? 주문을 외워라, 그리고 셀프 모티베이션의 원천을 가져라

영업에 대해서 1장부터 판매자들이 자신이 하고 있는 일에서 그동안 몰랐던 것을 느끼고 행동의 변화를 가지면서 자신들의 몸과 마음 속에 몰랐던 잠재력을 끌어 올리고, 잊었던 것이 있었으면 되살리도록 한다.

열심히 살아야 하는 근본 이유 중에 '가족'을 생각하고 고객에 대한 능동적인 모습을 계속해서 지치지 않고 해 나가기 위해서는 필자가 1장부터 끝까지 가르치는 내용의 종합이라고 할 수 있는 영업의 가장 꼭대기에 있는 모습인 '셀프 모티베이션'이 되어야 한다.

거기까지 도달하기 위해서 고생을 하는 것이다. 가족이라는 단어가 바로 이 꼭대기에 다다를 수 있는 원천임을 공감하고, 언제나 지치지 않는 에너지를 가진 능동적인 모습의 자신을 찾아가기 위해서는 가족을 생각하면 된다.

그래야 능동이 되고 셀프 모티베이션이 될 수 있다. 항상 지치지 않고 에너지가 넘치는 능동적인 판매 모습이라면 그 어떤 기술적인 판매보다 훨씬 고객을 감동시키고 변화시키는 것에 결코 뒤쳐지지 않을 것이라 생각한다.

셀프 모티베이션이 되는 길

자신에게 가장 긍정적인 자극이 될 수 있는 것은 무엇인가?

그 대상(무엇이 되어도 상관이 없다)을 항상 가슴에 담고 있어야 한다. 처음부터 안 되면 될 때까지 해야 한다. 그 대상이 어머니가 될 수도 있고, 사랑하는 사람이 될 수도 있고, 사랑하는 자녀들이 될 수도 있다. 중요한 것은 영업 현장은 '전쟁터' 다.

정도를 넘어서 생존을 위협할 만큼 치열한 경쟁이 매일 일어난다. 이런 상황에서 우리를 버티게 하고 에너지가 넘치는 프로 세일즈맨으로 만드는 것은 다름 아닌 마음 속의 사랑이라고 생각한다.

일에 대한 사랑, 내가 판매하는 상품에 대한 사랑, 가족에 대한 사랑 등 감사하는 마음이 우리 밑바탕에 기본이 되어질 때 매일 지치지 않는 셀프 모티베이션이 된다. 충분히 할 수 있는 일이고 모두가 할 수 있는 일이다. 단지 지금까지는 그런 생각들이 우리를 지배하는 시간이 조금 짧거나 아니면 그런 생각을 할 여유가 없었다. 지금부터 하면 된다.

보통 영업 분야나 판매 분야에서 우수한 실적을 내는 경우 대부분은 자신의 특별한 노하우나 비결이 있는 것으로 생각을 한다.

하지만 특별히 판매를 잘해서, 판매 비결이 있어서, 고객 관리를 철저히 해서, 상품에 대한 해박한 지식이 있어서임은 당연한 것이며, 여기에 자신이 하는 일에 대해서 매우 감사하는 마음을 가지고 일을 한다는 공통점이 있다.

비록 현재 수입은 많지 않지만 꼭 성공할 수 있다는 마음과 항상 고객과 상담을 할 때 고객의 말을 잘 들어주는 모습을 스스로 볼 수 있어야 한다. 굉장히 쉬운 일인데 잘 안 되는 것은 능동과 수동에서 말했던 자신과 고객에 대해서, 그리고 고객에 대해서 '지금에 만족하지 않고 더 찾아보려는 것'이 부족해서 그런 것이다.

매일 똑같은 일을 반복하는 것처럼 어려운 일이 없는데, 매일 최선의 노력으로 다가설 수 있다는 것은 자신만의 마음 속에 셀프 모티베이션이 되고 있다는 것을 의미한다. 우리도 이번 기회에 능동적인 판매와 영업을 해 보는 것은 어떨까?

4 나는 왜 몰랐을까?
구매나 거절 전에 고객은 우리에게 항상 신호를 보내고 있다

판매 현장이나 방문 상담 현장에 동행해 보면 열심히 하는 모습과 그 상품에 대해서 최대한 들어 주려고 노력하는 모습을 비롯한 고객들의 사소한 행동이나 말속에서 '구매 신호와 거절 신호'를 감지할 수 있다.

반면에 대부분의 판매자는 고객의 신호는 무시하거나 알아보지 못하는 상태에서 준비한 자료나 설명만으로 고객에게 최선을 다하고 있는데 이런 모습에 이제 변화가 필요하다.

하물며 고객에게 '구매를 하는 것이 어떻습니까?' 라고 마음에서는 말하고 싶지만(그 전에 고객이 구매 신호를 여러 번 보냈거나 아니면 거절 신호를 여러 번 보냈는데도 인지하지 못하고 있다가 고객에게 마무리하는 단계에서 구매를 요청하고 싶은 간절한 상태) 이 말조차 잘하지 못하는 것이 판매자들의 모습이 아닌가 생각한다.

그렇다면 고객이 보여주는 것 중에 어떤 것이 구매 신호일까? 어떤 행동이나 말이 구매 거절 신호일까?

느낌으로는 알 것 같지만 막상 필자가 보면 쉽게 정리되지 못했고 그냥 느낌으로 안다고들 말을 한다. 판매 경험이 많은 분들은 '척 보면 압니다' 라고 자신 있게 말을 하고, 판매를 조금 해 본 사람들은 고객과 대화를 나눠보면 알 수 있다고 한다.

그리고 판매의 달인 수준에 있는 분들은 매장에 고객이 들어올 때 즉 문을 열고 들어올 때 안다고 한다(참으로 대단한 눈썰미이다). 우리가 이 정도 경지에 다다른 수준인가?

구매 신호는 고객의 여러 행동이나 말속에서 알 수 있는데 지금부터 구매 신호와 거절 신호에 대해서 알아 보면 다음과 같다.

구매를 하려는 고객들의 행동 성향을 보면 판매자의 질문이나 부탁(이쪽으로 앉으십시오 등 고객에게 행동의 변화를 요청하는 부탁)에 대해서 상당히 반응이 좋다

매장에 방문을 한 고객이거나 현장 방문을 한 경우에도 처음 고객을 만나서 인사부터 시작하는 단계에서 고객에게 아주 사소한 질문을 했는데도 반응이 있는 고객의 경우를 말하는 것이다.

반응 속도와 반응률이 좋다는 것이다. 반면에 구매에 대해서 오늘은 구매하지 않으려는 성향이 있는 고객들은 반응률과 속도가 상당히 느리다는 것을 알 수 있다. 이런 고객 반응 정도와 속도는 고객과 상담을 하는 과정에서도 충분히 고객의 구매 신호인지 거절 신호인지를 판가름 할 수 있는 좋은 기준이 되

므로 오늘부터 고객의 반응 정도와 속도를 확인하면서 신호를 감지하여 판매 상담에 임해주기 바란다.

구매하고자 하는 고객들은 본인이 찍은(?) 상품 외에는 관심이 없는 행동을 한다

상품에 대한 가격과 상품의 가치에 대한 균형 맞추기에서 가치가 더 높게 판단된 상황이라면 구매를 할 것이다. 그러나 아직 해당 상품에 대한 가치 전달과 H에 대한 대화를 하기 전 상황에서 고객은 매장이나 방문 상담을 받는 과정에서 안내해 주는 상품 설명 과정을 보면서 구매 성향을 보이는 고객의 경우에는 판매자가 다른 상품을 의도적으로 권유(세일즈 기법 중 선택 기법)하는 상품에 대해서는 관심을 보이지 않는 행동을 보인다. 이것이 고객의 구매 신호인데, 의도적으로 다른 상품을 추천해 드리면 구매를 하고자 하는 의도가 있는 고객들은 자신이 선택한 상품에 더 많은 집중을 하고 애착을 보인다는 것이다.

또한 구매 신호를 판매자가 알 수 있게 하는 행동 중에는 고객이 선택한 상품에 대해서 '만지고, 착용해 보고, 느끼려고' 한다는 것이다. 이것이 바로 구매 신호이다. 우리는 고객이 보내 주는 구매 신호를 즉시 감지해야 하는데, 고객이 선택한 상품에 대한 고객의 행동만 보고도 구매 신호를 알 수 있으니 고객에게 힘들게 '마음에 드십니까' 라는 질문을 안 해도 된다는 말이다.

구매 신호는 '가장 관심 있는 부분에 대해서 하는 질문'으로 알 수 있다

판매자가 주도권을 잡고 고객에게 판매 순서에 따라서 연극 대사와 같은 대화를 이끌어 가라고 했는데, 고객은 순서에 맞게 진행을 하는 도중에 자신이 해당 상품이나 회사와 상품의 성능에 대해 궁금했던 것, 구매할 경우 고객의

지갑에서 지출되어야 하는 돈에 대해서, 가장 관심이 높고, 가장 알고 싶어하는 질문을 먼저 하는 경우가 많다. 이것이 바로 구매 신호이다.

필자가 독자들에게 판매를 잘못하는 이유 중에 준비된 순서가 없다고 했는데, 그동안 열심히 연습을 하면 알고 싶어하는 것에 대해서 집요하게 물어보는 고객을 당연히 만나게 된다.

그래도 이런 고객의 경우도 구매를 기준으로 보면 충분히 구매 신호를 보내고 있는 고객으로 분류할 수 있다. 구매에 관심이 별로 없는 고객, 즉 변화가 일어나지 않는 고객, 통상적으로 매장 방문 이후 판매자가 준비한 세일즈 원리와 묻고 답하기, 고객의 긍정을 이끌어 내는 질문, 사전 거절 처리, 앞으로 배우게 될 기법을 사용하는 과정에서 고객은 반드시 변화를 보이게 되어 있는데, 이런 반응이 전혀 없고 변화도 전혀 없는 고객이 많은 경우는 이런 질문도 하지 않는다. 그냥 판매자가 준비한 순서 진행에 수동적인 반응만 일부 보이는 경우가 대다수이다.

따라서 구매 의향이 있는 고객이 보내는 구매 신호 중에는 '알고 싶은 질문'이 있다. 그것이 가격이던, 상품의 성능이던, 옆 매장과의 가격 비교 등 상관없이 고객이 알고 싶어하는 질문을 한다는 것 자체가 좋은 구매 신호이니 이를 간과해서는 안 된다. 분명히 고객은 판매자에게 신호를 보내고 있는 것이다. 단지 지금까지는 그걸 단순한 고객의 궁금증 정도로만 여기고 있었을 뿐이다.

구매 의향이 있는 고객은 반드시 웃는 표정을 보이거나 큰 웃음을 보낸다

휴대 전화를 판매할 때 '웃겨라 웃기면 팔린다' 라고 했던 기억이 있다. 판매 과정을 잘보면 판매자와 고객 사이에 판매를 성공했던 경우와 실패했던 경우의 상황 차이는 많다.

현장을 촬영한 내용을 보면 성공한 판매 상담의 경우 반드시 고객과 판매자와의 대화 장면에서 고객의 미소띤 모습이나 표정이 나타난다. 고객과 즐겁고 유쾌한 목소리로 상담을 하다보면, 그리고 판매 순서에서 고객에게 묻고자 하는 것 중에 고객이 불편해 하는 것과 상관없이 고객의 일상적인 부분에 대한 주고받기를 하다 보면 웃음이라는 코드에 일치하는 부분이 반드시 있다.

자연스럽게 스마일이 나오면 더 좋은 신호이고, 그렇지 않으면 의도된 순서에 웃음이라는 코드를 넣어서 고객맞이나 상담을 하는 것도 구매 신호를 긍정적으로 이끌어 내는 좋은 방법이다.

스스로가 경직되어 있고 고객에게 매너 있는 모습만으로 판매를 한다는 것은 좋은 판매는 아니다. 앞에 있는 고객을 친구이고 가족이고 내가 존경하는 분이라 생각하며 상담을 하면 경직된 모습보다는 일상의 모습 그대로 상호간에 부담이 줄어든 상담을 할 수 있다.

아직도 경직되어 있는 판매 상담을 하고 있다면 고객에게 최선의 노력을 제공하는 것과 동시에 친구들과 담소하는 느낌으로 다가가야 웃음이 있는 구매 신호를 획득할 수 있을 것이다.

구매 성향이 있는 고객은 '오늘 계약을 했을 경우 + 알파'를 물어보거나 요구를 자연스럽게 한다

최근 고객들은 각종 인터넷 가격 비교 사이트나 스마트폰의 어플을 통해 해당 상품의 코드만 가지고도 가격에 대한 정보를 바로 취득할 수 있다. 따라서 판매자가 고객들과 상담을 할 경우에는 더 많은 준비와 순서가 있는 상담을 해야 된다.

구매 신호 중에 고객이 판매자와 흥정을 하는 경우가 있는데 이는 구매하고

싶은 마음이 당연히 있는 상황이며, 판매자는 판매를 하는 입장에서 고객과 흥정을 하는 경우는 흔한 경우라 반가운 손님이기도 하지만 반면에 주도권이 고객에게 넘어간 듯한 느낌이 들어서 꼭 반가운 손님만은 아닐 수도 있다.

하지만 고객에게 우리가 해당 상품을 판매했던 실패를 했던 상관없이 구매 신호라는 관점에서 보면 이는 당연히 구매 신호이니 고객이 상품 구입에 따른 추가적인 혜택이나 혹은 해당 상품에 대한 가격 지불에 대해서 할인을 요청하는 행동이나 말은 중간중간 잘 확인해야 할 고객의 긍정적인 반응이라 볼 수 있다.

판매자에게 동의를 구하는 질문을 중간중간 하는 경우 '맞습니까?' 라고 긍정의 답을 요청하는 질문을 하는 것은 구매 신호를 보내 주는 경우이며 '어떻게 하면 되나요?' 라고 How에 대해서 문의를 하는 고객도 당연히 구매 신호를 적극적으로 보내 주고 있는 고객이다.

그리고 성격이 급한 분들의 경우에는 '지금 바로 됩니까' 라는 질문을 꼭 한다. 이런 질문이라면 우리는 어떻게 답변을 해야 할까? 당연히 '지금 바로 됩니다' 라고 하면 된다.

그리고 모든 역량을 발휘하여 고객이 원하는 것을 준비해 준다. 비록 신속히 되지는 않았지만 그렇게 노력하는 모습이 고객에게는 빨리 되는 것 이상으로 좋은 느낌을 보여줄 수 있다. 그리고 고객이 구매 전에 결재 방식에 대해서 문의를 하는 경우도 좋은 구매 신호임을 알아야 한다.

이처럼 고객은 판매 과정에서 판매자에게 구매 신호를 보내고 있었는데 눈치채지도 못했을 뿐더러, 잘 알려고도 하지 않았다.

유명 메이커인 운동화를 구매하러 가 보면 판매 직원들은 우수한 품질의 브랜드 이미지가 최강인 상품을 판매하고 있어서인지 고객을 상담하는 모습이 기본적인 서비스만을 보여 주는 경우가 많다.

또한 백화점의 외국 수입 화장품, TV에 광고를 많이 하는 유명 옷매장 등도 마찬가지로 구매 고객의 신호를 감지하고자 하는 노력은 전혀 보이지 않고, 단지 고객이 선택하고자 하는 상품의 가격에만 집중을 하는 경우를 많이 볼 수 있다.

이게 무슨 판매인가?

그냥 옷에다가 찍으면 가격과 할인 행사, 기타 고객 감사 행사 등과 관련된 내용이 나오게 만들어 놓으면 될 뿐이다.

판매자들에게 강하게 표현하는 이유는 판매는 남들에게는 보이지 않지만 고객 앞에서 긴장하고, 식은땀도 흐르면서 많은 노력이 들어가서 나오는 결과물이다. 그런데 무성의한 모습으로 판매를 한다는 것은 그냥 상품만 앞에 두고 구매 결정은 고객이 하는 것이고, 안내만 하는 상태로 그건 판매가 아니라 자판기 판매일 뿐이다.

물론 좋은 브랜드를 판매하는 분들 중에도 열정적으로 고객에게 준비된 판매 순서에 중심을 두고 판매를 하는 분이 많을 것이다.

판매하는 시간이 짧은데 그 짧은 시간 안에 고객의 행동과 말투 속에서 구매에 대한 신호와 거절에 대한 신호를 감지하려면 고객과 주고받는 대화가 반드시 선행되어야 한다.

이런 대화를 통해서 고객과 멀티탭에 전기 콘센트를 꽂는 것처럼 '코드 맞추기'를 할 수 있다. 어떤 대화도 없이 상품만 중간에 둔 판매는 판매가 아님을 다시 강조한다.

고객과 코드 맞추기를 수없이 실시해서 코드가 몇 개 정도 맞아야 구매가 되는 것이고, 도저히 코드가 맞지 않으면 그 판매는 실패가 되는 것임을 알아야 한다.

판매자가 주도가 된 판매는 실패를 해도 마음이 많이 다치지 않으니 걱정하지 말고 고객과 코드 맞추기를 해 보라는 것이다.

고객이 표면적으로 보여 주는 것만 믿지 말고(고객은 마음속의 생각과 표현하는 방식이 전혀 다르다) 오감을 통해서 고객이 보내 주는 신호를 감지하려고 해야 한다.

처음에는 안 될지 몰라도 이렇게 해야 실력이 향상된다. 물론 스스로가 고객을 맞이하는데 아무런 준비도, 순서도 없이 오감으로만 고객의 신호를 감지하고자 하는 것은 아무 소용이 없다.

고객과 구매 코드를 맞춰 나가야 하는 과정에서 고객과 맞춰야 할 코드 수가 4개, 5개일 수도 있겠지만 고객은 구매를 하고자 하면 코드가 2개 정도만 맞아도 구매 신호와 함께 지갑을 열게 된다. 따라서 판매자의 노력과 가격에 대한 가치의 전달 노력, H에 대한 대화, 사전 거절 처리에 대한 재확인을 해 나간다면 충분히 그 코드를 맞출 수 있다.

코드가 맞지 않은 경우는 많다. 고객은 상품에 대한 멋진 포장을 원하고 있는데 판매자는 가격 흥정만 하고 있고, 고객은 혹시나 해서 변심에 따른 반품에 대해 문의를 하고 싶은데 매장에 '고객의 단순 변심에 따른 반품은 안됨' 이라고 크게 붙여 놓았다든지, 고객은 카드로 결재를 했을 경우 무이자 할부가 되는지 문의를 하고 싶은데 판매자는 이에 대한 한마디의 언급도 없다면 고객의 신호를 알아 보려는 코드 맞추기 활동을 전혀 하지 않는 경우이다.

고객은 구매에 대한 동의를 했다고 생각하고 최종 확인을 하려고 하는데 판매자는 고객이 구매하기를 바라면서 상품에 대한 특징을 다시 강조하고 있고,

고객은 오늘 구매를 하고자 하는데 판매자는 다른 고객을 응대하고 있는 모습을 보이는 것들이다.

이런 모습을 통해 판매자는 고객이 원하는 코드가 다양하다고 판단이 될지 모르겠으나 고객은 똑같다. 고객은 자신의 소리를 들어주는 매장을 원하고 자신과 대화를 해 주는 직원을 원했던 것이지, 단지 상품에 대한 설명을 원했던 것이 아니다.

따라서 우리가 처음부터 배우고 연습해서 체득화해 가는 것들이 바로 이런 고객들의 마음을 인지할 수 있는 과정을 만들어 주고, 고객과 주고받는 대화 속에서 고객의 마음을 미리 알아 주는 것들이 고객들이 원했던 것임을 알아야 한다.

매장에서던 현장에서던 고객이 구매를 하지 않은 경우도 많이 경험을 하게 되는데 판매의 달인이 되고자 한다면 거절한 고객에게서 오히려 많은 것을 얻을 수 있다.

구매를 하지 않은 고객들은 나름 이유가 있겠지만 업종별로 구매 거절 유형을 분류해서 거절한 고객들에게 앞에서 알려 준 것처럼 2가지 큰 범위의 유형 외에 구체적인 유형을 분류해서 알아 나가야 한다.

구매를 하지 않은 이유 조사 항목(누적으로 관리되어져야 한다)

구 분	직원의 설명 부족	상담의 시간 부족	상품 가격에 대한 만족	생각을 더 해 보고	확실한 증거의 부족	다른 매장을 보고 난 후
내 용						

위의 항목보다 더 구체적이어도 상관이 없으니, 구매를 거절한 고객에 대해서는 정중하게 문의를 해야 한다. 중요한 것은 고객이 하는 말이 그대로 취합이 되어서는 안 된다는 것이다. 고객들은 구매 거절을 한 상태에서 판매자가 아무리 정중하게 구매 거절 사유를 문의해도 정답을 알려 주지 않는다.

따라서 고객들이 예의상 말하는 것을 잘 분석해서 유형별로 누적 관리를 해야 한다. 쉽게 말해서 고객이 말하는 내용의 또 다른 면을 보고 우리 기준으로 분류를 하면 되는 것이다. 그런 과정을 계속 하다 보면 직원들은 물론이고 매장을 찾아오는 고객들이 뭘 원하고 있는지를 금방 알 수 있게 될 것이다.

어떤 치킨 배달 전문 매장에서 갑자기 손님들이 줄어드는 이유를 몰라서 전전긍긍하고 있었다. 주인은 맛이 없어서 그런지 아니면 다른 매장에 비해서 가격이 높은지, 배달하는 시간이 길어져서 그런지 원인을 알려고 해도 알 수가 없었다.

어느 고객으로부터 이 치킨집에서 배달 주문을 하는 과정에서 '무'를 분명히 두 봉지를 부탁했는데 한 봉지만 계속 갖다 주는 것이 이유였다면 믿겠는가?

아무것도 아닌 것처럼 보이지만 치킨을 주문하는 고객들의 경우 공통적으로 원하는 것이 있었는데 아주 사소한 이유로 고객은 그 치킨집을 멀리하게 되었다는 것이다.

이런 사례가 진짜 고객의 거절 사유임을 알아야 한다. 이런 구매 거절에 대한 노하우가 축적이 되면 어느 순간에 그 매장에 들어오는 고객들을 향한 판매자의 자세와 상담의 질적인 성장은 자연스럽게 변화가 올 것이다.

자신이 고객이 되어서 매장에 구매를 목적으로 방문을 했을 때 어떤 신호를 보냈던가 생각해 보면, 우리는 무엇을 보고, 무엇을 듣고, 판매자의 어떤 모습을 보고, 어떤 설명을 통해서 그런 신호를 보내고 있었는지 알게 될 것이다.

분명한 것은 처음부터 그런 구매 신호를 보내지는 않았을 것이고, 판매자의 질문, 행동, 설명하는 목소리, 비교하는 모습, 눈으로 보는 증거 등을 통해서, 그리고 구매해서 상품을 사용할 즐거움을 상상하면서 마음의 문이 조금씩 열리면서 긍정의 신호를 보냈을 것이라 생각한다.

개인마다 조금의 차이는 있지만 구매 과정에서 어떤 신호든지 상관없이 고객은 신호를 보낸다. 똑같은 경우로 우리가 고객을 맞이하고 고객으로부터 만들어지는 신호가 아닌 판매자의 의도적인 만들기를 통해서 구매로 이어지게 만드는 것의 가장 중요한 핵심은 바로 판매하는 자신이라는 것을 잊어서는 안 된다.

이런 모습들에서 판매자가 찾아볼 수 있는 공통점을 핵심으로 알려 주면 고객이 '예' 하면서 구매하게 되는 것이다. 판매자가 미리 준비한 질문을 하는 과정에서 고객으로부터 '구매 신호를 유도했다는 것' 이다. 그래서 순서라는 것이 얼마나 중요한지 명심해야 한다.

고객에게 점차적으로 '동의' 를 구하는 과정에서 구매 신호를 이끌어 냈고, 이처럼 고객이 스스로 구매하고자 하는 마음을 더 만들어 내는 것이 아니라 우리의 질문과 동의를 구하는 순서로 인해서 고객은 판매자가 유도하는 구매 신호를 보내 주고 있었다는 것이다.

구매 신호를 만들어 내는 것을 우리가 해 내는 것이 중요한 것이며 이를 통해서 우리도 판매의 달인이 될 수 있음을 상기하자.

5 콘셉트 판매

'판매는 순서다'에서 말한 연극 대본과 같은 판매 순서가 준비되었는가? 순서대로 세일즈 원리의 M. H. D. GIVE에 대한 체득, 질문, 사전 거절 처리에 대한 준비(고객의 예상 거절에 대한 사전 처리)를 잘했다면 매장이나 현장 방문 시 만나는 고객들을 대상으로 순서를 잘 배치해서 앞으로는 고객을 상대하는 것이 기다려지는 판매자가 되어야 한다.

앞에서 판매나 영업을 하는 사람은 매일 '세일즈 원리의 M. H. D.만 10번씩 주문을 외워라'라고 한 것을 실천해야 한다. 그렇게 하면 판매가 눈에 보이기 시작할 것이다.

또 한 가지 판매 순서와 비슷한 느낌이지만 '콘셉트'가 있는 판매가 필요하다. 콘셉트가 있는 판매는 업종에 따라서 약간의 차이가 있겠지만 '판매가 고객과 상품을 사이에 두고 주고받는 대화 속에서 구매나 거절이 이루어지는데 판매자가 이 전체적인 순서에 테마를 붙여서 흐름을 불어넣는 것'이다.

판매왕이 고객으로부터 듣는(귀로 듣는 영업) 영업의 레벨에 오른 것도, 그 판매 달인들이 영업에서 가지고 있는 테마 속에서 활동한 결과물이라 본다.

영업하는 분들에게 테마를 정해보라고 하면서, 고객과 만나서 상담을 하는 과정을 자신이 순서를 정하는 것과 같은 맥락으로 어떤 테마(콘셉트)의 흐름으로 고객을 상담하는지를 만들어 보라고 한다.

처음에는 순서가 일부 잡혀 있는 분들이 있지만 테마를 정해서 흐름을 만들어 보라고 하면 잘 안 되는 경우가 많다.

이는 지금까지 판매나 영업을 배운 그대로 혹은 자신의 경험을 토대로 한 습관적인 상태의 유연한 느낌없이, 그리고 테마를 가진 판매 상담이 아니라 상품 설명을 하는 것만 집중되어 있는 모습을 많이 볼 수 있다.

전체적인 순서를 기준으로 한 테마는 다음과 같다(모든 상품 판매에서 동일하게 적용하고 있다).

'ok, ok, ok 그렇죠(동의)? 괜찮습니까? 좋죠?' 간단하지만 모든 상품을 고객에게 판매하거나 상담을 할 경우 사용하는 콘셉트이다. 무슨 의미인지 아직 완전히 파악이 잘 안 되는 분들이 많을 것이다. 세일즈 원리(M. H. D.)와 GIVE, 사전 거절 처리를 질문의 형식으로 상담 순서를 가지고 있지만 전체적인 흐름을 이끌어 가는 콘셉트는 앞에서 작성한 내용으로 하고 있다.

수많은 고객을 만나고 판매 현장에서 판매자들의 판매 상황을 지켜보면서 나름대로 만들어 본, 그리고 가장 많이 현장에서 전달해 주는 콘셉트이다.

고객은 매장을 방문했을 때 직원들이 자신을 향한 반응에 대해서는 금방 안다.

판매에서 중요한 '고객 대접', '팔고자 하는 노력', '대화가 있는 판매', '뭔가 해 보려는 직원들의 모습' 등은 알 수 있다. 하다 못해 지금 판매나 방문을 통해서 상담을 하려는 상품 구매와 긴밀한 관련이 없는 고객의 요청에 대한 처리에 따라서 매출 차이가 난다면 과연 우리는 어떤 콘셉트를 가지고 해야 할까?

지금까지 어떤 모습으로 고객을 맞이하고 있었는가?

당연히 밝은 모습으로 정겹게 맞이하고 있었겠지만 판매와 관련이 없는 것을 요청하는 고객에 대한 행동은 어떠했는지 확인해 보기 바란다(지금 이 시간에도 매장의 직원들은 판매와 관련이 없는 고객들을 어떻게 대하고 있는가). 고객은 특이한 성향을 나타내는데, 비록 자신이 요청한 것이 성사되지 않았더라도 직원의 자세와 행동, 말 속에서 느끼는 것을 잘 알고 그런 과정에서 그 매장에 대한 모든 것을 자신의 이미지에 각인시켜 버린다. 그렇다면 고객이 원하는 콘셉트는 어떤 것일까?

정답은 '고객은 마치 직원이 자신이 구매를 하고 물어보는 것처럼 해 주는 것'이다. 이는 GIVE에서 설명을 한 것처럼 직원은 고객이 구매했을 때의 즐거움, 기쁨, 사용하면서 느끼게 될 만족감을 고객의 입장에서 전달해 주기를 원하는 것이다.

GIVE에서 말하는 것과 콘셉트에서 말하는 판매의 흐름은 기본을 거의 같이 한다(기본이란 고객의 입장에서 전체적인 흐름을 이끌어 주는 것). 세부적인 내용을 살펴보면(판매는 공부를 많이 해야 된다. 판매는 왕도가 있다. 단 그 왕도로 가는 길이 조금 힘들다는 것 뿐이다. 따라서 판매 공부를 하고 자신의 것으로 체득화하여 고객을 대상으로 연습도 하고 자신의 완성된 핵심이 포함되어 있는 순서를 잡아 나가는 것이 공부하는 것이다) 콘셉트가 있는 판매라는 것 역시 순서가 있는 고객 입장에서의 판매를 의미한다.

앞서 A매장 B매장의 직원들이 판매의 순서와 콘셉트 판매에 대한 학습과 준비가 되어 있었다면 그 직원들은 해당 고객의 질문에 그런 대답을 하지 않았을 것이다. 콘셉트 판매에 대한 항목에 대해서 깊이 들어가 보면 'ok, ok, ok'는 고객과의 첫 만남부터 질문의 칼자루를 판매자가 가져 오기 전(질문은 판매자가 준비한 질문 1, 2, 3, 4순으로 진행을 하기 전) 고객에 대한 인사, 이미지, 대답을 해 주는 것이다.

호텔에 가 봤다면 콘셉트에서 처음의 ok에 대한 부분을 이해하게 될 것이다. 호텔의 콘셉트는(호텔도 당연히 서비스를 판매하는 곳이니 직원들에 대한 교육 및 전체적인 흐름이 있는 콘셉트를 기본으로 무장해 놓았을 것이다) 거의 안 되는 것이 없기 때문이다. '안 되는 것이 없다' 이 얼마나 고객 입장에서는 행복한 콘셉트인가?

언젠가 찾았던 S호텔에서 아들이 배가 고프다고 해서(호텔의 식사 시간이 종료된 이후였다) 시간이 늦어 호텔 식당이 문을 닫았으니 내일 밥을 먹으러 가자고 달래고 있었다. 그런데 아들 나이가 4살이었으니 이성적인 대화가 통하지 않은 것은 당연하고, 혹시나 해서 아들과 같이 식당 근처(호텔 안에 있는 뷔페 식사를 하는 식당이었다)를 배회하고 있는데 호텔 직원 중에 한 분이 '혹시 식사가 필요하십니까?' 라고 물어오는 것이다.

그 순간 반가워서 큰 소리로 '예' 라고 대답을 했다. 그 직원은 정중하게 지금 시간은 식사가 끝난 시간이지만 간단한 식사를 준비해 보겠다고 말하는 것이다.

그래서 '맵지 않은 음식으로 아무거나 상관이 없습니다' 라고 말하자 잠시 생각을 하더니 '새우 볶음밥은 어떻습니까?' 라고 물어봤다. 저는 ok라고 하고 아들에게 밥을 먹이는데 4살인 아들은 그 사이(20분)에 마음이 변해서 밥을 먹지 않겠다고 하여 난감한 상황이었다.

물론 새우 볶음밥을 무료로 먹은 것은 절대 아니다. 그래서 염치 불구하고 그 직원에게 자초지종을 이야기하고 '포장은 안 됩니까?' 라고 물어 보았다. 그 직원은 포장은 안 되니 호텔방으로 가져다 주겠다고 한다. 그런데 호텔방으로 가져온 그 새우 볶음밥은 아들이 먹다 남은 것을 그대로 옮긴 것이 아니라 새로 만들어 보내 준 것이었다. 저는 솔직히 와이프와 같이 깜짝 놀랐다.

이런 에피소드를 경험하면서 당연히 S호텔의 팬이 되었고 지금도 힘든 예

약을 하면서도 좋은 날이면 S호텔을 이용해 보려고 노력하고 있다.

여기서 중요한 것은 고객 입장에서 그 직원이 '죄송합니다. 지금은 식사 시간이 아닙니다' 라고 해도 결코 실망하지는 않았을 것이다. 안 되는 것을 알면서도 혹시나 해서 물어본 것이었기에 그 결과에 대해서 안 된다고 하는 것을 고객 입장에서 당연한 것이었으니 실망도 하지 않았을 것이다.

그 직원이 그때 처음부터 '안 된다' 라고 시작을 했더라도, 독자들은 반발하면 안 된다. 우리들은 고객과의 판매 과정에서 순간순간 대처하는 그런 자신의 모습보다는 필자가 말하는 콘셉트가 있는 콘셉트를 가지고 고객을 맞이해 줬으면 좋겠다. ok 다음으로 고객에 대한 필자의 콘셉트은 '공감' 이라는 것이다. 질문을 하던, 상품 설명을 바로 진행을 하게 되던 상관없이 고객과의 전체적인 콘셉트가 '맞습니까?' 라는 뉘앙스를 가진 것으로 고객들을 이끌어 줘야 한다는 것이다.

'맞습니까' 라는 콘셉트가 가진 힘은 사용해 보지 않은 분들은 실감하기 힘든 부분이 있는데 고객과 공감을 한다는 의미를 중심에 둔 콘셉트이며 고객과 판매 순서를 진행함에 있어서 절대 빠져서는 안 된다.

상품을 보고 있는 고객에게 판매자가 '괜찮죠?' 라고 고객에게 동의를 구한다. 옷을 입어보고 있는 고객에게 '착용감은 괜찮으십니까?' 동의를 한다.

상품 설명을 하기 전이든 하고 있는 상황이든 상관없이 고객의 불편함을 만져 주는 질문을 하면서 '맞으시죠?' 라며 동의를 구한다.

이처럼 무엇을 설명하던, 고객이 행동을 하던 고객과 판매 순서의 '진도'를 맞춰 간다는 콘셉트이다. 지금 고객의 불편함을 만져 주는 질문을 하는 순서라면 그 불편함에 대해서 고객에게 공감을 형성하는 것과 동시에 이 콘셉트 과정을 겪게 만들면서 진도를 판매자 순서에 맞춰가는 것을 의미한다.

고객에게 동의를 구함과 동시에 이해도를 높이고 또 판매자가 물어보는 것에 고객이 한 번, 두 번 동의(공감)를 구하는 순서를 밟아나가야 여러 가지 효과가 나타난다. 보통은 ok 과정에서 바로 상품 설명을 하는 과정으로 넘어가는데 이것은 고객의 동의나 판매 순서, 진도와 상관없이 진행하는 경우로 반드시 콘셉트를 통해서 앞에서 이야기한 흐름으로 사용해 보기 바란다.

이처럼 동의를 구하는 과정을 거치면 고객은 판매자와 대화를 하는 것으로 당연하게 여기고 본격적인 상품 설명을 하기에 앞서 이런 콘셉트를 해보면 상품 설명을 하면서도 긍정적인 반응을 반드시 보이게 된다. 고객들은 본인 스스로 이해와 납득이 되어야 지갑을 열기 때문이다. 당장 실전 상담에 사용하기 힘들면 연습을 하면 된다. 공감을 만들어 내는 콘셉트 다음으로는 본격적인 상품에 대해 설명하는 단계인데 이 과정에서 필자가 전달해 주고 강조하는 콘셉트는 '공감을 만들어 낸 콘셉트 단계를 상품의 좋은 점에 계속해서 인지시켜 나가는 콘셉트' 이다.

이 콘셉트의 핵심은 바로 고객이 ok 단계부터 동의를 몇 번 구하는 과정을 겪으면서 느끼는 매장과 직원에 대한 느낌을 계속 이어 나가게 해 줘야 한다는 것이다.

처음부터 상품의 좋은 점을 강조하는 것이 아니라 초반의 동의를 구하는 과정을 경험했던 고객에게 상품에 대한 내용이던, 아니면 지금 구매하는 과정에서 고객을 대신해서 상품의 좋은 점을 말해 주는 콘셉트이므로 고객의 구매 결정에 대해서 힘을 실어줄 수 있는 콘셉트가 되어야 한다.

고객이 관심이 있는 상품에 대해서 ok 콘셉트에 대한 느낌을 받았고 동의를 구해 가는 과정을 거치고 나서 '좋은 구매라 생각하십니까?', '정말 좋은 선택을 하는 겁니다', '대단히 만족스러운 구매가 되겠습니다' 라고 동의를 구하는 것이다. 중요한 것은 지금까지는 앞서 ok 단계나 고객의 동의를 구해 가는 과정을 제외한 상태에서 상품이라는 한 가지만 가지고 가격의 흥정을 통해 해당 상품에 대한 좋은 점을 전달하려고 하였던 것이라 고객은 사전 ok 나 동의를 구하는 과정 없이 판매자들로부터 상품에 대한 좋은 점에 대한 동의를 해 줘야 했다. 결국 고객은 판매자의 흐름을 전혀 이해하지 못한 상태가 되어(고객은 이해하지 않으면 구매하지 않는다) 당연히 성공적인 구매로 결론이 나지 않았던 것이다.

고객은 자신이 선택한 상품을 잘 선택했다는 소리를 듣고 싶어 한다. 판매 순서에 맞춰서 고객에게 동의를 구하고 괜찮은 선택이라는 확인을 거치면서 구매에 대한 결정을 하는 모습을 보일 것이다.

그리고 구매를 하겠다는 의사를 표현하는 고객에게 그 구매의 결정으로 콘셉트 판매가 끝이 나서는 안 된다.

마무리 콘셉트는 항상 준비가 되어 있어야 하고 그 마무리 콘셉트로 'one more(하나 더)'를 해 주기를 강조한다. A라는 상품만 구매하게 만들어도(판매 순서를 가지고 세일즈 원리를 중심으로 사전 거절 처리와 묻고 답하기의 주도권과 콘셉트가 있는 질문과 순서를 판매자가 주도한 상태를 경험하는 것은 분명 짜릿한 경험이 될 것이다. 아직 세일즈 기법을 배우지 않은 상태에서 이 정도 기법과 판매의 기본적인 마인드만 가지게 된다면 판매의 달인이 될 것이다. 이런 판매를 했는데 또 무엇을 하나 더 하라는 말인가?) 정말 잘한 결과인데, 방금 구매를 결정한 고객에게 '하나 더'를 권해 드리는 것은 성급하다는 생각이 들 것이다.

'고객에게 부담을 주는 것이 아닌가' 라는 생각을 하는 분도 있으리라 생각한다. 하지만 지금까지 세일즈 원리, 질문 단계, 사전 거절 처리 단계를 가진 판매자를 통해서 판매 순서에 맞게 차근차근 판매 과정을 겪으면서 구매를 한 고객이라면 다른 매장에서 고객 혼자서 선택하고 구매 결정을 한 과정에 비해서 훨씬 만족도가 높다는 것이다.

지금까지는 고객 스스로가 매장에 들어가서 구매하기까지 직원들이 쏟은 노력은 '친절한 안내' 정도였다. 고객은 상품을 선정하고 구매를 하는데 이끌어 주는 콘셉트나 느낌은 받는 것이 없이 스스로 결정하고 구매를 한 경험이 대부분이었으니 여기서 말하는 콘셉트인 '하나 더' 추가 구매에 대한 이야기는 고객이 거부하게 되어 있었던 것이므로 '하나 더' 콘셉트에 대해서 이해하지 못하는 부분이 있을 것이다.

지금까지 고객이 주도가 된 판매 과정에서 보조 역할만 해 왔던 판매자이기에 한 개만 구매한 고객이라도 충분했고 고마운 고객이었다. 하지만 순서를 가진, 세일즈 원리를 적용할 줄 아는 판매, GIVE를 할 줄 아는 판매에서의 콘셉트를 가진 흐름 판매를 한 경우에는 결코 판매자가 보조 역할을 한 것이 아니다(장사를 하고 있는 분이나, 앞으로 장사를 하고 싶은 분들, 그리고 현장에서 고객을 만나러 열심히 뛰어다니면서 영업하는 분들 모두가 보조 역할이 아닌 주도적인 판매를, 그리고 흐름을 가진 판매를 하기 바란다). 따라서 그 과정에서 판매자의 노력과 고객의 마음을 알아 주고 들어 주는 과정을 고객이 경험하는 판매였다면 반드시 고객은 추가 구매(하나 더)에 대한 오픈된 마인드가 된다는 것을 알아야 한다.

'하나 더'는 구매한 상품에 다른 상품을 권해 드리는 것도 맞는 것이지만 여기서 추가는 구매 고객의 '가족'에 대한 추가 구매를 말하는 것이다(방금 구매한 고객에게 다른 상품을 추가 판매하는 것이 아니라 그 구매 고객의 가족을 향한 추가 구매 활동). 보통의 고객이라면 고객 본인이 좋은 상품, 예쁜 상품, 마음에 꼭 드는 상품을 구매할 때, 아니면 구매했다고 생각을 할 때 그 상품을 주위의 친구, 동료, 가족에게 보여 주고 싶은 마음이 있는 것과 동시에 가족은 상품의 공동 사용 혹은 해당 상품에 대한 선물을, 좋은 것을 해 주고 싶은 마음이 들게 마련이다.

맛있는 삼계탕을 먹으면 어머니, 아버지도 좋아하는 음식이니 같이 한 번 외식을 와야 되겠다고 생각하는 것, 또 예쁜 액세서리를 구입하는 딸은 매장의 더 예쁜 것들을 보면서 엄마에게도 이런 것을 해 주면 좋겠다고 생각하는 것 등, 이런 생각들은 완성된 판매 순서와 고객에게 매장에 들어 온 순간부터 구입하기까지의 과정에서 콘셉트를 가진 흐름 있는 판매를 경험한 고객이라면 당연히 들게 마련이다.

판매자가 이런 준비를 많이 하지 않고도 판매를 한 고객이라면 이런 생각을 가지게 되는 게 인지상정일 것이다. 중요한 것은 고객은 이런 생각들을 마음으로만 가지고 있고, 겉으로는 절대 표현하지 않는다는 것이다.

판매자가 준비한 순서와 콘셉트로 판매를 한 고객에게는 '엄마 선물도 같이 하세요?'라고 '하나 더' 권해 주기 바란다.

고객들은 이 말을 들으면 어떤 생각을 가지게 될까?

'기왕 구입한 건데 하나 더 살까?', '나중에 엄마랑 같이 와서 엄마한테 물어보고 해 드릴까?', '이 사람들은 왜 이렇게 더 사라고 하지?'라는 생각이 들 것이다.

고객은 거절 표현을 하더라도 구입 과정에서 동의 과정이나 묻고 답하기를 통한 구매 협상을 하고는 있지만, 그 짧은 시간에 다른 매장과 다른 판매자와의 관계에서 조금 알게 된 인식과 함께 사전 거절 처리를 통한 보통 매장보다 최소 10배 이상의 공감을 하고 있으며 그 공감대가 고객의 머릿속에 무의식이지만 자리를 잡고 있다.

고객에게 흐름을 가진 판매를 하고, 세일즈 원리의 H에 대해서 판매자가 GIVE를 하고, 이런 추가 구매에 대해 권유하면서 매장의 이미지를 계속해서 인지시키는 것이 중요하다. 자판기 판매에서는 만들 수 없는 고객과의 관계이며, 이 자판기 판매를 통해서는 아무리 '하나 더'를 외쳐도 그것은 고객에게 소위 말하는 압박이 될 뿐이다.

　따라서 지금부터는 눈앞에 보이는 것과 고객별로 상품 구입에 따른 H의 증대를 위한 노력을 통해서 매장을 재방문하는 것까지 기본으로 하는 판매를 해야 한다. 이렇게 하는 것이 판매의 기본이었고 지금까지 그렇게 하지 않았다면 지금부터 하면 된다. 고객은 이렇게 해 주는 곳이 더 오래 기억에 남기 마련이다.

　구입 과정에서 판매자와 고객이 소요하는 총 판매 시간에 대해서 쉽게 판매한 경우(고객이 들어와서 상품을 보고 바로 구입하는 경우 포함, 매년 돌아오는 좋은 날 등에 고객들의 수요가 많은 경우 포함) 즉 짧은 시간이 걸린 판매는 좋기는 좋은데, 필자는 정반대의 생각을 가지고 있다. 고객이 매장에 머무는 시간이 길면 길수록, 고객에게 주는 정성과 노력에 대한 보상 심리와 함께 구매가 자연스럽게 늘어나게 되어 있으며 중요한 것은 그 고객이 향후 매장을 재방문할 경우 고객은 매장의 문턱이 높지 않게 느껴질 것이다.

　판매자가 그 고객과 나눈 시간과 대화의 내용과 비례해서 고객을 '기억' 하는 눈에는 보이지 않는 매장 매출이 늘었다는 것을 잊어서는 안 된다. '나를 기억해 주는 매장' 이라 좋은 느낌이다. 미국의 호텔업계의 최고라는 곳은 고객이 다시 호텔에 재방문을 하는 경우 호텔에 고객이 머무는 층의 룸서비스는 물론이고 청소를 담당하는 직원들도 고객의 이름을 알고 복도에서 만나면 고객 이름을 부르면서 인사를 한다.

　고객의 특성과 성향, 취향, 특별한 경우는 물론 고객이 요구했던 것들에 대해서도 철저한 관리가 된다고 하니 고객 입장에서는 좋은 곳이라 할 수 있다.

　어느 초등학교 앞의 문방구점의 사례는 배울 점이 많다. 문방구 주인은 비슷한 위치의 다른 문방구점과 비슷한 종류의 물건을 판매하는데도 불구하고 그 집보다 훨씬 많은 매출을 올리고 있었다.

그 주인조차 이유를 모르고 있었는데 주인은 물건을 사러 오는 초등학교 학생들이 물건을 고르고 만져 보고 하는 과정에서 다른 것은 아무것도 한 것 없이 단지 그 학생들의 이름을 한 명 한 명 기억하고 있다가 '누구 누구야'라고 불러준 것밖에 없다는 것이다.

그러면서 그 학생들로부터 시기적으로 학교에서 일어나고 있는 행사나 주요 내용에 대해서 많은 정보를 알게 된 것이다. 주인의 기억력 때문이라는 개인적인 능력의 차이로 인해서 발생된 케이스지만, 어린 초등학생이나 어른들 모두 자신을 기억해 주는 매장에 대한 충성심은 당연히 높은 것이 분명한 사실이다.

우리는 이런 수준은 아니지만 고객과 콘셉트를 가진 흐름이 있는 판매, 고객의 구매 시 D에 대한 언급(세일즈 원리의 D), 사전 거절 처리, 질문 1, 2, 3, 4단계, GIVE(고객의 기쁨을 자신의 기쁨과 같은 마음으로 고객에게 전달하는 것)라는 기본적인 판매를 하면서 세일즈 원리의 M. H. D.에 대해서 체득화하는 시간만 봐도 최소 6개월 이상이 소요된다. 처음부터 효과를 내지 못한다고 조급해 하지 말고, 힘이 많이 들겠지만 콘셉트가 있는 흐름이 있는 판매를 하는 것을 자신의 것으로 만들어 간다면 판매에 대한 위력적인 힘은 실로 엄청나게 성장할 것이다.

콘셉트가 있는 판매라는 것은 우리가 매장을 방문한 고객을 대상으로 하는 것이던, 아니면 현장 방문을 해서 만나는 고객이던 상관없이 고객과 주거니 받거니 하면서 구매라는 골인 지점을 향해서 나아가는 것인데, 이 콘셉트가 있는 판매라는 것이 바로 구매라는 골인 지점으로 가기 위해서 판매자와 고객이 함께 만날 수 있는 장애물(고객의 심리적 변화, 가격에 대한 부담, 다른 매장에 가 보고 싶은 마음, 판매하는 사람에 대한 실망 등)을 넘을 수 있도록 도와주는 것을 말한다.

　판매자들도 자신 있게 장애물을 고객이 넘을 수 있도록 손도 잡아 주고, 장애물을 앞서가서 제거해 줄 수 있는 판매를 해야 한다.

Gel
body
and
oat
body gel
body care
body
soap

3장

수호아빠 판매 특허
거절은 사전에 막을 수 있다

01

수호아빠 판매 특허 여섯 번째

거절 겁낼 필요없다
거절은 사전에 막을 수 있다

1 구매 거부

세일즈에 있어서 '고객의 거절'은 앞으로 영원히 풀어나가야 할 숙제다. 지금 이 순간에도 수많은 판매 현장에서 판매자들은 고객으로부터 거절을 당하고 있을 것이다.

거절만큼 판매자의 가슴을 아프게 하는 것은 없다. 때로는 절망까지 안겨주는 거절을 속 시원하게 극복하고 판매에 성공하기 위한 '비법'을 전해 주었던 경우는 없었다. 단지 거절을 당했을 때 슬기롭게 대처를 하고 이를 통해서 경험이 쌓이면서 발전된 판매자가 되는 길이 고작이었다. 그래서 지금까지 풀지 못했던 숙제를 풀어나가고자 한다.

사전 거절 처리는 지금까지 모든 판매 및 영업 현장에서 교육되어왔던 기존의 거절 처리를 거부하고 새로운 거절에 대한 방법을 제시하는 것이니, 본인의 것으로 만드는 연습을 수없이 해야 한다. 고객은 구매를 할 때(모든 종류의 상품), 구매 거절을 할 때에 반드시 구매 신호와 거부에 대한 신호를 먼저 표시해 온다.

고객은 판매자의 설명을 듣고 물건을 보고 만지고 하면서 본인이 느끼는 물품에 대한 가치와 그 물품을 사용했을 때 느낄 즐거움, 행복 등의 감정을 가지게 된다. 그러나 구매 결정을 내리기 전 세일즈 원리에서 말하는 D를 생각해야 한다.

"과연 내가 옳은 선택을 한 것일까?"

"잘못 샀다고 후회하지는 않을까?"

갈등과 귀찮음 등으로 잠시 그 결정을 미루거나 아니면 결정까지 많은 시간의 필요성을 느꼈을 때 망설이게 된다.

고객이 느끼는 물품에 대한 가치보다 자신의 지갑에서 나갈 돈의 무게가 더 무겁다고 느끼는 순간, 구매를 미루게 되고 열심히 설명한 판매자는 그 고객으로부터 '거절' 이라는 선물을 받게 된다.

상품을 설명할 동안 고객은 반드시 판매자가 느끼지 못했던 거절에 대한 신호를 보냈을 것이다.

판매자가 구매 거부에 대한 신호를 알아차리지 못하고 구매 거부 신호에 대한 적절한 대응을 하지 못했으니 구매가 실패로 돌아갈 수밖에 없는 당연한 결과라고 봐야 할지 모르겠다.

이처럼 고객은 구매를 할 때 ok와 no에 대해서 판매자의 노력에 따라 약간의 변화가 있긴 하지만 대부분 고객의 의사 결정에 따른 결과를 받아들일 수밖에 없다. 지금까지 고객의 거절 신호에 대해서 판매자나 영업 일선에서 뛰는 세일즈맨들은 '고객이 거절 표현을 하면 이렇게 대처를 하라'고 고객의 거절 유형에 따른 대처 및 극복 방법들을 습득해 왔다. 연습해 온 경험을 통해서 고객이 거절을 약하게 혹은 강하게 표현을 했을 때, 거절 유형에 맞는 사례를 들어가면서 거절을 극복하기 위해 지금도 끊임없이 노력하고 있을 것이다.

아직까지 생생하게 기억나는 거절 극복 방안 중에 'yes, but 화법'이 있다. 이는 판매 일선에 근무를 했던 사람들이라면 누구나 배웠던 거절 처리 방법일 것이다. 대부분의 고객은 상품에 대한 만족을 느끼지 못했을 것이라 여기고, 고객의 거절을 인정하고 받아들인 다음에 '그렇지만', '그래도'라고 고객이 거절한 내용에 대해서 고객의 생각이나 선택이 잘못되었다는 점을 최선을 다해 설명하는 방법이다.

거절 처리 방법 중에는 '고객님이 거절하는 이유를 설명해 주면'이라고 고객이 거절하려는 이유를 직접 물어보고 그 거절 이유에 대해 반론을 하거나 설득을 할 수 있는 기회를 잡기도 한다.

지금까지 이런 거절에 대한 극복 방법보다 더 나은 방법을 연구해야 한다. 왜냐하면 고객은 물품을 구매하기에 앞서 자신이 사전 취득한 정보를 토대로 물건을 살펴보면서 판매자나 영업 사원의 설명을 듣고 그 물품의 구매를 결정하기 때문이다.

그런데 고객이 구매나 거절 신호를 보내면 그에 대한 대응을 하는 게 보통이다. '고객은 자신의 입으로 혹은 행동으로 거절 의사 표현에 대한 책임을 지려는 자존심을 가지게 된다'라는 사실을 전혀 느끼지 못하고 고객의 거절에 대해 설득만 하려고 했으니 잘못된 세일 방법인 것이다.

고객은 자신이 해당 물품의 구매 결정에 있어서 'no'라는 신호를 직접 혹은 간접적으로 판매자에게 보냈다면 그 이후에는 판매자가 아무리 우수한 거절 극복 대응력이 있다고 해도 자신의 입에서 나간 'no' 라는 대답을 번복하려 하지 않을 것이다.

그런데 지금까지 배운 거절 극복은 이런 고객을 상대로 극복을 해 보라고 배웠던 것이다. 지금도 열심히 사용하고 있는 '거절 처리' 라는 단어와 그 내용 및 방법들이 잘못되었음을 지적하는 대목이다.

고객은 자신이 뱉은 말에 대한 책임과 자존심이 있기에 대부분의 판매자들이 그 거절에 대한 노력에 감동하는 정도가 아니라면 그 상담 및 판매의 결과는 결국 실패로 결론이 나게 되어 있다.

물론 고객의 거절 표현을 듣고도 거절을 극복하고 판매로 연결되는 경우도 있지만 그런 경우는 고객이 판매자의 설명에 대한 정확한 이해를 한 경우와 고객이 판매자에 대한 개인적인 친밀감이 있는 경우에 해당되는 경우가 많았을 것이다.

구매하고자 하는 물건에 대한 설명과 이해 상태에서 고객의 구매 거부 표현은 정말 훌륭한 판매자가 아닌 이상 앞서 말한 상담이 실패로 되고 만다.

고객은 자신이 구매 거절을 한다고 표현을 했으면 표현을 했을 당시에 이미 그 판매는 실패인데 판매자는 그 표현을 듣고도 선배들이 그래 왔던 것처럼 '인내심을 가지고 설득해야 한다' 라는 신념아래 계속 설득하려고 끈질기게 요구하고 있었던 것이다.

억지스럽다는 것은 느꼈지만 잘못된 판매 방법이라는 것을 느끼지 못하고 이를 바꿔보려는 노력은 하지 않은 상태에서 '정신력' 과 '인내' 로 설득하려고 했던 모습들이 지금까지 판매자들의 모습이었다. 그래서 앞으로는 이런 거절 극복이라는 단어부터 '사전 거절 처리' 로 바꾸면서 이에 대해서 살펴보도록 하자.

홈쇼핑을 보고 있으면 사전 거절 처리를 상당히 잘하고 있음을 알 수 있다. 홈쇼핑에서 판매하는 '남자 속옷'을 예로 들어보면 59,900원에 남자 속옷 12 장 판매를 한다고 했을 때 대부분의 고객은 속옷을 지금까지 다른 매장에서 구 입했을 때의 경험과 지금 집에 있는 속옷의 수량, 지금 방송 중인 속옷의 디자 인을 입었을 때의 모습 등 많은 생각들을 하는데 그 중간에 쇼호스트들은 이런 멘트를 날린다.

'받아 보고 맘에 안 들면 반품', '백화점에서 현재 1장에 15,000원에 판매하는 상품', '지금까지 단 한번도 없었고 이런 행사(세일)는 앞으로의 방송에서도 없 을 것' 등의 말을 들었을 것이다. 이런 멘트들이 판매나 영업에 있어서 얼마나 큰 영향을 미치는 것인지는 잘 인식하지 못한 채로 그냥 들었을 것이다.

몇몇 사례에서 이러한 내용들을 사용하지만 중요한 사실은 사전 거절 처리 라는 내용의 개념을 정확히 알고 사용한 것은 아니라는 점이다. 단지 TV 방송 의 한계상 고객과 직접 대면하지 못하니 고객의 반응을 전혀 알지 못하는 상황 에서 자연스럽게 그런 멘트를 사용한 것이다.

매장이나 영업 현장에서 근무하는 모든 분들은 지금까지 가지고 있는 거절 극복에 대한 습관을 이번 기회에 완전히 벗어버리고 '사전 거절 처리'라는 새 로운 옷으로 바꿔 입어야 한다.

사전 거절 처리라는 것은 '고객이 거절할 만한 경우를 고객의 입에서 거절이 라는 단어나 행동이 나오지 않게, 나오기 전에 미리 공유하는 것'이다. 무슨 의 미인지 파악하면서 사례를 더 살펴보자.

여러분들은 전화로 영업하는 TM업체(카드, 금융, 건강 식품, 보험 등)의 전화 를 받아보았을 것이다. 이때 처음 전화를 받으면 '누구 누구입니까(정보는 어떻게 알았는지)'라고 물어보면 우리는 자신의 이름을 확인하는 것이니 자연스럽게 '맞다'고 한다.

TM업체 텔러들은 대부분 정해진 스크립트(판매를 할 때 사용하는 고객에게 인사부터 질문, 상품 설명까지 미리 만들어 놓고 설명하는 것으로 대부분 TM업체에서 이 스크립트를 준비해 주고 연습을 해서 판매를 실시하는 내용) 순서에 맞게 '잠시 3분 정도 시간이 있으십니까?'라고 물어온다(이 멘트가 바로 사전 거절 처리의 한 예다. 고객은 상대방이 영업을 하고 있는 사람이고 상품을 판매해 보려는 노력을 하는구나 싶어서 3분 정도라는 시간에 대해서는 관대해진다). 이와 같이 고객이 거절할 만한 경우의 수를 전체 판매 과정에 나열한 다음 순서에 맞게 사전에 거절 처리를 해 가는 것이다.

업종별로 판매를 하다 보면 고객의 거절 유형은 대부분 정해져 있다. 즉 해당 업종의 판매 과정에서 고객들이 거절을 하는 경우 어떤 경우에 거절의 표현을 하는지, 그리고 그 거절의 유형(행태)은 분류를 한다면 많게는 4~5가지 정도로 구분될 것이다.

그 유형은 '다른 매장과 비교하고 싶다', '다시 생각해 봐야 되겠다', '이런 종류 말고 다른 종류(매장에는 없는 것)는 없는가', '아무런 말도 없이 그냥', '잘 들었다. 내일 오겠다. 조금 있다가 오겠다'로 분류될 수 있다.

판매하는 업종에 따라서 조금씩의 차이는 있지만 고객은 거절하는 이유(고객이 구매하지 않는 이유)는 있는데, 판매자가 고객이 거절 표현을 하기 전까지 거절에 적절한 대처를 하지 않고 '열심히 설명만 하는 것'에 문제가 있었고, 거절을 당해도 대처할 길이 없었다. 그래서 판매하는 과정 처음부터 판매 성공까지를 고객이 거절할 만한 내용에 대해서 미리 거절을 짚어주는 것이 핵심이다.

고객은 자신이 말하고자 했던 거절의 표현들을 판매자가 미리 말해 주고 마음을 읽어주는 느낌을 받는 것이 중요하고, 고객 입장에서 '내 마음을 어떻게 알았지', '내가 말하려는 것을 어떻게 대신 말해 주지' 라고 느끼게 해 줘야 하며, 고객 입에서는 절대 구매 거절에 대한 멘트가 나오는 일이 없도록 전체 판매 과정을 이끌어 줘야 한다.

사전 거절 처리가 쉬워 보여도 지금까지 꽤 긴 역사를 가진 판매 현장에서 그 누구도 알려 준 적이 없는 세일즈 특허이다.

물론 판매에서 특허라는 것이 어디 있겠는가? 지금까지 우리가 터득해 왔던 내용에서 뭔지 몰랐고, 알아야 하지만 해결책에 대해서 자신 있게 알려 주고자 하는 배려에서 특허라는 단어를 사용해 보는 것이다(1장의 세일즈 원리도 똑같이 세일즈 특허에 해당될 수 있는 내용이며. GIVE도 동일하다. 앞으로 특허받을 내용이 이어진다). 그렇다면 어떻게 하면 사전 거절 처리를 잘할 수 있는가?

미리 말해라

고객 입에서 '다른 곳도 둘러보고 다시 오겠습니다' 라는 멘트가 나오기 전에 미리 선수를 쳐야 한다.

"고객님 다른 곳도 가 보고 싶겠지만 자신 있게 알려 주면 저희 매장이 주변에서 이런 부분에서는 가장 강점을 지니고 있다는 것을 미리 말씀 드립니다."

또 고객의 '생각해 보겠습니다' 라는 말이 나오기 전에 이렇게 설명한다.

"고객님 당연히 생각을 많이 하시겠지만 이번 만큼은 좋은 결정으로 생각하는 게 고객분에게 이익입니다."

보험 상품에 대해서 설명을 할 시간을 할애받았는데 설계사들은 설명에 앞서서 혹은 설명하는 과정에서 고객에게 다음과 같이 설명한다.

"고객님 제가 상품 설명을 하는데 기간이 너무 길어서 힘들다는 생각이 드시죠?"

"보험금 청구는 귀찮고 복잡해 보이는데 그런 경우가 생기지 않는 게 제일 좋지만 만약 그런 경우가 생기면 제가 처리해 드리겠습니다."

"매월 보험료 납입하다 힘든 경우가 생기시면 유예 기간 신청도 가능하니 걱정하지 마세요."

위에 언급한 사례말고도 많은 업종에서 고객 유형별로 거절해 왔던 부분들을 준비해서 고객이 거절 표현을 하기 전에 느낄 수 있는 불편함, 귀찮음, 거절에 대해서 짚어주는 것이 핵심이다.

고객님에게 물어봐라

판매를 하다 보면 사전 거절 처리를 잘하면 판매가 많이 될 것 같은데, 아직 숙련되지 않아서 잘 활용이 안 되고 있다면 판매자 입장이 아니라 고객 입장에서 본 상품을 제시받았을 때 느낄 수 있는 거절에 대해서 고객에게 '그렇습니까', '맞습니까', '고객님 생각은 어떻습니까' 라고 직접 물어보는 것도 사전 거절 처리의 핵심이 된다.

구두 매장에 부츠를 구입하고 싶은 여성분이 들어 온 상황을 보면 주인은 열심히 신상 부츠에 대해서 가격과 제품의 장점 등에 대해서 설명을 하고 고객은 그 부츠를 신어보고 거울에 비춰보면서 살까 말까를 고민하게 된다. 구두 매장에서 고객이 가질 수 있는 거절 유형은 어떠한 것이 있을까? 앞에 말한 '다른 매장', '생각해 보겠다' 외에 고객은 '자신에게 잘 어울리는지에 대한 확신' 과 '구매 후에 발생할 수 있는 A/S에 대한 확답' 을 듣고 싶은 것이 유형이라고 본다면 주인은 고객이 부츠를 신어보는 과정에서 이렇게 대화를 이끌어 나가면 된다.

"고객님 집에 있는 부츠는 1년 신고 어떻게 하십니까?"

"A/S를 받아서 새것으로 만들어 놓으세요."

이런 대화가 구매 거절을 상당히 줄어들게 함을 몸소 체험할 수 있을 것이다.

사전 거절 처리를 '동의를 구하는 거절 처리'라고 하는데 물품을 중간에 두고 고객과 판매자가 구매를 권유하고 구매를 할까 말까 망설이는 고객에게 이렇게 질문을 한다.

"고객님 이런 경우는 어떻다고 보십니까?"

"맞습니까?"

고객의 동의를 구하는 멘트를 통해서 고객의 거절을 사전에 처리할 수 있다.

만약, 혹시나 해서

고객들은 판매하는 사람들의 고충을 조금은 알고 있다. 열심히 설명만 듣고 매장을 빠져 나가기는 생각보다 쉽지 않다는 것도 알고 있다. 그런데도 계속된 거절을 경험하고 있으니 사전 거절 처리의 또 다른 유형인 만약의 경우와 혹시나 해서라는 경우를 고객과 공감하는 과정을 통해서 활용해 보자.

건강 식품을 판매하는 영업 사원이 고객과 상품에 대해서 설명할 시간을 가졌는데 그 판매자는 열심히 건강 식품에 대해서 설명도 했고, 그 건강 식품으로 얻어지는 가족의 건강과 행복에 대해서도 강조했다. 또 그 건강 식품을 구매하기에 앞서 고객이 느끼는 불편함이나 혹시 구매했을 때 후회하는 것들에 대해서도 충분히 설득력이 있었는데도 구매가 이루어지지 않았다면 앞으로는 비슷한 고객님들과 상담을 하는 경우에 진지하게 너스레를 떨어 보자.

"혹시나 해서 그러는데 본 제품을 먹고 나서 저를 너무 많이 찾으면 곤란합니다(제가 바쁜 사람이 될 것 같아서)."

"만약에 제품 구입 후에 마음에 들면 반드시 주위 분들에게 저하고 같이 홍보를 해 주셔야 합니다."

지금은 발생되지 않았지만 앞으로 발생할 긍정적인 부분에 대해서 고객과 같이 '간접 경험'을 하면서 고객이 가질 수 있는 거절에 대한 신호를 축소시키고, 거절을 사전에 극복할 수 있게 된다.

사전 거절 처리에 대해서는 다시 한번 강조를 하지만 반드시 '사전에 고객에게 짚어줘야 한다는 것'이다. 고객의 입에서 거절이라는 단어나 표현이 나오기 전에 고객의 마음을 미리 헤아리고 이해하는 마음으로 해야 한다.

앞으로는 거절 극복이 아니라 사전 거절 처리임을 잊지 말고 열심히 자신의 것으로 만들기 바란다. 이 사전 거절 처리만 체득화되어도 고객을 만나는 것이 즐겁고 유쾌한 일이 될 것이다.

세일즈 원리 M. H. D. 고객이 구매하지 않는 이유, GIVE, 그리고 사전 거절 처리까지만 내 것으로 만들어도 판매 현장에서 영업을 잘한다는 소리를 듣는 그룹에 포함되어 있을 것이다.

02

수호아빠 판매 특허 일곱 번째

판매는 정확한 순서다
순서만 있으면 1,000명에게도 순식간에 판매를 할 수 있다

필자가 '고객은 똑같다' 라고 말한 것을 기억하고 있는가?

모든 판매에서 고객은 다양하고, 그 다양한 고객을 대상으로 기업도 다양한 상품을 만들어 내고, 그 상품으로 단골 고객이 되기까지 많은 노력과 비용을 투입한다. 하지만 고객은 다시 말하지만 '똑같다' 다만 표현하는 방식(고객이 구매를 하겠다는 의사 표현이나 고객이 거절을 할 때 표현하는 그 표현의 차이만 다를 뿐이지, 그 내면 속의 고객은 똑같다는 의미)만 차이가 있다.

영업을 하는 분들은 판매 실력의 여부를 떠나 어떤 방식으로든 판매를 해 봤을 것이다.

그 경험을 통해 '판매를 성공했을 때와 실패했을 때의 상담 내용에서의 차이가 무엇이라고 생각하는가?' 판매하는 사람은 똑같은데 구매하는 고객의 차이였다고 아직도 생각하는가? 아니다. 성공했던 경우와 실패했던 경우를 촬영해서 분석해 보면 알 수 있다.

M. H. D.와 질문, 사전 거절 처리를 제외하고 분명 많은 차이가 날 것이다. 대신 그 차이점을 고객 행동을 기준으로 보지 말고, 판매자가 하고 있는 모습이나 행동, 사용하는 말에서 찾아야 한다.

판매자의 '판매 순서(상담 순서)'를 집중해서 분석해 보면 정확한 순서가 있는지, 아니면 순서없이 고객의 반응을 보면서 그때그때 수정을 하면서 상담을 하고 있는지를 확인해야 한다.

판매 특허 일곱 번째 '판매는 순서' 는 연극과 똑같다. 배우가 대사를 외우고, 대사를 중심으로 감정을 이입시켜서 사전 연습을 철저히 함으로써 관객을 대상으로 박수도 받고, 눈물을 흘리게도 만들고, 웃게 만들기도 하는 연극과 판매가 똑같다는 것이다.

어떤 배우가 관객에게 감동을 주고 슬픔을 주고 기쁨을 주는가?

판매는 이처럼 우리가 보는 연극과 같은 것이며 그런 연극의 기승전결로 이어지는 흐름과 배우가 배역에 몰입한 모습을 보는 것과 똑같이 판매자의 모습을 고객이 보고 느끼고 듣고 있다는 것이다.

성공했던 판매에는 분명 완전하지는 않지만 순서가 보일 것이고, 설명을 할 때의 모습에서도 에너지가 충분하고, 고객과 주고받는 그 무언가를 통해서 고객에게 전달하고자 하는 것이 잘 전달되고 있다는 것을 알 수 있다.

모 TV에서 방영되었던 '나는 가수다' 라는 프로그램을 본 적이 있을 것이다. 그 프로그램에 나오는 가수들 대부분이 우리나라에서 손꼽히는 가수들인데도 불구하고 관객의 평가 앞에서 긴장을 하고, 무대를 마친 다음에는 초보 가수처럼 긴장을 푸는 모습을 보면서, 판매자인 우리는 아직도 별다른 준비없이 고객을 맞이하는 게 아닌가 반성하게 된다(무대를 천 번 이상 경험했던 가수들도 떨린다고 하는데, 판매자들에게 매번 그런 긴장감이 있을까? 매장을 들어오는 고객을 대상으로 긴장감도 없이, 아무런 연습도 없이 고객을 맞이하는데 당연히 그런 모습에 고객이 감동은 커녕 똑같은 멘트로 대충 상대하는 모습을 보고 어찌 지갑이 열리고 친구를 데리고 오고, 가족을 추천하겠는가).

판매 순서에서 인사, 묻고 답하기, GIVE, 세일즈 원리의 H. D, 사전 거절 처리 기법 중 보통 한두 가지로 고객을 상담한다.

세일즈 원리부터 기법까지 판매에 대한 철저한 체득화가 조금 덜 되어 있어도 계속해서 학습을 하고 연습을 해서 자신만의 '완성된 순서'를 갖추게 되면 지금까지 본인들이 만들어 낸 매출이나 성공한 판매의 몇 배에 달하는 성공을 달성한 모습으로 변화되어 있을 것이다.

그만큼 판매에 있어서 순서는 중요한 요소이며 핵심이다. '판매가 뭡니까' 라고 물어보는 분들에게 '판매는 순서' 라고 말하는 이유도 그만큼 순서가 가진 힘이 강하고 중요하기 때문이다.

유명한 가수들이 전국 콘서트를 준비하면서 오랜 시간 어떻게 하면 관객에게 즐거움을 줄 것인가에 대해서 많은 노력을 기울이며 준비를 한다.

그렇게 공들여 준비한 콘서트 프로그램 순서대로(처음 부르는 노래부터 중간 중간 이벤트, 관객과의 대화 내용) 전국 투어를 한다.

판매와 똑같다고 보면 된다. 판매의 순서에서 기억해야 할 점은 '애드리브 판매가 제일 나쁜 판매 방식' 이라는 것이다.

연극 배우가 연극 도중에 관객의 반응이 별로라고 판단이 되자 기존 정해진 대사말고 애드리브로 즉석에서 대사를 바꾸는 행동을 하는 것은 결코 바람직

한 모습이 아니다.

판매도 이와 같다.

판매할 때 묻고 답하는 것에서 고객의 답변이 없다고 그 순서를 바꾸거나 아니면 고객이 질문할 때까지 기다려서는 안 된다. 판매에서 고객의 반응은 다를 수 있는데 반응에 따라 판매 순서를 무시하는 모습은 완성된 모습이 아니기 때문에 고객에 따라서 움직이는 기존의 판매 모습으로 절대 돌아가서는 안 된다.

고객 천 명을 만나더라도 그 고객은 판매 순서를 한 번밖에 경험하지 못한다. 이것이 '판매 순서'의 원천이 될 수 있다. 판매왕들은 아마도 세일즈 원리, 사전 거절 처리, 묻고 답하기, 콘셉트가 있는 판매에 대해서는 알지 못해도 자신만의 판매 순서는 분명 가지고 있을 것이다. 또 한 가지 같은 상품을 한 5년 정도 판매를 하다보면 자연스럽게 잡혀 있는 순서가 있을 것이다. 이런 두 가지를 여기에서 판매 순서라고 말하는 것은 절대 아니다.

연극 배우와 같이 고객을 만나는 그 짧은 순간에 준비되어 있는 순서를 펼쳐 보이고, 고객이 그에 반응을 하면 지갑을 열게 될 것이고, 지갑을 열지 않아도 지금까지 보지 못한 열정적인 판매를 경험한 고객이 되게 만드는 판매 순서를 말한다.

지금의 판매는 어떠한가?

자신 있는 순서가 준비되어 있는가(있으면 좋겠다)?

없으면 성공했던 판매에 대한 정확한 기억(순서대로)이 있는가?

자신의 판매를 VTR로 촬영해서 본 적이 있는가(순서에 초점을 두고, 세일즈 전체를 보기에는 아직 부족한 부분이 많이 있을 것이다)?

준비된 판매 순서 패키지(판매 주머니)가 세 개는 있는가(고객에 따라서 판매 순서 주머니를 다르게 사용할 수 있어야 한다. 판매하는 사람은 세 가지 판매 순서 종류를 기본으로 준비하여 고객 분류인 나이, 성별에 따라서 상담을 할 때 사용하면 더욱 효과적인 상담 및 결과를 맞이하게 될 것이다)?

판매에서 순서를 중요시하고 강조를 하는 이유는(여기에서 핵심적인 내용이며, 앞으로 자신의 것으로 체득이 되어야 자신의 실력이 증대되는 것이기에) 지금까지의 판매는 몇 차례 지적했던 것처럼 고객이 질문을 하거나 무슨 액션이 있으면 그에 대해서 친절하게 응대했던 것이 대부분이었고 이런 모습을 수동적인 판매로 규정을 지었다.

이는 판매가 성공하면 큰 문제가 없겠지만 판매 상담을 실패했을 경우에는 판매 과정에서 받는 거절에 대한 스트레스가 굉장히 크기에 판매하는 입장에서는 그런 실패의 경험은 결코 자신을 발전시키는 데 아무런 도움이 되지 못한다(판매 세계에서 거절로 인한 상처 때문에 좋은 능력을 발휘도 못하고 떠나갔던 분들이 매우 많다. 어떤 분들은 잘 알고 있는 지인이나 연고자에게 받은 거절 때문에 큰 상처를 가지고 있다).

따라서 지금부터는 '능동적 순서'에 따른 판매를 하고, 이런 준비된 판매에 비로소 고객은 변화를 일으키게 된다는 것을 경험해야 한다. 순서없이 애드리브로만 판매하는 것은 금방 한계를 보일 것이다.

이번 기회에 스스로 자신을 한 번 되돌아보기 바라며, 처음부터 완성된 순서를 만들 수 없으니, 욕심을 내지 말아야 한다(완전한 순서를 잡고 그 순서 속에 세일즈 관련된 내용을 포함시키기까지는 많은 시간과 노력이 필요하다).

또한 완성될 수가 없으니 실패를 해도 괜찮다는 생각으로(연극 배우 중에 초보 연극 배우에 해당되는데 어떻게 처음부터 쉽게 감동시키겠는가) 서서히 완성된 순서가 잡혀나갈 때까지 계속해야 된다. 순서를 잡을 때 반드시 반영되어야 할 것은 세일즈 원리의 H와 D, 묻고 답하기를 통한 고객과 상담을 이끌 수 있는 순서, 그리고 사전 거절 처리는 반드시 있어야 한다.

여기에 세일즈 기법(여덟 가지 기법 중 한두 가지 기법)이 첨가되어진다면 지금까지 경험했던 고객들의 변화(구매 혹은 거절)보다는 다른 변화를 경험하게 될 것이며, 이를 통해서 우리도 판매왕에 근접해 가고 있음을 스스로도 알 수 있게 된다.

순서가 점점 완성체에 가까워지고 이를 현장에서 만나는 고객에게 상담을 해 나가면서 고객이 느끼는 구매 대상 물품에 대한 가격보다 우리가 제시하는 순서에 맞게 상담을 하다보면 상품의 가치 증대로 인해서 고객이 평소 우리가 대하는 고객과는 다르게 변해 가는 모습을 경험하게 될 것이다.

리듬을 타야 된다

순서가 좋아도 고객과 반드시 아이 컨텍을 함과 동시에 고객의 반응과 쉬운 질문에 대해서도 고객이 답을 하지 않는다면 반드시 순서 진행에 있어서 속도를 고려해서 고객과의 액션, 리액션의 관계를 살피면서 진행해 나가는 리듬이 있어야 한다.

순서에서 제일 중요하게 놓쳐서는 안 되는 것이 고객의 변화를 살피는 것이다

고객은 정해 놓은 순서대로 잘 순항을 하고 있는데, H에 대한 반응, 쉬운 질문에 대한 반응이 없다는(보통 판매 순서에서 제일 앞쪽에 나오는 쉬운 질문, H에 대한 고객 반응) 것은 고객 변화가 전혀 이루어지지 않고 있다는 것인데 이를 간과한 상태로 순서만 진행해서는 안 된다. 고객의 변화를 계속 살펴나가야 함은 상담의 당연한 기본이다.

잘 안 된다고 처음으로 돌아가서는 절대 안 된다

분명히 순서에 맞게 고객은 움직이게 되어 있다.

묻고 답하기에서 간단한 질문(예를 들어서 '이쪽으로 앉으시죠' 등 간단한 질문)은 반드시 고객을 움직이게 한다. 하지만 상담 중심으로 순서를 진행하더라도 고객 반응이 없는 경우를 경험하게 될 것이다.

이런 경우는 순서대로 진행하다가도 고객 반응이 좋지 않으면 아예 순서를 무시하거나(판매를 하는 것에만 집중을 한다. 순서와는 상관없이), 원래 판매를 배우기 전 습관으로 복귀를 하는 경향이 많은데 절대 그래서는 안 되는 것이다. 안 되어도(결과가 실패로 끝났다면 판매자가 순서를 무시하던 하지 않던 상관없이 그 상담은 실패로 돌아갔을 것이다. 왜냐하면 그 상담은 순서가 제대로 되지 않았거나, 순서 보따리 세 개 중에 고객에게 맞는 순서가 아닌 다른 순서를 사용했던 결과라 본다) 우리가 만들어 가는 순서대로 진행을 해야 한다. 그런 다음 그 결과에 대해서 순서를 수정하거나 필요했던 부분들에 대해서 추가 및 수정을 하면 된다.

대기업 판매 영업 사원들을 대상으로 교육을 하면서 이런 질문을 해 보았다. '영업이 뭐라고 생각합니까?' 여기에 대한 답변은 정말 다양했는데(고객은 똑같은데, 대신 표현하는 방식이 다를 뿐이다) 질문에 대해서 정답을 말하는 분은 단 한 명도 없었다. '제품의 장단점을 고객에게 전달하는 행위', '상품이 아니라 나를 판매하는 것', '재화와 가치의 교환 행위', '발로 뛰는 만큼 결과가 나오는 정직한 직업', '땀 흘리는 진정한 일', '내가 걸었던 발걸음 숫자만큼 실적과 비례하는 것', '실패를 많이 하면 할수록 성공에 가까워지는 행위' 라는 답들이 나왔다. 필자는 '영업은 순서다고, 그리고 고객에게 상품을 제외하고 제공할 수 있는 GIVE를 전달하는 것' 이라고 답했다. 이 GIVE의 차이에 따라서 실적 차이가 발생하는 것이기 때문이다.

'어떻게 하면 영업을 잘 합니까?' 라고 질문해 보면 대부분은 '차분하게 천천히 고객에게 다가갑니다', '스마일로 무장을 해서 고객에게 상품을 안내합니다', '고객의 성향에 맞는 설계를 해 드리고 고객의 입장에서 설명합니다', '고객이 뭘 원하는지 확인하고 그것을 채워 주고자 합니다' 라는 대답을 많이 한다. 다 맞는 말이다. 그리고는 다시 똑같은 질문을 필자에게 하도록 했다. 그 질문에 '사전 거절 처리를 할 수 있습니까(그동안 거절은 어떻게 극복을 해 왔습니까)?' 그리고 '순서' 라고 답을 했다.

가만히 있는데 고객이 앞다퉈서 물건을 구매해 주면 좋겠지만, 현실은 마치 전쟁터를 방불케 하는 치열한 경쟁 상황에서 영업의 성과는 고객의 거절을 사전에 처리할 수 있는 실력의 유무로 나타난다고 본다. 동시에 영업 순서가 A고객과 B고객에게 동일한가를 보고 그 업종의 경쟁력을 평가하고 해당 판매자들에게 교육을 하는 기준으로 삼는다.

앞으로 판매 교육을 전담하는 기업체 교육팀은 이 점에 초점을 두고 현장 교육을 실시해 주기를 바라며, 해당 업종의 우수 판매 인력들의 경험과 습관을 토대로 했던 교육 체계를 참조하고, 세일즈의 기본과 원리, 고객의 거절에 대한 극복 능력 및 개개인의 판매 순서에 대한 점검을 중심으로 교육을 진행해 주었으면 한다.

개인의 능력 차이에 따른 실적의 차이가 아니라 모두가 상향 평준화된 프로에 가까운 사람으로 만들 수 있으니, 전반적인 흐름을 가지고 있는 판매 순서를 완성해 나가는데 교육을 집중해 주기 바라는 마음이다. 지금까지의 판매 교육은 기본에 충실한 듯하지만 실상은 기본이 없었던 교육이었다고 할 수 있다.

케이스별로 고객은 천차만별이라고 하면서 알려 주었던 교육은 그 케이스별로 대응하는 것이 주된 내용인데, 그 많은 케이스를 어떻게 개개인의 체득화를 만들 수 있었겠는가? 당연히 영업하는 분들은 그런 케이스별 판매 사례를 따라 하고 싶지만 따라 하기가 쉽지 않았을 것이고, 또한 판매 교육의 대부분은 순서가 있는 듯하지만 행동의 순서만 알려 주는 것이었다.

고객이 들어오면 이렇게 응대를 하고, 이렇게 상품을 보여주고, 고객이 이런 질문을 하면 이렇게 대답을 하고, 고객이 거절하는 경우에는 케이스별로 이렇게 극복을 해 보고, 일반적으로 이런 교육을 받아보았을 것이다. 그 와중에 부족한 것이 있음을 느꼈지만 그것이 무엇인지를 몰랐을 것이다.

마음은 판매를 많이 하고 싶어 최선의 노력을 하였지만 영업에 대한 부족한 그 무엇이 결코 채워지지 않았던 것이다. 그래서 자신감과 함께 모두가 판매왕이 될 수 있는 길을 알려 주려는 것이다(비결이 아니라, 판매의 원리와 기본부터 시작을 해야 한다는 것).

내용이 중반을 넘어가고 있다. 독자들의 마음은 어떠할까? 어려운 부분도 보이겠지만 해 볼만하다고 생각이 드는지 궁금하다. 수많은 판매자를 만나왔고 지금까지 판매의 달인을 많이 만났지만 레벨 7 이상의 고수는 잘 만나지 못했다(절대 판매왕들이나 판매의 달인 분들을 과소 평가하는 것은 아님을 이해해 주기 바란다). 특히 장사를 하고 있는 분들이나 장사를 시작해 볼까 하는 분들, 영업을 하고 있는데 가망 고객이 많이 생기지 않는 분들, 판매왕이 꼭 되고 싶은데 어떻게 하는지를 잘 몰라서 힘들어했던 분들 모두가 우수한 실적을 올리고 있는 분들처럼 멋진 영업을 하고, 수익도 억대 연봉을 받을 수 있다는 자신감을 가져야 한다.

고수익을 올리는 분들도 처음 실패했던 경험들이 좋은 약이 되었을 것이고, 영업하면서 만나는 고객들에게 '그분들의 진정성'을 전달하는 능력은 매우 우수한 분들이다. 당연히 남들보다 부지런함은 기본이다.

하지만 그분들조차도 '고객이 왜 구매를 했는지', '어떤 경우에 거절을 했는지', 'GIVE와 TAKE가 뭔지', '판매 순서는 경험이 쌓이면서 자연적으로 만들어졌다' 라고 하는 것처럼 판매의 기본기는 탄탄하지 못한 분들이 많다.

지금까지 판매가 매우 어려웠고 고객이 궁금하기 전에는 스스로 질문이나 대화를 이끌지 못했고, 고객이 거절하면 그걸로 판매가 끝났던 분들도 고수익을 올리는 분들에게는 특별한 방법이나 노하우가 있다고 당연히 생각을 하겠지만 특별히 많지 않다.

지금까지 몸에 익혀 왔던 습관들을 전부 '이건 아무것도 아니다' 라고 하면서 제로 상태에서 기본부터 새롭게 배워 가면 된다.

그러면 절대로 판매 못 한다는 소리는 듣지 않을 것이다. 1장부터 다시 연습, 또 연습을 해서 자신의 순서에 맞는 기본기가 장착될 때까지 순서를 만들고 또 만들면 된다.

영업은 스킬(skill)이 아니라 순서(flow)다

<table>
<tr><td>

연극 배우와 관객

❶ 배우는 대사를 외운다.
❷ 사전 연습을 한다.
❸ 관객의 예상 반응을 예측한다.
❹ 연극이 시작된다.
❺ 관객은 매일 같은 관객이 아니지만 배우의 대사는 같다.
❻ 단 반응이 틀릴 뿐이다.

</td><td>

판매와
연극은
같은 것

</td><td>

판매와 가망 고객

❶ 판매 상담 순서를 익힌다.
❷ 상담용 자료를 준비한다.
❸ 고객 예상 질문에 준비한다.
❹ 판매 상담을 시작한다.
❺ 판매 상담은 거의 동일하다.
❻ 단 고객의 구매 표현만 틀릴 뿐이다.

</td></tr>
</table>

▶ 영업은 스킬의 차이라고 한다. 하지만 이 말은 큰 오류를 가지고 있다.

▶ 영업은 기술의 습득이 아니라 한 편의 연극과 같은 것이다.

03

수호아빠 판매 특허 여덟 번째

기법 8가지
이제 모든 것을 판매할 수 있다

　앞에서 조금씩 언급했듯이 지금부터 배우는 기법들은 판매자가 기법을 사용하고 있지만 고객은 사용하는지 모르기에 고객을 대상으로 기법을 사용하면 판매 효력은 만점이 된다.

　하지만 판매 테마에서도 강조했듯이 세일즈 기법으로 판매를 주도하는 판매를 절대 해서는 안 됨을 재차 강조한다. 가끔 고객에게 세일즈 기법 8가지 중에 1~2가지 정도 판매에 도움을 주기 위해서 사용하는 것은 좋지만 그 이상 남용해서는 안 된다. 이런 기법들을 소림사 기법이라고 칭하며 효과는 반드시 나타난다. 대신 계속 이어지는 판매의 기본기가 탄탄하지 않은 상태에서 기법만 연습을 해서 사용하는 것은 그다지 효과가 없다. 이 기법으로만 판매를 해도 판매는 된다. 하지만 이런 기법에만 익숙해지는 판매는 멋진 판매자, 진정성을 가진 판매자가 되는 것이 아니라 소위 말하는 판매의 '기술자'가 되는 것이니 주의해서 사용해야 한다.

　개인적으로 기술자와 같은 판매보다는 오히려 자판기 판매가 더 나은 판매라고 생각한다. 왜냐하면 기법만 사용하는 판매는 자판기 판매보다 고객에게 전달하는 내용에서 고객이 느끼는 깊이가 더 낮을 수 있기 때문이다. 판매의 기본기가 있는 상태에서 기법을 사용하기를 거듭 강조한다.

　지금까지 이 8가지 기법을 많은 분들에게 개인적으로 아니면 그룹으로 지도를 해 왔지만 여덟 가지를 습득해서 자신의 것으로 만들어 자유자재로 사용하는 사람은 아직 단 한 명도 보지 못했다.

　세일즈 원리부터 구매하지 않는 이유에 대한 체득화, 질문 1, 2, 3, 4, 콘셉트를 가진 흐름 판매를 하는 것 등 배우고 습득해야 할 것들이 많아서 그런 것이 아니라, 이 기법을 사용하지 않아도 판매의 기본기를 다지기 시작하면 판매가 된다. 아니면 8가지를 체득화하기가 그만큼 어렵다는 말이기도 하다. 그만큼 많은 시간을 공들여야 하는 노력이 필요하다.

　만약 기법 여덟 가지를 자유자재로 사용할 수 있는 분이 있다면 아마 그분은 필자를 만나기 전에 벌써 그 방면에서 판매의 달인이 되어 있을 것이다(단, 기법으로만 판매의 달인이 되면 오래가지 못하는 결함이 있다).

　지금부터 여덟 가지 기법을 본격적으로 살펴보자. 혹시 현재 판매업이나 영업 현장에서 근무하거나 자신의 일을 하고 있는 분이 이 기법을 활용하고 있을 수도 있을 것이다(이것을 배우면 판매의 달인들이 사용하는 판매 기술 정도는 금방 눈에 들어 오게 되어 있기 때문이다).

1 선택 기법

선택 기법은 가장 많이 사용할 수 있는 기법이며, 판매 전체 과정에서 2~3번을 사용할 수 있고, 판매 상담, 방문 상담 시 고객에게 2~3회 사용해도 된다. 이 선택 기법을 사용하게 되면 고객에게 '본인이 선택한 상품에 대한 애착을 높여 주고', '추가 가입 선택 기법을 사용하게 되면 우선 본인 것부터 구입을 하게 만드는 효력'을 얻을 수 있다.

강의에서도 '고객은 똑같다'라는 것을 항상 인지시켜 주는데 이 기법의 핵심은 바로 똑같은 성향을 가진 고객들에게 '선택'을 하게 함으로써 고객이 선택한 상품에 대해서 스스로 자신의 선택이 옳았음을 확인해 주는 위력이 있다.

고객이 선택한 상품이 아닌 상품(비교되는 상품이면 더욱 효과적임)을 권해 주면서 고객 스스로가 상품을 보는 안목이 좋고, 자신이 선택한 것이 정답이라고 느끼게 해 준다. 동시에 구매 선택 과정에서 반드시 친구나 가족 것을 추가로 선택을 하게 하는데 이를 통해서 판매 콘셉트에서도 말했듯이 이 선택 기법에 따라서 고객은 자신의 것을 구매할 수도 있을 뿐 아니라, 그 현장에서 가족이나 친구 것을 추가로 구매하지 않더라도 향후 해당 상품에 대한 자연스러운 수요가 발생을 하게 되면 가족 추천을 권유해 주었던 판매자가 생각이 나고, 자연스럽게 그 매장을 찾게 되는 위력도 있다.

'홈쇼핑' 판매를 보면 '이제 고객님의 선택만 남았습니다. 노란색인가요, 아니면 붉은색인가요?', '고객님은 전화만 주시면 됩니다(양자택일이 아닌 선택도 선택 기법이라 할 수 있다)'라고 시청자 입장에서는 그들이 말하는 것을 놓칠 수도 있겠지만 자꾸 선택을 요구한다. 그런 방송을 계속 보게 되면 고객은 구매를 할까 말까에서 '어느 것을 할까'로 자신도 모르게 변화하게 된다.

하지만 매장을 방문해서 이 기법을 사용하는 것보다 홈쇼핑의 경우 매우 큰 단점이 있다. 같은 종류의 상품 A, B중 선택을 하게 하는 것도 선택 기법이라고 할 수 있지만 여기에서 선택 기법은 전혀 다른 종류의 상품을 고객에게 제시할 수 있는데 홈쇼핑은 동일한 종류의 상품만 제시할 수밖에 없는 점이다.

따라서 홈쇼핑에서 하는 선택에 대한 내용은 경험상 축척해 온 선택 기법으로 레벨이 조금 낮은 기법이다. 따라서 매장이나 현장에서 고객을 대면해서 판매할 수 있는 경우라면 선택 기법은 훨씬 효과가 높은 레벨이 될 수 있다.

'상품에 대한 애착을 높여 주고', '내 것부터 구입'이라는 효과를 볼 수 있게 만드는 것이 여기서 말하는 선택 기법이다.

고객이 A라는 구두 매장에 들어와서 구두를 둘러보고 '저거 한 번 신어봐도 될까요(매우 흔한 장면으로 구두 외에도 수많은 상품을 판매할 때 경험하는 장면이기도 하다)?'

'네 신어보십시오' 라고 신발을 매너 있게 보여 주고 고객이 신어보는 것을 도와줬을 것이다. '이거 얼마예요?' 우리는 또 친절하게 가격표를 보면서 '네 얼마입니다' 라고 한다.

지금까지 무엇을 말하고 전달하려고 했는지 조금은 깨달았을 것이다. 어떤 장면인가? 자판기 판매의 한 장면이다. 앞으로는 이런 판매를 절대 해서는 안 된다. 그렇다면 어떻게 해야 할까? M. H. D.를 언급하고, 고객에게 간단한 질문부터 시작해서 구두가 평소 어디가 불편했는지도 물어보고, 판매 순서에 따라서 가격을 말하기 전 고객이 거절할 만한 사유(다른 매장도 가 봐야 되겠다, 너무 비싸다 등)에 대해서 미리 고객에게 언급하면서 거절을 제거해 본다. 또 연예인에게 스폰했던 내용들을 보여 주면서 고객과 질문, 대답을 주거니 받거니 하면서 구매 신호나 거절 신호를 감지해야 한다.

자신이 준비한 성공한 판매 순서를 꼭 만들어야 한다.

판매왕이 되고자 한다면 이런 걸 어렵다고 느끼면 안 된다. 대신 자판기 판매를 할 때보다는 고객을 대하는 것이 전문가적인 느낌은 확실히 있을 것이다. 다시 기법을 살펴보면 고객이 구두를 신어봐도 되냐고 물어볼 때 선택 기법이 시작된다(동시에 다른 질문을 하나나 둘 정도 같이 해도 상관이 없고 그것이 오히려 도움이 된다). 콘셉트를 학습했으니 우리는 'ok'를 표시하는 대답이나 행동을 고객에게 보내 주면서 착용을 하는 과정에서 고객이 자신이 선택한 상품에 대해서 마음을 굳히기 전에 다른 취향의 구두를 보여 주는 것이 선택 기법의 시작이다.

'과연 고객은 어떤 변화를 보일까?' 경험에 의하면 90%의 고객은 판매자가 다른 취향의 구두를 권했을 때 'no'라고 한다. 이 짧은 순간에 고객은 심리적으로 '내가 이 직원보다 상품을 보는 느낌이 더 좋구나' 아니면 '내가 선택한 것이 역시 좋아'라고 느끼게 된다.

고객이 'no'라고 하면 직원은 고객이 선택한 구두에 대한 판매 순서를 계속하면 된다. 가죽 소재라든지, 최근 트렌드에 대한 설명이라든지, 이때 그 설명을 듣는 고객은 자신이 선택한 상품(구두)에 대한 설명이니 '열심히 그리고 집중력 있게 설명을 듣게 된다'는 것이다.

분명한 것은 자판기 판매만 한 경우와 짧은 순간에 다른 상품을 권유해 보는 선택 기법을 사용한 경우는 약간의 차이가 있다. 조금 강도가 센 것은 구두를 선택했을 때 전혀 다른 구두를 권유하면서 고객이 선택한 상품에 대한 혹평을 하는 방법도 있다.

이 선택 기법을 통해서 고객의 반응을 보면 고객에게 다른 종류의 상품을 권해 보는 과정에서 고객이 조금이라도 구매 의사가 있는지 아니면 구매 의사가 거의 없는 경우인지 판단도 할 수 있다는 것이다. 다른 종류의 상품을 의도적으로 권유했을 때 고객이 '아닙니다', '전 그런 스타일 별로 좋아하지 않습니다' 라고 말하는 고객과 그렇지 않고 직원이 다른 상품을 권해도 무반응일 경우 전자가 훨씬 구매 의사가 많다는 것이다.

고객에게 선택 기법을 활용해 보면 구매 의사가 있는 고객은 자신이 선택한 상품에 대한 애착을 보이는 반면, 그냥 온 고객의 경우에는 이래도 저래도 괜찮다는 반응을 보인다는 것으로 괜한 고생을 하지 않아도 되는 시간 낭비를 줄일 수 있게 도움을 주기도 한다.

물론 반응이 별로 없는 고객도 실력으로 변화하게 만들고 '지름신'을 내리게 할 수 있지만 선택 기법만으로 한정해서 봐도 이 기법 하나로도 구매할 고객과 그렇지 않은 고객을 분류할 수도 있는 판단이 선다.

이 방법을 고객에게 테스트 해 보는 것도 한 방법일 것이다. 과연 우리가 사용하는 선택 기법에 반응이 있는 경우와 무반응인 고객의 최종 결과에 대해서 궁금하다면 조금 복잡하고 덩치 큰 물건(물론 구입 가격도 높은 상품 예를 들어서 스마트 TV, 최신형 냉장고, 휴대 전화, 오디오 등)을 판매할 경우에는 또 다른 선택 기법을 사용하면 된다. 이때 구매하는 방식에 있어서 고객이 설명을 듣는 방법 두 가지를 선택하게 만드는 선택 기법을 활용하면 된다. 그러면 고객은 자신이 선택한 설명 방법이니 더 열심히 설명을 듣는 것은 물론이고, 상품에 대한 구매율도 당연히 높아지게 되어 있다.

고객이 A라는 상품을 구매할 경우 쉽게 설명을 하는 것(보통 구매하는 방식)과 두 번째는 최근 대부분의 상품에서 고객의 카드 사용 실적에 따른 선 할인 방식이 있는데 고객에게 간단한 안내와 함께 '어떤 방식으로 설명을 드릴까요?'

라고 물어보는 방법이다.

고객 구입 신호에서 배운 것으로 이 상황에서 고객이 두 번째에 대해서 '그게 뭐예요?' 라고 반응을 보이면 일차적으로 구매 상담에 대해서는 긍정적인 모습이라고 보면 된다.

쉬운 설명과 약간 복잡하지만 고객에게 도움이 많이 되는(세일즈 원리의 H와 M의 눈높이를 낮추는 것을 포함한 내용) 설명 중 고객에게 우리가 어떤 방식의 설명을 원하는지 문의를 한 상황에서 고객이 어느 방식을 선택한다 해도 분명 판매자가 고객을 이끌고 있는 장면이 되는 것임을 아는 것 또한 중요하다(결론적으로 판매자가 고객을 이끌어 주고 있다는 것이 중요하다). 가장 쉬운 선택 기법을 다룬 이야기는 '우는 아이에게 아이스크림 줄까' 라고 물어보면 계속 우는 경우가 많은데 '노란 아이스크림 줄까 파란 아이스크림 줄까' 라고 물어보면 아이는 처음에는 아이스크림을 먹을 것인가 말 것인가에서 어느 아이스크림에 대한 선택의 호기심으로 바뀌면서 울음을 그쳤다는 내용은 다들 알고 있을 것이다.

이처럼 선택 기법에서 고객의 변화(변화를 인지하고 판매를 하면 좋은 결과를 기대할 수 있다)가 나타난다. 고객에게 처음 선택 기법을 사용하면 처음에는 관심이 있는 상품에 대한 반응은 이렇다.

"이 상품이 괜찮을까?"

"가격은 적당한가?"

"내가 지금 구입하는 것을 후회하지 않겠지?"

"어느 것이 좋은 건가?"

"직원이 권해 주는 상품이 더 좋은 게 아닐까?"

고객의 심리도 고객 스스로(판매자가 억지로 강요하지 않았는데도 불구하고 고객 스스로 변화를 만들어 낸다) 변화를 가져 온다는 사실은 굉장히 중요한 포인트이다.

매장 판매나 현장 영업에서 고객이 스스로 만들어 내는 이 변화가 중요하다고 언급한 것처럼 선택 기법을 통해서 고객이 처음 가진 생각에서 '어느 것이 진짜 좋은 거야?' 라는 변화가 될 수 있다면 반드시 한 번쯤은 고객에게 사용을 해야 할 기법이며 고생하면서 만든 판매 순서 앞쪽에 넣어야 한다(당연히 기법이 남용되어서는 안 되며, 기법이 판매의 기본을 능가한다는 착각을 절대 해서는 안 된다). 그리고 선택 기법에서 상품 구매와 상관없이 판매자가 처음 고객이 선택하는 상품을 보여줌과 동시에 사용했던 선택 기법과는 다르게 가족이나 같이 온 친구에게 상품 구입을 하라고 하는 선택 기법이 있다.

"정말 같이 해 볼까?"

"아니야 같이 하기에는 너무 부담이 많아."

"여기 매장 직원들은 왜 이렇게 많이 구매를 하라고 하지?"

많은 생각을 하겠지만 결론은 판매자가 선택 기법을 활용해서 고객이 구매를 할까, 하지 않을까의 경계선에 있을 때 집에 있는 가족이나 아니면 같이 온 친구의 것을 선택하라고 하면 거의 90% 이상의 고객은 '일단 제 것만' 이라고 한다는 것이다. 나머지 10%의 고객들은 '생각해 보고요' 라고 대답을 한다(직접 해 보면 기법의 힘을 믿게 될 것이다).

고객은 추가로 가족 것이나 친구 것을 하지 않더라도(하는 분도 꽤 많다는 사실을 잊지 말기 바란다) 본인이 선택한 상품에 대한 구매 만큼은 더 확실하게 구매로 그것도 고객 스스로가 자신의 입으로 '제 것만 오늘 하고요' 라고 말하는 놀라운 결과를 볼 수 있다(다시 강조하면 기법만 가지고도 판매가 되지만 기법이 판매의 기본을 흔드는 것은 절대 안 된다). 이 기법을 판매의 전체적인 과정에서 두세 번을 사용해도 중요한 것은 선택 기법을 사용하는지 전혀 알지 못한다는 것과 사용하면서도 그에 따른 고객의 반응(구매 신호 거절 신호와 고객의 변화를 읽는 시간 확보 등)을 알 수 있고, 또한 이것이 바로 고객이 물어보고 판매자가 답하는 자판기 영업에서 벗어나고 있음을 보여 주는 장면이다(이렇게 판매하는 것은 판매자가 고객을 이끌어 주는 판매이며 묻는 질문에 답을 하는 모습이 아니다).

또한 최선을 다해서 친절하게 판매를 했음에도 불구하고 고객의 성향도 모르고, 고객에게 판매의 기본이나 기법도 없이 거절을 당하면 마음이 쓰린데 이 간단한 선택 기법만 가지고도 우리가 해 볼 것, 내가 할 수 있는 것, 능동·수동에서 능동적인 판매를 해 보고 거절을 당하는 것이므로 조금이나마 고객 거절에 따른 마음은 그냥 당하는 거절보다는 덜 쓰릴 것이다. 처음부터 이 기법도 잘되는 분보다는 잘 안 되는 분이 더 많겠지만 자연스럽게 될 때까지 콘셉트(흐름 판매)와 결합을 해서 사용해야 한다.

2 맞지예 기법(동의를 구하는 기법)

필자가 부산 사람이라서 사투리 표현이지만 표준어로는 '동의를 구하는 기법'이라고 하면 된다. 판매는 순서라고 했고, 영업도 순서라고 했던 기억이 나는가?

이 기법은 고객을 처음 만난 순간부터 판매가 완료되는 순간까지 계속 사용을 해도 될 만큼 좋은 기법이다. 질문 항목에서 일상 생활에 대한 질문부터 상품 선택하기, 상품에 대한 설명, 고객의 마음 속에 가지고 있는 구입을 하는데 장애물이 되는 것들에 대한 이야기, 마무리까지 많으면 열 번 이상을 사용해도 나쁘지 않은 기법이다.

사례를 보면 생선 가게 주인이 고객에게 맞이 인사를 친절히 하고 고객이 생선을 고르는 과정에서 이 기법을 자연스럽게 사용하는 것을 많이 봐 왔다. '오늘 생선 금방 들어 왔습니다' 라고 말하는 주인과 고객에게 '오늘 고기 괜찮지요?' 라고 물어보는 주인의 생선 판매 차이는 분명히 있다는 것이 이 맞지예의 좋은 사례이다. 생선을 판매하는 두 주인은 어디서 판매에 대해서 배운 경험도 없고, 생선을 더 많이 팔기 위해서 판매를 공부한 적도 없는데, 동의 기법을 자연스럽게 사용하고 있는 생선 가게 주인은 어떻게 이런 기법을 사용하고 있을까?

그것은 오랜 경험으로 축적된 노하우이기 때문이다.

고객은 물건을 구매하면서 자신의 선택이 존중받기를 원한다. 판매하는 사람과 가격만 주고받는 것이 아니라 또 다른 무언가를 절실하게 원하고 있는 것이 고객이다. 이 사실을 판매자는 절대 잊어서는 안 된다. '이 생선 얼마예요?' 라고 묻는 고객에게 우리가 '얼마입니다' 라고 하는 것이 정답일까? 절대 아니다. 얼마입니다라고만 말하는 것과 '오늘 고기 괜찮지요?', '오랜만에 오셨네요(주인의 기억력)', '오늘은 날씨가 많이 춥지요' 라고 고객에게 '합의나 긍정' 을 요구하는 맞지예 기법은 당연히 판매에 있어서 그 힘이 대단한 것은 당연하다.

맞지예 기법은 판매 순서에 맞춰서 '고객과 내 판매 순서의 진도를 나가는 것을 확인하는 절차' 임과 동시에 '고객에게 계속 동의를 구하는 과정을 통해서 종국에는 구매라는 단계에서도 동의를 한다' 라는 도미노 현상을 만들어 낼 수 있다.

고객과 상품 상담을 하는 과정에서 '이해 되시죠?', '아시겠죠?', '맞습니까(고객이 물어보는 것에 대해서 판매자가 다시 한번 확인하면서 사용하는 멘트일 수 있고, 또한 고객이 선택한 상품을 보여 주면서 해당 상품이 맞는지 확인하는 과정에서 사용하는 멘트일 수 있다)?' 라고 고객에게 문의하는 것도 같은 맞지예 기법의 일종이다.

맞지예라고 물어보는 것과 동시에 그에 따른 고객의 반응을 확인하면서 판매 순서를 계속 진행을 해야 하는 것인지, 조금 속도를 늦춰서 해야 되는 것인지도 판단해 보면 된다.

고객의 판단에만 맡겨둔 채로 판매의 기본이라고 생각하고 있는 상품에 대한 안내와 해당 상품의 가격, 그리고 오늘 추가적인 할인에 대한 안내만 하면 판매자의 임무는 완수했다고 생각할지 몰라도 고객은 그 순간에도 '거절을 하고 나갈까?' 를 생각한다는 사실을 인지해야 한다.

처음부터 준비된 맞지예를 가지고 고객에게(특히 복잡하고 설명할 것이 많은 상품일수록 판매 순서에 맞는 맞지예 기법의 사용은 좋은 결과를 가져다 줄 것이다. 보험 상품, 휴대 전화, 가전 제품, IT 제품 등) 진도 확인 차원에서도 물어보기 바란다. '괜찮죠?', '오늘 하실 거죠?', '이런 부분은 많이 괜찮죠?' 등 전체적인 과정에서 고객을 이해하고, 판매자가 알려주는 것을 인정하며 순서에 따라 오는지 금방 알 수 있고 또 고객과 이런 동의를 거치는(손바닥을 마주쳐서 소리가 나는 행위와 똑같은 것이다) 것을 계속하는 것 자체가 고객과 판매자의 코드 맞추기 활동인 것이다.

동의 구하기 기법은 모든 세일즈 업계에서 통용되었던 마무리 기법(참고로 20년 전부터 이런 교육을 받고, 또 실행하기도 했지만 현실에는 맞지 않는 부분이 있었다. 클로징 기법이라고 해서 대부분의 판매나 영업하는 분들이 마무리 단계에 가서 고객에게 판매나 계약을 종용하는 기법을 말한다)과는 별도로 인지를 해 주기 바란다. 마무리라고 해서 고객에게 시간을 할애받아서 설명하고 계약을 하고자 하는 기법이 아니라 자연스럽게 판매 순서에 맞게 1번, 2번, 3번 혹은 그 이상을 하는 것이다. 이것을 실제 사용하는 판매자나 영업하는 분들이 마무리라는 특별한 구역(마무리 단계에서 사용하고 활용하라는 것처럼 상담의 중간 이후라는 구역을 정해 놓고 하는 판매)을 정해 놓고 하는 활동보다는 훨씬 효과적인 고객 판매 결과를 만들어 낼 것이다.

특별히 강조할 부분은 세일즈 8기법을 우리가 체득화하고 고객에게 사용할 때, 해당 고객에게 한 가지 기법을 사용하는 것보다는 여러 기법을 섞어서 사용하는 것이 매우 효과적인 결과를 이뤄낼 수 있다는 점이다.

앞의 선택 기법과 동의 기법을 섞어서 사용할 수 있겠는가?

어떻게 섞어야 할까? 어떤 것이 선택 기법이고 어떤 것이 동의 기법인지 구분을 하지 말고 흐름을 가지고 판매 순서의 콘셉트를 잡은 다음에 콘셉트라는 큰 테두리 안에서 잘 맞는 '언어'로 선택해서 추가를 계속해 나가면 된다.

그런 다음에 콘셉트 별로 바로 앞에 고객이 있다고 가정을 하고 실험을 해 본다.

다시 말하지만 흐름을 가진 순서가 있어야 하고 그런 다음에 기법은 음식 만들기로 보면 마지막에 조금 첨가하는 향신료 같은 존재이므로 이 기법이 중심이 된 흐름을 잡지 말고 기법 이전에 배운 것들이 중심이 되어야 한다. 기법을 섞어서 사용할 수 있으면 위력은 배가 됨은 당연한 것이다. 특히 선택 기법과 동의 기법을 같이 사용할 줄 알면 굉장히 특별한 경험을 하게 될 것이다.

세일즈 기법을 하기 전 8가지 기법을 다 배웠다고 해도 사용하기가 쉽지만은 않다. 하지만 8가지 기법을 자유자재로 사용할 줄 알게 된다면 '판매하지 못하는 상품은 없다' 라고 스스로가 느낄 것이다. 그러니 2~3가지 기법이라도 중요한 것은 '내 것으로 만드는 것' 과 그 만든 것을 '내 판매 순서에 접목' 시켜서 사용할 것을 다시 한번 강조한다.

3 무너뜨리기 기법 – 하나가 무너지면 전부를 무너뜨릴 수 있다

현장에서 가장 많이 받는 질문 중의 하나가 어떻게 하면 판매를 잘할 수 있을까이다.

"책을 보고 열심히 자신의 순서를 만드세요."

"열심히 하다 보면 됩니다."

"세일즈 기법이라도 열심히 내 것으로 만드세요."

"지금도 잘하고 있습니다."

"어떤 판매 레벨이 되고 싶으세요."

질문에 대한 답은 상황에 따라서 조금은 달랐지만 제일 많이 한 답은 '자판기냐 아니냐?' 이고 또 다른 답은 '고객을 하나하나 무너뜨리기를 할 줄 알면 됩니다' 이다. 주변을 살펴보면 '마니아' 들을 많이 볼 수 있다(우리가 판매하는 상품도 구매했던 고객 분들이 마니아가 되었으면 좋겠다).

한 동료에게 '낚시를 합니까' 라고 물어봤을 때 그 친구는 '낚시는 안 해봤습니다. 못해 봤습니다' 라고 했다. 그후 그 친구와 같이 낚시를 가서 고기를 낚는 경험을 하게 되었다(그 친구에게 낚시를 하면 뭐가 좋고, 낚시를 함으로써 얻는 것들이 이런 것 저런 것 많다고 말해도 끄떡도 안 하던 친구였다). 고기 낚은 경험을 한 이후 며칠 지나지 않아서 그 친구는 '오늘 낚시 어때요?' 라고 먼저 권유하는 것을 봤다. 낚시를 하지 않던 친구에게 처음이 힘들어서 그렇지 쉬운 것부터 직접 경험하게 하면(행동이나 말 등) 우리 의사와는 무관하게 고객 스스로가 그 일에(우리가 봤을 때는 구매) 고객 자신을 변화시키고자 한다. 이것이 바로 무너뜨리기 기법이란 것이다.

쉽게 말해서 하나부터 무너뜨려보면(고객에게 쉬운 행동을 하게 하고, 판매자가 질문하는 것에 대답을 하게 만드는 것) 결국은 고객이 구매까지 하게 된다는 것이다.

매장 방문을 하다 보면 '차 한 잔 드릴까요?' 라는 질문을 많이 받는데 이것 또한 무너뜨리기 기법 행동 중의 하나이다.

또 대형 마트에서 하고 있는 시식하는 곳에서의 행동도, 설문 조사를 하는 매장에서 설문 조사에 대해서 응해 주고 있는 모습도 모두가 무너뜨리기 기법을 하고 있는 모습이다(그런 것들을 하다 보니 훨씬 많은 판매가 나오는 것을 경험적으로 알게 되어 지금도 전통적인 방식의 무너뜨리기 영업 활동을 하고 있는 것이다). 대학교의 신학기를 맞이해서 학교 앞에서 신입 여학생을 대상으로 화장품 판매를 많이 하는데 처음에는 가벼운 설문 조사로 시작을 해서 결국에는 그 여학생들 손에는 많은 화장품이 쥐어져 있는 것을 볼 수 있다. 여기서도 무너뜨리기 기법이 사용되고 있음을 알 수 있다.

다시 강조하지만 기법이라는 것이 사용하는 사람은 알고 하는 것인데, 그것을 받는 고객은 전혀 모른다는 것이다. 따라서 기법만으로도 판매가 당연히 될 수 있는데 기법에만 집중을 해서 하는 판매는 할 수는 있겠지만 고객이 느끼는 구매의 만족감이나 구매 과정에서 그 매장과 직원으로부터 느끼는 고객과 판매자 사이에서 형성되는 만족감은 절대 생기지 않아 종국에는 성공한 판매는 아니라는 것이다. 우리 주변에는 본인들이 사용하고 있는 것들이 기법인 줄 모르고 경험상 하다 보니 좋은 반응과 결과가 나와서 계속하게 되는 무너뜨리기 기법이 많이 있다.

시식 코너

화장품 샘플 제공

마트 전략 상품(전략 상품으로 고객을 마트에 진입만 시켜도 성공)

헤어숍의 퍼머 2만 원(저가 전략) 일단 의자에 앉히면 2만 원이 아니라 더 많은 고객 비용이 나오게 되어 있다

안경점의 안경 2만 원

병원(성형외과, 피부과, 다이어트 전문 병원 등)에서의 쉬운 것부터 시작하는 상담(처음부터 절대 어렵고 힘든 것을 권하지 않는다)

이런 문구에 그 매장을 방문한 경험이 있을 것이다. 이처럼 고객에게는 쉬운 것부터 시작을 하는 것이 중요하다.

무너뜨리기 기법은 매장에서 아니면 현장 방문 고객 상담을 할 경우에 고객에게 가벼운 것부터 시작을 하면서 무너뜨리기 기법에 반응을 하는지 그렇지 않은지를 '판매 순서'와 병행을 해 나가면서 고객이 정말로 구매 의사가 있는지도 알 수 있는 기법이다.

고객이 매장에 들어오면 '반갑습니다'라는 인사와 함께 어떤 대화로 고객을 맞이할까? 아직도 '찾으시는 것 있으세요?'라는 무식한(?) 질문을 하고 있지는 않을

것이다. 이런 질문은 이제는 절대로 하지 말고 인사를 한 다음에 콘셉트에 맞는 느낌으로 고객에게 아주 간단한 말이나 행동을 부탁하는 것으로 시작을 한다.

고객이 매장에 들어오자마자 '저 상품 주세요. 얼마예요? 카드로 하면 되죠? 포장해 주세요'라고 일 분도 걸리지 않고 구매하는 고객이 있다면 정말 고마운 고객인데 대부분의 고객은 그렇지 않을 것이다.

고객이 매장 방문을 하면 이제부터는 가벼운 것으로 시작을 한다. 우리가 손으로 고객에게 '이쪽으로 오시죠?'라고 매장의 어느 방향으로 안내를 한 번 해 보자(매장이 협소해서 안내를 할 상황이 아니라면 고객에게 '이쪽으로 앉으시죠?' 아니면 '차 한 잔 드릴까요?'). 아니면 고객이 가방을 들고 있다면 '무거워 보이는데 이쪽으로 내려 놓으시죠?'라고 아주 쉽고 고객이 대답이나 행동을 반드시 할 수 있는 것을 제시해 본다(다시 말하지만 쉬운 질문, 쉬운 행동 요청을 한 경우이다. 따라서 고객이 기분이 상하거나 행동을 하지 않을 이유는 특별히 없다).

그런 다음에 고객이 판매자가 부탁하거나 제시하는 행동이나 질문에 반응이 오는가를 보고(당연히 가벼운 부탁이니 반응이 올 것이다) 반응이 오기 시작하면 해당 고객은 그래도 '구매 의사가 조금이라도 있는 고객'으로 분류를 해도 좋을 것이다.

이처럼 무너뜨리기 기법으로 매장을 찾은 고객들의 구매에 대한 의사가 있는지 여부도 확인해 볼 수 있다. 구매 의사가 없는 고객의 경우 아주 가벼운 부탁이나 질문을 해도 반응이 다를 것이다.

오늘부터는 구매 결과를 체크해 나가면서 고객들이 매장으로 들어왔을 때, 우리가 무너뜨리기 기법을 한 개에서 세 개까지 해 보고 그 반응을 체크해 놓았다가 상관 관계를 살펴보자. 구매한 고객은 역시나 판매자가 부탁하는 행동이나 질문에 대한 반응이 구매를 하지 않는 고객보다 훨씬 높다는 것을 알 수 있을 것이다.

무너뜨리기 기법을 사용할 경우 두서없이 사용을 하지 말고 콘셉트에서 말한 것처럼 고객과 처음 만난 상황에서는 '쉽고 가벼운 무너뜨리기'를 해 주기 바라며, 상품 설명 단계에서는 '고객의 동의를 구하는 무너뜨리기'를 사용하고, 마무리 단계에서는 '자신 있게 오늘 이걸로'라고 고객에게 구매에 대한 확신을 하게 만드는 무너뜨리기를 사용하면 된다.

흐름이 있는 무너뜨리기란 이런 것이며 고객은 처음에 쉬운 것부터 시작을 해서 자신이 판매자가 제시하는 행동이나 질문에 응대를 하면서 구매라는 것도 무너지게 되는 원리를 경험하게 될 것이다.

여기서 한 가지 강조하고 싶은 말이 있는데, 무너뜨리기를 사용하면서 판매 성공을 위해서는 당연히 흐름과 무너뜨리기가 같이 진행이 되어야 하며 또 한 가지 중요한 것은 판매자에게는 많은 시간이 주어지지 않기에 한 번 숨을 들이키고 내뱉을 때 중간에 멈추지 말고 뱉어낼 줄 알아야 한다. 일 분 정도의 짧은 시간 안에 M. H. D.는 물론이고 고객에게 사전 거절 처리, 순서에 맞게 이야기할 줄 알아야 판매의 달인이라 할 수 있다.

"이 직원 참 열심히 하네."

"판매하려고 노력을 많이 하네."

그 짧은 시간 안에 고객에게 상품 구매에 따른 즐거움을 합쳐지게 해서(세일즈 원리의 H) 좋은 결과를 선물해 주어야 하는 것이기에 한 번 호흡으로 대부분을 전달하고 구매로까지 이어지는 수많은 연습이 필요하다(많은 것을 요구하지만 판매의 달인이 되기까지는 혹독한 연습이 필요하다). 무너뜨리기 기법만으로도 충분히 판매를 할 수 있다는 것과 반면에 이 기법만 집중하게 되면 고객에게 주는 판매자의 느낌을 전달할 수는 없다.

이 기법을 사용하는 것은 고객과의 주고받는 모습이고, 따라서 이 기법은 기준을 쉬운 것부터 시작해서 어려운 것까지(구매 결정) 호흡을 쉬지 않고 연속적으로 판매 순서와 결합한 사용을 해야 효력이 배가 된다는 것을 명심해야 한다.

4 폭탄 기법 – 구매는 쉽게 결정을 하지만 구입 과정은 까다롭게 한다

판매나 영업을 하는 과정에서 고객은 가끔 어려운 질문을 하기도 한다(곤란하게 만드는 질문도 포함되어 있고, 쉽게 결정을 하지 못하는 질문도 있으며, no라는 말이 나오도록 하는 질문을 의도적으로 하는 고객도 당연히 있다). 판매자가 쉽게 수긍하기 힘든 질문이나 요구 사항(구매를 할까말까는 물론이고 구매를 하면 더 주는 것이 무엇이 있는지, 결정된 가격에서 추가 할인을 요구하는 것, 매장에 없는 상품에 대해서 구해달라고 요청을 하는 것, 다른 매장과 비교를 하는 것)에 대해서 이 폭탄 기법은 고객과 상품을 중간에 두고 고객에게 상품을 우선 안겨드리게(구매를 다한 결과물로 느끼게 만드는 것) 하는 기분을 가지게 만들어 주는 기법이다.

쉽게 말해서 고객이 원하는 구매 수준(가격적인 측면도 있을 것이고, 추가로 요구하는 오퍼에 대한 것도 있을 것이다)이 100이라면 100이나 105를 먼저 고객에게 제시하고 이를 고객이 괜찮은 제시라고 인정하게 만드는 것이다. 그 상품에 대해서 마치 판매자가 제시한 100이나 105를 통해서 구매라는 결론이 난 것처럼 인지시키고 대신 최종 상품이 결재라는 단계를 거치고 고객의 손에 넘어가는 것은 조금 까다로운 과정이 있게 만드는 '결론을 먼저 드리고 과정을 뒤에 설명하는' 기법이다.

길을 가다가 '최신 스마트폰 공짜' 라는 문구와 '당일 구매 고객에게 왕창 선물' 이라는 문구, '노트북 구매 시 ***를 추가로' 라는 문구 등(이런 문구나 매장 앞에서 호객 행위를 하는 분들이 하는 말)을 보고 구매했는데 이런 경험들이 쌓여서 고객들은 자신의 구매 기준을 형성하고 있는 것이 보통이다. 이런 폭탄 기법에 해당되는 문구나 말은 고객들에게 지금까지의 경험으로 쌓여진 기준을 넘어서는 이상의 것들을 먼저 제시하고 있다.

가끔 홈쇼핑 방송을 보고 있으면 '배보다 배꼽이 더 큰 것처럼 보이는 상품' 을 접한다. 고객 입장에서 보면 당연히 본 상품보다 추가로 준다는 것 때문에 구매를 하는 경우가 있어 역시 100이라는 것을 기대하게 되고 110이나 120을 제공해 준다는 것(이건 순전히 순간 느끼는 생각이다. 장사는 밑지고 하지는 않는다) 자체가 이미 그 상품의 구매 고객이 되어버린 결과(구매를 하지는 않은 상태지만 마음 속으로 이미 구매를 하고 그 물건을 받아서 사용하고 있는 착각을 하게 된다)를 스스로가 만들어 버리는 것, 이렇게 만드는 것이 폭탄 기법이다.

폭탄 기법을 통해서 구매 여부를 빨리 마음 속으로 결정짓게 만들 수 있고, 판매자 입장에서는 판매하는 과정에서 불필요한 시간 낭비를 확실하게 줄일 수 있는 기법이기에 여러 업종에서 근무하는 분들에게 이 폭탄 기법을 가끔 사용해 보라고 한다.

그렇다고 폭탄 기법 때문에 원가가 100인데 110, 120을 제공하라는 말이 아님은 알고 있을 것이다. 판매 상담을 하면서 처음에는 90에서 시작을 했다가 고객이 구매를 조금 꺼린다는 신호를 접하고 90에 5을 더해 주려는 판매 활동, 또 고객은 95에 만족을 하지 못해서 100을 요구하는 상황에서 마지못해 100을 제공하면서 결국 판매는 했지만 고객도 그렇고 처음부터 100을 준다고 했다면 어땠을까라는 의구심이 들기도 하는 경험을 해 보았을 것이다.

그 100이라는 것을 잘 분산을 해서 종국에는 고객에게 100을 주지만 그 100을 110으로 만들어서 제시를 하라는 의미이다. 장사를 하는데 많이 판매하고 이익이 창출되어야 한다(예전 선배들은 '장사는 밑지고도 판다'고 했지만 그 말은 다른 의미로 해석이 된다).

자신이 고객이 되어서 매장을 방문했을 때 만나게 되는 보통의 판매자와 같이 조금은 무미건조한 모습으로 자신도 모르게 변해 있을지 모른다.

그래서 고객이 질문을 하면 그 질문에 대해서만 친절히 대답을 하는 모습이 되어 있었는지도 모른다. 그러니 칼자루를 쥐고 하는 판매가 되지 못하고, 고객이 구매를 할 사람인지 아닌지도 판단이 안 되고, 순서는 더더욱 없고, 질문은 원래대로 늘 하던 평범한 질문만 던지게 되는 것이다. 이런 직원들에게 판매하는 시간도 줄이고(시간을 많이 늘리는 판매를 하라고 주장하지만 너무 거절을 많이 당하고 힘들어하는 직원의 경우는 판매하는 시간을 늘리는 것이 중요한 것이 아닌 만큼 폭탄 기법이던 선택 기법이던 무슨 방법을 사용해서라도 판매에 대한 자신감을 다시 회복하는 것이니 시간이 짧아도 상관이 없다) 고객에게 구매를 할 것인지, 아니면 구매하지 않던지 빨리 결정하게 만드는 기법이 폭탄 기법이다.

따라서 고객이 내방을 하면 제공할 수 있는 모든 것을 한 번에 제시를 하고 나머지는 고객의 변화만 기다리면 되는 기법이다. 폭탄 기법으로 고객에게 구매 결정을 하게 만들고 그 다음은 고객이 구매를 결정한 마음을 가지게 되는 신호를, 행동을 보이면 그때부터 판매자가 그 판매의 모든 주도권을 가질 수 있게 된다.

처음 말한 구매 결정은 쉽게 내리게 만들고 대신 실제 상품을 결재하고 그 상품을 고객 손에 쥐어주는 과정은 까다롭게 한다는 것이 폭탄 기법인데, 고객이 구매 결정을 마음 속으로 하게 되었을 때는 그에 상응하는 구매 신호를 보낼 것이다.

이때부터는 다시 천천히 고객에게 상품에 대한 안내를 처음부터 새롭게 할 시간을 가지게 된 것이고, 110이나 120을 고객이 얻기 위해서는 아직도 구매 최종 단계까지 가는 과정에서 판매자의 손길이 더 필요하다는 것을 의미하는 것이다.

이미 고객은 마음 속으로 구매 결정을 한 상태이고 빨리 그 물건을 가지고 싶어하는 상황이라면, 이때부터 세일즈 원리부터 콘셉트가 있는 흐름 판매를 중심으로 판매를 하면 된다. 절대 고객은 상품 앞에서 떠나지 않는다. 이것은 좋은 기회이다. 지금은 그 고객에게 한 가지 상품만 판매할 수 있는 상태지만 상담을 통해서 추가로 판매할 수 있는 시간과 가족이나 같이 온 친구에게도 판매할 수 있는 기회가 있다. 그러니 판매 순서를 고객이 경험하게 해야 된다.

고객을 대상으로 연습이 될 수도 있지만 결코 연습이 아닌 것이 그 상담 시간을 통해서 판매자에게는 지금 앞에 있는 고객을 더 알게 되고 고객의 주변에 대한 추천까지 상품 하나를 판매하는 것이 결코 아님을 깨달아야 한다.

까다롭게 해도 괜찮다. 고객은 이미 마음이 변화되어 있는 상태이기 때문이다. 이것도 폭탄 기법이고 고객은 모르는 기법이다.

네 가지 기법을 1차로 언급했는데 독자들은 어떤 기법이 자신에게 잘 맞는다고 생각이 드는가?

어떤 기법이 자신의 매장에 잘 맞을까?

또한 우리 상품 판매에 가장 효과적인 기법이 눈에 들어올까?

혼자서 하고 있던 직원들과 같이 하던 연습해서 자신의 매장에 가장 효과적인 것이 무엇인지 정해 보고 같이 사용해 보면 효과가 있을 것이다.

기법은 한 가지만 잘 사용해도 충분하며, 고객을 수없이 대면하고 판매 상담을 하더라도 똑같이 사용을 해도 전혀 상관이 없다. '판매는 순서다' 에서 판매하는 상담 내용을 고객은 한 번밖에 들을 수 없다는 것, 여러 번 들으면 더 좋고(왜냐하면 그런 과정에서 판매자와 고객과의 관계는 많은 대화를 나눈 사이로 변화될 수 있는 시간이 있기 때문이다) 조금 더 노력을 하는 경우라면 기법 가운데 두세 개를 판매 순서에 배치를 잘해서 사용할 수 있으면, 더 나아가서 기법을 한 가지만 사용하는 것이 아니라 한 번에 두 가지 정도를 섞어서 사용할 수 있다면 제일 좋은 방법이다.

판매 순서를 그림으로 표현해 보면 다음과 같다.

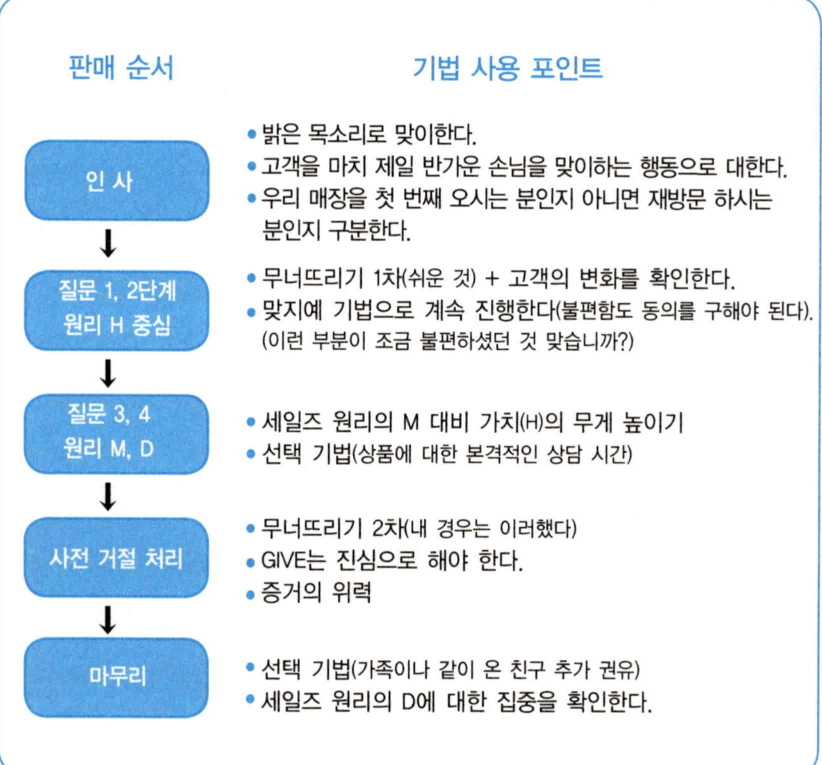

조금 어렵게 보일 수 있다. 이 그림에서 강조하는 '판매는 순서다'를 보여 주는 그림이며, 판매의 달인이 되고자 하는 분들은 꼭 이런 순서를 잡고(역시 처음에는 순서가 엉터리일 수도 있고, 고객에게 잘 적응이 되지 않는 순서를 잡을 수 있겠지만 조금의 시간만 투자를 해서 만들어 가면 훌륭한 판매 순서를 잡을 수 있으니 쉽게 기존의 애드리브로 판매하는 방식을 이번 기회에 버려주기 바란다. 애드리브로 판매하는 것은 오래가지 않고, 고객이 변화를 잘 만들어 내지 않는다) 기법을 연습하면 된다.

세일즈 원리의 M. H. D.에 기본을 둔 질문과 고객의 동의 과정을 만들어 가는 질문을 순서에 넣을 수 있어야 하며, 사전 거절 처리 과정을 겪으면서 고객의 변화를 만들어 내는 정확한 순서를 만들어 가면 된다.

1장부터 4장까지 많은 것들을 전해 주고자 했지만 생각하는 판매나 영업은 기존의 판매 달인들의 경우 특별한 노하우가 있어서 판매의 달인이 된 것이 아니라는 것과 지금 여기에서 자신의 것으로 만들고 있는 분들도 당연히 판매, 영업의 달인이 될 수 있다는 자신감을 가져야 한다. 아직까지 판매나 영업에 대해서 정확히 무엇이 판매이며, 어떤 과정으로 판매가 이루어진다고 정의내린 것은 없었기 때문이다.

1장 ~ 4장까지 중에 한 항목만 열심히 해도 판매를 하는 데는 부족하지 않을 것이다(예를 들어서 세일즈 원리만 하루에 100번씩 외우고, 판매하는 모습을 원리에 맞춰서 수정하고 M보다는 H나 D에 비중이 높은 판매 방식으로 변화를 해도 지금보다는 훨씬 좋은 판매 실적을 올릴 수 있다는 의미이다). 하지만 다시 한번 강조하는 것은 '지금까지의 판매 방식을 전부 버리라'는 것이다.

　기존의 것을 버리지 않고 그대로 둔 상태에서 몇 가지만 추가로 실력이 향상된다고 해서 전체적인 판매 방식의 변화는 오지 않는다. 기존의 것을 버리고 새로운 마음으로 판매를 시작해야 한다. 입으로 하는 판매에서 귀로 듣는 판매 단계까지 다다르기 전까지는 수없이 많은 노력을 해야 된다.

　이제부터는 누구나 할 것 없이 판매에 대해서 더 많이 연습하고, 대본(연극대본)과 같은 판매 순서를 만들어 사용해 보고 수정을 해 나가면서 노력해 나간다면 판매의 달인이 될 수 있다. 이를 위해서 지금 기법을 배우고 있는데 자신이 판매하는 모습을 동영상을 찍어서 주요 내용들을 각각의 판매 순서에 잘 적용을 하고 있는지 확인하고, 고객과 만남의 시간이 굉장히 짧은데도 불구하고 그 시간 안에 고객의 변화하는 모습이 어떤 단계에서 확인이 되고 있는지도 계속 확인해야 할 것이다.
　기법 1(선택 기법)을 사용하는 순간 고객은 납득과 변화를 하고 있는지도 확인을 해 보고 A고객과 B고객에게 판매하는 모습이나 질문하는 순서, 판매 기법을 적용하는 순서가 비슷한지도 확인을 해 봐야 한다.
　이런 과정에서 판매자가 질문의 주도권을 잡고 고객을 이끌고 있는지 아니면 반대로 고객이 질문을 하고 판매자가 대답을 하고 있는지도 확인을 해야 한다. 따라서 이제부터는 그런 힘든 굴레에서 벗어날 수 있는 기회가 있으니 그 기회를 살려서 판매에서 그 누구도 따라 하지 못하는 단계로 올라서서 돈도 많이 벌고, 땀 흘리고 거절당한 만큼에 대한 보상을 많이 받기를 바란다.

　어느 매장을 방문하든지 판매하는 직원들을 조금만 보고 있으면(물론 그 업종의 브랜드 파워가 워낙 막강하고, 서로 사려고 매장을 방문하는 그런 매장을 말하는 것은 아니다. 이런 매장은 판매의 원리가 무슨 소용이 있겠는가? 그냥 있어도 고객들이 사러 들어온다) 그 매장의 판매 실적이 보이고 그 매장에 재방문 혹은 재구매를 할 고객들도 당연히 보인다.

이렇게 실적이 눈에 보이듯이 직원들의 판매하는 실력도 역시 보인다.

아직 판매하는 모습은 여전히 낮은 수준으로 보이는데, 이를 인정하는 것 또한 중요한 것이다.

5 알고 계시죠 기법 – 젊은 고객층에게 많이 사용하면 효과적인 기법이다

고객의 요구 사항이 많아지는 시대다. 여전히 '고객은 똑같다'라고 하지만 동일한 상품을 판매할 때, 고객의 성향과 직업 등은 다양하다. 해당 상품을 대하는 마음이나 구매 후 사용할 생각을 하는 것, 사용하면서 얻는 즐거움이나 기쁨 등은 항상 똑같다라고 본다. 당연히 이런 고객들에게 세일즈 기법이나 그에 대한 활용 및 효과 역시 비슷한 것으로 예상해도 무방하다. 알고 계시죠 기법은 고객에게 고객의 선택권을 잠시 넘겨주는 기법이다.

매장이나 현장 방문 시에 상품에 관심을 보이는 분에게 해당 상품의 본질적인 내용이나 구매 패턴, 좋아하는 연령, 성별, 최근의 트렌드 등 고객에게 도움이 될만한 것은 물론이고 해당 상품의 상권 안에서(상권이란 자신의 매장이 위치한 지역을 뜻하는 말로 거리상으로 보는 경우와 업종의 집중도를 중심으로 보는 상권이 있는데, 여기서는 거리의 범위로 보는 상권이다) 같은 업종의 타 매장과의 가격 경쟁력, 당일 혹은 기간 세일에 대한 안내 등 고객에게 제공할 것들과 그리고 사전 거절 처리에서 언급하는 내용들(매장의 장점, 구매 후 반품율, 구매 이후 고객들의 가족 추가 구매 등)에 대해서 고객에게 해답을 구해 보는 기법이다.

이 기법은 20대~30대 젊은 고객층에게 상당히 효과적인 기법인데, 그 이유는 최근 고객의 요구 사항이 많은 것에 비추어 보면 정보화 시대, 스마트폰 보급으로 인해 대부분의 것들에 대한 정보를 실시간 취할 수 있는 고객들에 대해서 사용하는 기법으로 '고객이 미리 알고 있는 내용에 대한 답을 구해 가는 과정에서 답을 고객에게 구하면서 고객 스스로가 상품 구매에 대한 답을 내리게 하는 것'이다.

"이런 것이 좋습니다."

"이런 내용으로 이 상품은 이런 경쟁력이 있습니다."

"이런 내용으로 최근 고객들이 많이 찾고 있습니다."

"요즘 대세가 이 상품입니다. 특히 젊은 고객들이 선호합니다."

고객에게 대부분 판매할 때 모습으로 알고 계시죠 기법은 이렇게 우리가 전달하는 것이 아니라 고객에게 그에 대한 질문을 해 나감으로써 고객 스스로가 해답에 대한(제시한 알고 계시죠 기법) 접근을 하게 함으로써 직접(잠깐 동안이지만) 상품에 대한 느낌, 구매에 대한 믿음 등을 의견 일치를 만들어 내는 것이다.

예를 들어서 구두 매장에서(구두 1켤레에 10만 원 이상) 고객이 A라는 상품 모델을 선택했을 때(참고로 알고 계시죠 기법을 많이 사용하지는 않는다. 하지만 사용해도 좋은 기법이니 젊은 고객들에게 사용해 보기 바란다) A라는 상품에 대해서 직원이 '고객님 알고 계시죠? A모델이 제일 많이 나가는 이유를' 하면서 고객에게 답을 요구하는 것이 알고 계시죠 기법의 한 사례이다.

알고 계시죠 기법의 질문에 대한 답은 yes와 no로 구분을 하면 50 : 50 비율로 나온다. 여기서 중요한 포인트는 고객이 뭐라고 할지 답을 알고 하는 질문이나 판매는 굉장히 우수한 판매이며 계속 고객과 묻고 답하기를 통해서 대화를 하다 보면 준비된 질문이나 기법을 사용했을 때 고객의 반응이 예상된다는 것이다. 고객을 읽고 하는 판매는 고객의 소리가 들리기 시작하는, 귀로 영업을 하는 단계로 갈 수 있다는 좋은 증상임을 보여 주는 것이다.

또 A상품 가격을 물어보는 고객들에게 '아시죠 매장 특가 판매 상품을 고르신 것을, 그리고 고객의 결재 방식에 따라 현금은 10% 할인, 카드 결재에도 추가 5% 할인을 하는 상품을 고르셨다는 것을요?' 라고 선택 기법과 알고 계시죠 기법을 동시에 사용한 질문을 했을 때 고객 대답은 50 : 50으로 나올지 몰라도 고객의 구매 신호에 대한 변화나 구매 성공은 더 높아지고 있다는 것을 알아야 한다.

하지만 여기서 중요한 것은 고객의 대답이 yes던 no던 상관이 없고, 고객의 알고 계시죠에 대한 반응 역시 별로 신경을 쓰지 않아도 된다는 것이다. 알고 계시죠 기법의 무서운 힘은 고객이 판매자가 제시한 알고 있는가 여부에 대한 고객의 인지 여부를 알고자 하는 기법이 아니라, 이 기법을 사용함으로써 고객에게 '이 상품을 구매할 때 나는 거절 사유를 말하지 않겠습니다' 라고 고객 스스로가 구매 거절 사유를 말하지 않게 만들어 주는 것이다.

이 기법은 직원이 그 고객에게만 '비밀스럽게 GIVE를 전달하는 동시에 공모자' 를 만들어 주기 때문이다. 알고 계시죠 기법을 두 번, 세 번을 사용해 보면 고객은 이렇게 변해 가는 것을 확인할 수 있다(변하지 않는 고객은 알고 계시죠를 문의하는 내용 자체를 조금 확인을 해 봐야 하거나 아니면 고객과 눈맞춤 판매를, 영업을 안 하고 있는 경우이다). 처음 알고 계시죠 기법을 제의받은 고객은 알고 있는 내용이면 yes를, 잘 모르는 것도 yes라는 대답이 많다는 것을 알게 될 것이다.

두 번째로 알고 계시죠 기법을 받은 고객은 답을 몰라도 yes라는 대답을 하게 된다. 왜냐하면 굳이 몰라서 no를 하게 되면 no에 대한 부연 설명을 할 것 같으니 일단 yes라고 하는 것이다. 그리고 고객은 no라고 대답을 하는 것보다 yes라고 대답하는 것을 더 선호한다.

고객은 자신들이 제시하는 내용에 대해서는 알고 있다고 하는 것이 더 똑똑해 보이고, 그 정도의 정보는 알고 있다고 말하는 것이 no라고 하는 것보다 다른 부가적인 설명을 덜 듣게 될 것이므로 우선 yes라고 대답을 하는 성향을 보이는 것이다. 여기서 중요한 것은 고객은 잘 모르고 있는 상태에서 대답은 yes라고 하는 것인데 이 반응이 오히려 좋은 판매의 기회가 열려 있다고 생각하면 된다.

왜냐하면 고객은 자신은 모르고 있는 내용인데도 yes라고 한 상태였다면 고객 스스로가 그 yes에 대한 해답을 알고자 접근하기 때문이다. 판매자가 고객에게 '알고 계시죠 이 상품 구매 후에 대부분의 고객님들이 가족 분들을 모시고 와서 특히 어머니에게 같은 상품을 커플 형태로 선물을 하고 있다는 걸?' 이라고 기법을 사용했다면 독자들이 구매 입장에서 이 기법을 받았다고 한다면 어떤 생각이 들까? 기분이 나쁠까? 아니면 이 직원이 '알고 계시죠 기법을 사용하고 있구나 그러니깐 이런 기법에는 내가 넘어가지 않아야지' 라는 생각이 들까? 답은 고객들과 똑같이 '우리 엄마는 이런 스타일 싫어하는데' 라고 말할 것 같지만 구매자 입장에서의 고객은 '그럴 수도 있겠네, 엄마나 가족들이 이걸 같이 사용하면 좋은 점도 있겠네', '담에 기회가 오면' 이라고 스스로의 생각을 기법에 맞춰 나가고 있다는 것을 알 수 있다(무서운 힘이다. 고객 스스로가 변화를 하게 만드는 힘).

　특히 젊은 고객층에게 이 기법만으로도 충분히 판매를 할 수 있을 정도로 이 기법은 다른 표현으로 하면 '소통, 대화' 가 된다. 하지만 현실은 이런 소통이나 대화가 부족한 것이 사실이며, 따라서 고객과 충분히 대화를 나눌 수 있는 기법인 알고 계시죠 기법이 효과적이다. 말을 하고 싶어 하는 젊은 세대들은 자신의 주장이 강한 만큼 직접 기법에 대한 답을 내리고(표현을 했던, 하지 않았던) 그 답을 판매자에게 말하고 싶은 것이다. 그러니 고객에게 대화를 많이 할 수 있는 기법인 만큼 젊은 세대들에게 효과가 좋은 기법이라 할 수 있다.

　최근의 젊은이들은 자신의 이야기를 들어 줄 대상이 많지 않다. 중고등학생부터 대학생, 그리고 젊은이들은 자신의 이야기를 들어 줄 대상이 많지 않기에 어디서든 소통이라는 것을 원하고 있다는 사실을 명심해야 한다. 트위터에 글을 올리는 팔로워들은 자신의 주장, 의견을 올리는 것처럼 보이지만 알고 보면 자신의 소리를 남들에게 들어달라고 하는 행동의 표현이다. 대화할 상대가 많지만 막상 자신의 소리를 들어 줄 대상은 많지 않기 때문이다.

　또한 카카오 스토리에 자신의 사진과 글을 계속 올리면서 대화를 하는 것도 어찌보면 평소 생활에서 소통이 부족한 모습의 반발 행동이지 않을까 생각한다. 대화가 부족한 젊은 세대는 물론이고 나이가 있는 고객들도 비슷하다고 본다. 모든 고객은 대화를 원하고 있다. 우리는 이 점을 잊어서는 안 된다.

보험, 자동차, 화장품, 헬스 용품(건강 식품 포함), 약국(처방전 없이 구매 가능한 상품 기준) 등에서 구매하기 위해서는 그 많은 상품 중에 자신에게 맞는 좋은 상품을 선택하는데 상대적으로 품목이 적은 업종보다 고객은 더 많은 생각을 하며(선택해야 할 것도 많고, 전문적인 식견도 부족하고, 선택을 하기 위해서 봐야 할 내용도 많고, 판매하는 분들로부터 설명도 많이 들어야 한다) 의사 결정 단계에서 스스로에게 많은 질문과 답을 해 가면서 구매나 구매 거절로 결론을 내고 있다.

대부분의 사람들은 '전문가의 의견' 에 따라 자신이 구매는 했지만 많은 영향력을 받아서 그 결정에 상당한 작용을 받는 것이 보통이다. 전문가의 의견을 활용한 판매가 많이 사용되고 있다. 이처럼 기법이라는 것을 몰라도 자연스럽게 자신의 경험과 고객의 구매 과정에서 습득한 내용을 기준으로 능동적인 개입을 해서 판매를 하는 것을 봤을 때 판매 실적이 많을 때도 있다.

사소한 것이라도 상품에 대해서 많은 학습이 된 경우 사용을 해야 하는데 고객의 성향이 판매하는 분의 의견을 많이 적용하려고 해도 판매자가 해당 상품을 잘 모르는 경우에는(상품 공부는 판매 다섯 가지 항목 중에 처음으로 상품에 대한 공부는 판매하는 분들의 의무다. 정말 이렇게 물어보던 저렇게 물어보던 상품에 대한 설명은 할 수 있어야 기본이 된다) 오히려 이 기법이 역효과가 나기 때문에 상품에 대한 공부는 선행되어져야 한다.

현장에서 판매하는 것을 보면서 이 기법과 비슷한 내용을 많이 봐 왔지만 이 기법을 이해하고 발휘하는 힘을 정확히 인지하고 사용하는 것보다는 그냥 고객이 물어봤을 때(고객이 흔하게 전문가의 의견을 요구하는 질문에는 '어떤 것이 더 좋은 거예요?', '우리 생각은 어떠세요?' 라는 직접적인 것이 있다) 그때서야 판매자는 고객의 구매 신호로 받아들이고 '제 생각에는' 이라는 말을 구사하면서 고객들에게 의견을 제시한다.

이 기법은 생각을 전달하는 것이지만 내면의 중요한 것은 '내가 진짜로 구매를 하는 것' 과 동일한 느낌으로 전달하는 것이 제일 중요하다.

"제 생각에는 이렇게 저렇게 하는 것이 좋은 것 같습니다."

"전 이런 저런 이유로 이걸 삽니다."

지금 고객과 응대하는 현장에서 고객 대신 판매자가 구매자가 되어서 '정확한 구매 사유' 를 고객에게 전달해 주어야 한다.

고객은 이 대답을 들으면서 그 상품 구매를 결정할지 모르지만 고객과 사전 동의를 구하는 질문과 대답을 통해서 고객이 조금씩 자신의 정보와 행동에 영향력을 받아오고 있었던 고객이라면(사전 고객과의 관계에서 고객이 원하는 것이던 판매자가 원하는 것이던 상관없이 고객은 자신의 정보를 오픈하기 시작했으며, 판매자가 주도하는 질문 1, 2, 3에 대해서 어느 정도 긍정적인 대답과 함께 판매자에 대한 의존도가 높아진 것을 의미한다) 판매자가 예상하고 있는 좋은 결론이 나올 것이다. 하지만 그런 과정과 순서가 없는 상태에서 이 기법을 사용하게 되면 고객은 그 내용을 단순히 참고용으로만 사용하고 구매에 대한 영향력은 크게 받지 않게 된다.

질문에서 말한 내용과 묻고 답하기, 무너뜨리기 기법에서 순서에 맞게 고객과 주고받는 일련의 과정에서 성숙된 고객에게 기법 사용이 되어야 한다. 그래야 고객은 계속해서 의존하게 되는 행동을 보이는 것이다.

고객의 입장에서 이 기법은 고객에게 MONEY와 HAPPY가 균형을 이루는 가운데에서 해결 방식을 제시해야 한다.

단순히 A냐 B냐를 고르는 과정에서 판매자가 'A보다는 B가 더 좋습니다' 라는 것이 아니다.

고객은 구매 과정에서 구매를 할 것인가? 그렇지 않고 구매 거절을 할 것인가를 선택 기법이나 사전 거절 처리 과정을 거쳐서 구매 여부를 결정하는데 있어서 '어느 쪽' 으로 변화를 해 가는데 조금 부족한 것이 A다라는 결정 의사를 내리는 것도 역시 힘들다. 흔히 매장에서 고객이 이런 고민을 하고 있을 때 '이걸로 하시죠' 라고 도움을 주는 말을 하거나 결정에 힘을 불어 넣고자 사용하는 말은 선호하지 않는다.

왜냐하면 구매 여부까지 고객과 충분히 오고가는 대화가 있었다 하더라도 그건 완전하게 '판매자의 입장에서 하는 말' 이기 때문이다. 고객은 판매 과정에서 진심으로 도움을 받고 싶어하는데 이런 말은 고객들에게는 많은 도움이 되지 않는다.

기왕 도움을 주고 싶다면 '저라면' 이라는 말과 함께 반드시 고객 입장에서 M과 고객이 느끼는 H가 균형을 이루는 것을 해결해 드리는 기법이라야 위력적인 기법이 된다.

M과 H가 균형을 이룬다는 말은 무슨 말인가?

GIVE에서 강조한 '내가 느끼는 고객의 만족을 그대로 전달하는 것' 을 기왕이면 H가 M보다 더 크게 보이는 것이 아니라, 지갑에서 돈이 나가는 것이니 M과 균형을 이루어야 고객 입장에서는 결정을 하는데 도움을 받게 된다는 것이다.

의미하는 것이 조금 어렵지만 빵집에서 뭘 살까 망설이는 고객에게 '다이어트나 건강을 같이 고려한다면 저는 A를 삽니다'는 구매 비용 대비 H와 균형을 이룬 말이다.

방문 교사들도 고객이 관심이 있어서(자녀를 키우는 부모 입장이라면 관심이 있다) 이것저것 확인하고도 결정이 힘든 경우에 '제가 A어린이(이름을 말해 주면 더 좋다) 부모라면 투입 시간 대비 비용을 감안하여 일주일에 이틀을 선택합니다' 라고 말해 주는 것이 기법의 좋은 사례이다.

어린이가 방문 교사를 통해서 배우는 것은 좋지만 방문이 너무 많아지면 비용이 늘어나게 마련이고, 기간이 너무 짧으면 효과가 반감되는 것이라 방문 교사 자신이 고객이 되어서 M과 H가 균형을 이루게 한 기법을 사용해야 된다는 것이다.

보통의 경우라면 고객의 지갑에서 나가는 M에 대해서는 억지로 아니면 대수롭지 않게 대하면서 고객이 느끼는 H에만 집중을 할 수 있는데 이는 판매자만 좋아 보이는 권유를 하는 것으로 앞으로는 이런 권유를 하지 말고 정확하게(평소 판매하는 상품에 대해서 M과 H가 균형을 이루는 권유) 준비해서 이 기법을 사용한다면 고객이 믿고 구매를 하는 흐름을 만들어 갈 수 있을 것이다.

7 점쟁이 기법 − 선무당이 사람을 잡을 수 있다

남녀가 소개팅을 하게 되었는데 만남의 자리에서 남자가 이런 질문을 한다(처음 만난 사이인데).

"혹시 예전에 어디서 만나지 않았나요?"

"혹시 ~~에 사는 거 아닙니까?"

여기까지만 보고도 이 기법이 무슨 기법인지 대충 짐작을 하실 것 같다(판매 현장에서 사용은 하지 않는다).

이 기법을 배워서 활용을 하면 고객으로부터 지금까지와는 다른 변화와 함께 분명히 좋은 결과를 얻을 수 있다.

대기업 영업 사원들을 대상으로(사원급~대리급) 강의를 하면서 '혹시 영업(판매도 포함)을 하면서 상대의 움직임이 보이는가?' 라는 질문을 해 보면 대부분 '잘 모르겠습니다', '조금은 보입니다' 라고 한다. '그럼 조금 보인다면 고객을 어떤 방식으로 알아 나갑니까?' 라고 다시 질문을 해 보면(고객들은 바쁘고 또 여러 영업 사원들을 접하다 보니 판매자의 간절한 구매 요청에도 불구하고 거절을 해왔던 경험으로 역시 자신의 대부분을 알려주지 않는다. 이를 알아가는 것도 담당자의 할 일이다) 잘 알아내지 못하는 것이 사실이다.

질문에 대한 답이 보입니까? 아마도 잘 보이지 않을 것이다.

"설문 조사를 해 봅니다."

"친밀하게 궁금한 부분을 물어보면서 알아갑니다."

"식사 시간을 잡아서 밥을 먹으면서 알고자 했던 것들을 알아갑니다."

"매장에 내방하는 고객들의 경우에는 고객을 알 시간이 솔직히 부족한 것이 사실입니다."

"구매 이후에 포인트 적립을 위해서 고객 카드를 받습니다."

질문하는 것을 유심히 보면 필자가 고객이 되어서 혹은 질문을 받는 사람이 되어서 질문을 하기 때문에 상대의 답이 보이는 것이다.

따라서 아직 판매의 맛을 경험해 보지 못한 분들도 필자처럼 고객이 되어서 질문을 해 보면 많은 것들이 보이기 시작할 것이고, 이런 경험들이 현장에서 빛을 발하기 시작하면 모두가 판매의 달인이 될 수 있을 것이다.

이 기법은 말 그대로 '고객을 만났을 때 유명한 점쟁이는 아닐지라도 진짜 점쟁이가 되어서 고객의 많은 것들을 맞춰보는 것' 이다.

A라는 고객을 만났는데 덩치도 크고 목소리도 매우 굵은 분이라서 그냥 '술 좋아하시죠?' 라고 물어보았다면 그 고객의 대답은 어떻게 나왔을까?

피부가 좋은 고객에게 '별도로 피부 관리받고 계시죠?' 라고 물어본다면 그 고객의 대답은 어떻게 나올까?

몸이 좋은(헬스를 했던 안 했던 상관이 없다) 고객에게 '운동 좋아하시나 봐요?' 라고 물어본다. 나이가 있으신데도 안경을 착용하지 않고 있는 고객에게는 어떤 점쟁이 질문이 적당할까(평소에 눈에 좋은 음식을 따로 챙겨 드십니까? 있으면 좀 알려 주세요)? 자신이 판매하는 상품과 관련해서 충분히 점쟁이 기법을 사용할 수 있는 것들이 많다.

여기서 중요한 것은 진짜 점집에 가 보면 점쟁이 분들이 하는 질문이 '점쟁이가 필요합니다' 라고 고객으로부터 그런 생각과 심리를 가지게끔 물어보는 점쟁이 기법을 사용한다는 것이다.

예를 들어서 점쟁이가 고객에게 몇 가지 질문과 대답을 통해서 고객을 잘 살피다가 집안에 안 좋은 기운이 많다. 그러면 '최근에 안 좋은 일이 있는 가족들이 있나요?' 라고 물었을 때 고객이 맞으면 이 점쟁이가 필요한 것이고, 틀리더라도 점쟁이가 엉터리가 아닌 방향으로 고객은 생각을 하게 된다는 것이다.

판매하는 상품과 관련해서 고객에게 이 기법을 사용하되 제품이 필요하고 판매하는 조언이 필요하게끔 사용해야 된다.

건강 식품을 판매하는 분들은 당연히 고객들 건강 상태를 설문지나 아니면 구두 질문을 통해서 어느 정도 파악을 한 다음에 종합적으로 고객에게 '어디어디는 참 좋으신 것 같은데 어디는 조금 불편하시죠?' 라고 이 기법을 많이 사용을 할 것이다.

또한 휴대 전화 판매를 하는 분들도 고객이 내방을 하면 이렇게 물어볼 것이다.

"○○통신 사용하시죠?"

"한 달에 요금이 7만 원 정도 나오시죠?"

"어느 통신 회사 사용하고 계시죠?"

"요금은 얼마나 나오세요?"

같은 질문이지만 역시 앞서 질문한 내용과는 차이가 난다(어떤 차이가 나는가를 보면 같은 내용의 질문이라도 후자의 질문에 대해서는 2장에서 말했던 GIVE와 TAKE에서 TAKE에 해당되는 별로 좋지 않은 경우이다. 그래서 차이가 나는 것이다. 전자는 답이 틀려도 상관이 없다. 그만큼 고객에게 관심이 있다는 표현을 한 것에 불과하니까).

이처럼 점쟁이 기법은 상품과 관련된 많은 질문과 내용을 사전에 준비가 된다면 고객의 답이 예상했던 것과 틀려도 전혀 상관이 없고, 맞다면 더 좋은 진도를 나갈 수 있으니 사용하지 않을 이유가 없다.

이 점쟁이 기법의 특징은 yes, no 아무것이나 대답을 해도 전혀 대세에 영향을 미치지 않는다는 것이다. 맞으면 맞는 대로 대화를 이끌어 나가면 되고, 틀리면 '제가 보기에도 그렇게 보였습니다' 라고 말을 하고 판매 순서를 계속해 나가면 되기 때문이다.

이왕이면 고객이 대답을 하면서도 '기분이 좋아지는' 점쟁이 기법을 사용하면 효과는 배가 될 수 있다.

사례는 많이 찾아볼 수 있는데 헤어숍, 피부 관리실, 헬스 클럽, 구두숍, 옷가게, 보험 영업, 자동차 영업 등 모든 업종에서 점쟁이 기법을 활용하면 고객의 좋은 정보, 정확한 정보를 얻어낼 수 있으며 고객의 대답이 no라고 나오더라도 그 자체가 고객의 정보인 만큼 고객을 짐작할 수 있는 근거가 될 수 있다. 이 기법은 우리가 통상적으로 이성간에 사용되는 것 이상으로 판매에서도 많이 사용할 수 있는 기법이다.

주변 사람들에게 질문했을 때 그분들로부터 '대답을 즉시 하지 마라' 라는 우스개 소리를 듣는다. 물론 습관적인 질문을 통해서 주위 분들에게 뭘 알아내려는 것인가 해서 그런 행동을 한다고 한다(물론 일상 생활에서 기법을 사용하겠는가? 절대 아니다).

상대가 움직이는 방향과 대답을 예측할 수 있도록 스스로가 짐작을 먼저 해보고 이 점쟁이 기법을 약간 활용해서 확인을 하기도 한다. 하지만 판매자들은 매장에 들어오는 고객들에게는 매일 혹은 자주 상품 구매를 위해서 만난 관계가 아닌 고객에게는 이 기법을 사용해도 고객 분들은 그것이 점쟁이 기법을 사용하는지 인식하지 못할 것이니 꼭 자신의 것으로 만들어서 좋은 정보, 기왕이면 고객을 즐겁게 만들 수 있는 대답이 나오는 점쟁이 기법을 사용하는 것도 한 방법일 것이다.

앞서 말한 것처럼 이 기법은 TM판매가 아닌 대면을 하는 상태에서는 고객으로부터 많은 정보를 단시간에 취득할 수 있는 기법이기에 기본적인 눈썰미 정도만 가지고도 충분히 고객으로부터 원하는 방향으로 같이 갈 수 있다.

흔한 경우로 고객의 스타일, 말투, 간단한 행동만으로도 충분히 판매하고 있는 상품과 연관된 점쟁이 기법을 사용할 수 있다는 것이다.

네일숍에서 고객의 손톱 상태만 봐도 관리받는 정도나 어느 회사의 어느 정도의 레벨에 해당되는 상품을 사용하고 있는지, 직업 정도 등 어느 정도는 파악이 된다고 한다.

그 고객에게는 점쟁이 기법을 충분히 사용해서 원하는 효과(구매 양의 증대 등)를 충분히 얻을 수 있고, 제품이나 추가적으로 매장의 단골까지도 만들 수 있을 것이다.

기법이란 '고객에게 이 기법을 사용합니다' 라고 말하지 않는 이상 절대 고객은 알 수 없고, 또 매일 만나는 친구 사이 정도가 아니면 기법 사용에 대한 의도는 더욱 알 수 없다. 기법이라는 것은 독자들이 체득화해서 사용을 하게 되고, 또 몇 가지 기법을 혼합해서 사용할 줄 알면 그 위력을 실감하는 분들이 많이 나올 것이다.

판매왕이 되는 비결은 그다지 어렵지 않다. 별다른 재주가 많아서 그렇게 되었던 것이 결코 아니다. 단지 그분들은 남다른 노력과 어려운 고객을 헤쳐나가면서 얻은 경험이라는 무서운 힘을 가진 분들이다.

그러니 판매왕이 되고 싶은 마음이 있는 분들은 더욱 노력해서 레벨 5 이상을 만들어야 한다. 판매의 기본을 익히고 순서를 정립하면서 기법까지 활용할 수 있는 판매왕이 될 수 있다. 절대적으로 판매나 영업에는 왕도가 있기 때문이다.

8 IF 기법 – 만약에 기법

판매를 잘하는 분들은 고객과의 상담에서 자신감 있는 모습으로 판매를 하는 것은 물론이지만 자세히 관찰을 해 보면 본인이 판매하는 상품을 고객의 손(발)에 잘 쥐어주는 모습을 볼 수 있다. 고객이 구매를 하지는 않은 상태지만 구매한 이후의 고객 소유물이 된 듯한 기분을 만끽할 수 있게 해 주는 기법이 IF

기법이다.

　시식도 동일한 원리를 적용하고 있는 것으로, 홈쇼핑에서 먹거리 판매 방송을 할 때 모델들이 나와서 식탁에 둘러 앉아 상품을 맛있게 먹고 있는 모습을 보여 주는 것도 고객이 해당 상품을 구매해서 가족끼리 맛있게 먹고 있다는 것을 느끼게 해 주기 위한 것이다.

　옷가게에서 옷을 입어 보고 모자를 착용해 보고, 캠핑 장비를 잘 진열을 해서 바로 '이것을 사용을 하면 좋겠다' 라는 생각을 들게 만드는 것도 IF 기법과 동일한 원리에 입안한 내용들이다.

　IF 기법이란 '고객이 실제 구매를 했다고 하고' 구매에 따른 '고객의 불편함, 혹시나 마음 속에 있는 구매를 하는데 있어서 걸림돌을 깨끗한 테이블 위에 한 번 올려놓고 해결해 보자는 것' 이다. 주로 상품 상담에서 중간 단계를 거쳐 마무리 단계까지의 순서에 사용을 해 주면 효과를 보는 기법이다.

　구매는 했는데 구매 이후 고객이 가질 수 있는 실제와 같은 심리적인 부분을 판매하는 사람과 고객이 상품을 제외한(이미 고객은 상품을 구매했으니) 상황만 가지고 진솔해지게 만드는 기법이다.

고객은 이미 구매를 했다는 심리적인 구매 완료 효과가 있다

　IF 기법은 고객에게 있는 그대로(고객과 구매를 중간에 두고 고객이 구매를 했다고 가정을 해 보고) 실행을 하면 된다. 예를 들어서 고객이 이 상품을 구매했다고 하고, '저한테 나머지 궁금한 부분은 뭐가 있습니까?' 라고 하면서 고객에게 구매에 대하여 심리적인 구매를 가지게 할 수 있는 방법도 있고, '구매는 하셨는데, 제일 마음에 드는 부분과 마음에 걸리는 것은 무엇입니까?'

이 기법에 따라서 여러 가지 반응이 나올 것으로 생각할 수 있지만 답은 '아니다'. 고객의 반응은 그 순간 판매자에 대한 신뢰 증대는 물론이고 순간이었지만 고객을 진솔한 상태로 변하게 만들어 준다.

따라서 고객의 반응은 판매자가 예상했던 여러 가지가 아닌 간단한 반응이 나오는 것을 알 수 있다. 또한 이 기법은 고객에게 선택 기법에서 언급한 원리처럼 상품 구매에 대한 심리적 결정을 도와주고 또 그렇게 만드는 힘이 있다. '고객의 손에 상품을 쥐어주는 것' 처럼 상품에 대한 고객들의 소유욕이 자연스럽게 증가를 하게 만들어 준다는 것이다.

고객이 느끼는 진솔한 순간 판매자들의 실력을 향상할 수 있는 밑거름이 된다

판매나 영업하는 분은 이 기법으로 고객이 구매하지 않는 이유에 대한 좋은 내용을 접할 수 있고 누적으로 관리할 수 있는 것들이 쏟아져 나올 수 있다.

고객들의 '겉으로 표현하지 않는 진짜 구매 거절 사유' 를 알게 되고(고객이 잘 알려 주지 않는 것을 알 수 있다는 것 자체가 굉장한 발전을 이룰 수 있는 토대를 만들 수 있다) 그 내용에 대해서 누적으로 축척이 되어감으로써 앞으로 상품 판매를 할 때 세일즈 원리의 D를 판매자가 가질 수 있게 된다는 것은 많은 발전을 이룰 중요한 내용이다.

고객이 진솔해지는 순간이란 구매를 완료했다고 하는 '가정' 에서 마음 속의 말들을 털어놓는 순간을 말하는데, 테이블 위에 고객과 구매할 때 느끼는 불편함, 상품에 대해 마음에 들지 않는 부분, 또한 더 이상의 내용도 올려놓을 수 있는 시간을 가지게 된다는 것은 매장뿐만 아니라 영업하는 모든 분들이 처음부터 판매왕이 되어서까지 어디서도 배울 수 없는 내용인 만큼 IF 기법으로 고객들로부터 좋은 내용을 들을 수 있도록 한다.

귀로 듣는 영업이란 이런 것부터 시작을 하는 것이고, 좋은 내용의 IF 기법 질문을 통해서 말하지 않아도 될 내용을 하게 됨으로써 고객과 상품 사이에서 해결하지 못할 수도 있었던 내용을 해결할 수 있는 기회도 잡을 수 있는 시간을 가지게 만들어 주는 것이니 절대적으로 실력 향상을 위해서든 실제 구매 실적을 올리기 위해서든 사용하길 거듭 강조하는 바이다.

상품 상담을 하다가 구매했던 상품을 다시 받아오는 행동을 통해서 고객은 자신이 잠시 소유했던(심리적으로 소유했던 상품) 것에 대해서 심리적 박탈감을 느끼게 함으로써 그 박탈감에 대한 원상 복구 심리를 고객 스스로 가지게 만들어 주는 위력을 가지고 있는 기법이다.

구매를 했다고 하고 고객이 구매에 대한 진짜 마음 속의 걸림돌에 대해서도 대화를 잘 풀어나갔다고 여겼는데 구매를 원하지 않는 고객도 있다. 고객이 구매 거절을 하지 않은 상태에서 그 말이 나오기 전에 고객이 구매했다고 심리적으로 느끼고 있는 상품을 다시 고객 손에서 원래의 자리로 가져가는 행동을 해줌으로써 다시 가져오고 싶은 마음이 생기게 하는 힘이 있다.

이 기법은 사용해 보지 않고는 잘 모를 것이고, 또한 이 기법을 이용해서 고객의 진심에 접근할 수 있다는 사실만으로도 충분히 사용해 보는 것이 진짜 바람이다(비록 판매 완성은 되지 못하였지만 고객의 진심에 우리가 접근해 볼 수 있다는 것은 굉장히 중요한 포인트다).

다시 말하면 그동안 판매 잘하는 분도 개인적인 경험을 중심으로 자연스럽게 만들어진 판매나 영업의 노하우로 판매를 잘하는 것이다. 그러나 대다수의 판매나 영업을 하는 분들은 특별한 노하우도 없고, 배운 것도 없어서 판매 잘하는 분들을 부러워만 했던 것이 현실이었다.

지금까지 배웠던 여덟 가지 기법 중에 두세 가지만 자신의 것으로 만들어서 사용을 할 줄 안다면 고객에게 판매는 할 수 있을 것이다. 여덟 가지 기법을 전부 자신의 것으로 체득화시키는 것은 피나는 노력이 아니면 힘들 것이다. 하지만 필자가 판매 레벨에서도, 그리고 기법 학습을 하면서 여러 번 언급을 했던 것처럼 여덟 가지 기법이 체득화되지 못한 상태에서는 고객에게 자신감이 떨어진 상태이므로 기법을 사용해서는 안 된다(기술자가 되지 않아도 된다).

많은 분들을 만나서 이 기법 전수를 잘하지 않는 이유는 판매하는 분들이 판매의 원리나 고객의 기본적인 거절에 대한 준비, 지금까지 잘 사용하지 않았던 판매의 순서 잡기 등이 있는 상태라면 다시 말해서 세일즈에 대한 레벨 및 고객에 대한 자신감이 생겨 충분히 판매를 할 수 있는데도 불구하고 기법을 배우고 사용을 하게 됨으로써 세일즈에 대한 근본(뿌리)이 없어지는 사례가 있기 때문이다.

기법이라는 것이 자동차로 보면 자동차 엔진도 아니고 타이어도 아니고 차체를 이루고 있는 프레임도 아닌 자동차의 윈도 브러시 정도이다. 현장 강의나 판매 현장에서의 방문을 통해서 또 판매 달인들만 모셔 놓고 교육을 해 보면 기법에 많은 관심을 보인다(당연히 세일즈 원리, 사전 거절 처리, 구매하지 않는 근본 이유, GIVE에 대한 체득화, 묻고 답하기, 질문 1, 2, 3, 4 단계 등은 공부하기도 힘들고, 자신의 것으로 만들기도 힘들다). 그러나 시간도 많이 들지 않고, 그동안 몰랐던 기법을 고객을 만나서 어떻게 사용을 할까라는 생각만 남는 경우가 많다.

그림을 통해 본 기법을 판매 순서에 넣어 보면서 살펴보자.

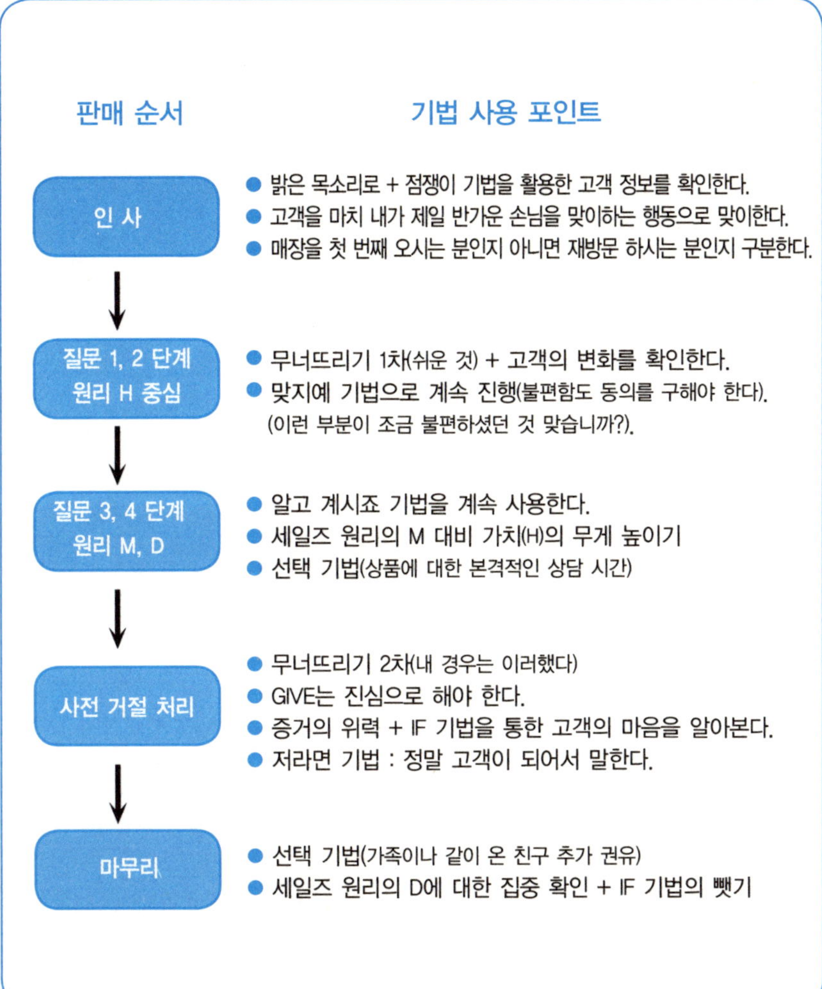

4장

수호아빠 판매 특허
고객은 내가 만드는 것이다

01

수호아빠 판매 특허 아홉 번째

단골은 만드는 것이고 만드는 방법이 있다
고객 20명만 있으면 평생을 먹고 살 수 있다

매장 운영, 혹은 방문 영업을 하는 모든 사람들에게는 항상 같은 고민이 있다. '어떻게 해야 손님이 끊기지 않고(방문 영업을 하는 분들은 가망 고객 소개나 계약 소개가 계속 들어오거나) 오게 할 수 있나' 아니면 '어떻게 하면 소개 영업이 계속될 수 있을까' 이다. 영업 사원(판매 사원 포함)을 위한 핵심은 세일즈 원리와 필자의 전공 과목이라고 할 수 있는 '20명 고객이면 평생을 먹고 산다' 중심이다.

영업 사원들은 처음 영업을 시작할 때 해당 회사에서 성공한 분들의 사례를 직접 듣고, 보고, 배우면서 또 그분들의 월 수익까지 확인하면서 그런 열정과 노력을 다짐하게 된다.

그리고 열심히 난관들을 극복해 나가면서 역량을 발휘할 것이다(물론 회사에서 상품 교육, 고객 관리 방법, 거절 극복 방법 등에 대한 교육은 충분히 받았고,

사전 연습을 통해서 현장에서 고객을 상대할 실력을 갖추고 시작을 한다). 그러면서 지인과 연고를 만날 준비도 하고, 만나러 가기 전 많은 준비를 해서 고객들이 부담을 느끼지 않도록 하면서 상품에 대한 선호도 및 상품의 필요성을 피력한 후 천천히 고객 관계 개선을 해 나갈 것이다(맨땅에 헤딩이라는 말을 영업 세계에서 사용하지만 맨땅에 헤딩을 하면 머리만 아프다).

영업을 잘하면 수익도 높고, 시간도 급여 생활자보다는 자유로운 편이고, 누가 오라고 하지는 않지만 찾아갈 데는 많은 것이 영업의 좋은 매력이다.

아직까지는 제대로 된 판매 교육이 되지 않고 있다.

필자도 수많은 사람을 육성하고 있다.

그중에서 제대로 된 교육을 받고 영업을 해 나가는 분들 중에 많은 분들이 영업 초창기 때와 같은 열정과 힘으로 스스로에게 동기 부여를 해 가면서 현장에 있는 것을 보면 '역시 세일즈는 기본이 중요하구나' 라고 확신을 한다.

큰 회사에서 얼마나 좋은 교육이 진행되었겠는가?

좋은 교육에도 불구하고 '개인의 문제' 로 귀결하는 모습, 영업 현장을 떠났던 그분들의 '정신력, 마인드 부족', 그리고 연고나 지인을 통한 판매 이후 추가로 고객 발굴을 하지 않았다는 '개인의 역량 부족' 에 대한 책임으로 전가를 하고 있다.

그분들에게 하나를 구입했던 고객이 추가로 구입을 하고, 고객이 가족도 친구도 소개를 시켜주는 근본 핵심에 접근을 하지 않은 상태에서 열심히 명함을 뿌리고 전단지를 돌리고 가입했던 고객들을 찾아가서 추천 고객 리스트를 받아오라고 방치하지 않았을까?

연계 판매, 추천 판매를 통해 고객 20명이면 평생 먹고 살 수 있다고 자신

있게 이야기 한 것은(물론 20명의 고객을 만드는 것도 무척 힘이 드는 일이다. 평생을 먹고 살 수 있다고 하는 이유가 매장에서든 방문 영업을 통한 현장에서 가입을 해 준 고객이든 추가로 구입을 한다) 구입했던 고객이 추가로 고객을 소개시켜 주고 자신의 가족까지 구매를 하게 하는 이상적인 모습을 만드는 방법이 있기 때문이다.

'영업에는 왕도가 있고 소개에도 원리가 있다' 라고 매장 판매(매일 수십 가지 상품이나 많은 수량이 나가는 슈퍼나 편의점, 호떡집 등은 제외)를 하는 분들 중에 자신의 매장에서 구매한 고객들이 어디 사는 분인지, 아니면 매장 주변의 어디에서 어떤 장사를 하는 분인지, 확인해 본 경험이 있는가?

거의 대부분 '해 본 적이 없다' 고 한다. 시간도 없었고, 설령 알았다 하더라도 특별히 장사에 도움이 되지 않을 것 같아서라는 것이 이유였다.

핵심 집단 상가를 제외하고 주거지 중심의 상가 지역에서 매장을 가지고 장사를 하는 분들은 매장에서 구입한 고객이 추가 구매를 하는지 아니면 처음 매장을 방문한 고객인지도 모르고 있는 것이 현실이다.

이는 장사에서 치명적인 약점이 된다.

예를 들어서 A매장에서(구두 매장) 구두를 구매한 고객에게(A매장에서는 추가 가입 활동이 잘 이루어지지 않은 상태) '어디 있는 분이십니까?' 라고 질문했을 때 고객이 '어디 어디에 있다. 혹은 저기서 이런 장사를 한다' 라고 하면 A매장의 직원에게 그 지역의 상권을 표시한 지도(상세한 지도라면 더 효과가 좋다)에 해당 고객의 이름을 적어서 스티커 방식으로 부착을 해 나가보도록 했다.

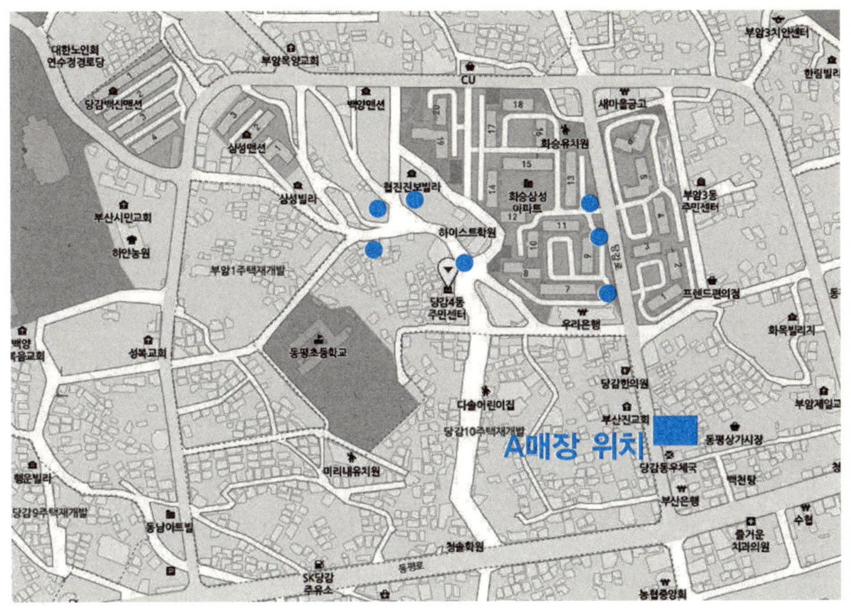

한 달, 두 달이 지나면서 지도상에서 A매장에서 구입했던 고객들의 표시가 점점 늘어났다. 그 이후 고객 관리 리스트를 중심으로 그 매장에서 재구매나 추천 구매 고객에게 SMS 보내기를 하고 있다. 그리고 지도상에 표시된 고객을 대상으로 일주일에 하루나 이틀 방문 고객을 직접 찾아갈 것을 실행시켜 보았다(직원이 없는 매장은 주인이 직접 가면 된다. 주인이 직접 가면 효과는 더욱 좋다).

처음에는 직원들이 어디를 가야 하는지, 가서 뭘 해야 되는지, 실제로 고객이 어느 곳에 있는지도 모르고 우왕좌왕했다. 특히 중요한 것은 직원들이 실제로 구매한 고객의 얼굴을 전혀 기억하지 못했다는 점이다. 알아도 어렴풋이 알고 있는 정도였다.

지도를 기준으로 고객을 방문해 보라고 했을 때, 고객을 찾아갔던 직원 중에서 B라는 친구는 한 분, C라는 직원은 두 분을 만났다고 했다(두 달 동안 매장 주변에서 경제활동 시간대에 일을 하고 있다고 말한 고객은 150명이었다).

필자는 A매장의 주인에게 그동안 마음만 '구매했던 고객들이 재구매를 하러 왔으면, 구매했던 고객들이 가족들을 모시고 와서 구매를 했으면' 하고 바랐던 것들에 비해서 그동안의 활동이 얼마나 비효율적이었는지를 알려준 셈이다.

여기서 잠시 살펴보면 그동안은 상품을 판매할 때 판매자와 고객은 별다른 관계 형성이나 서로를 전혀 알려고 하지도 않고 오로지 그 상품의 가격에 대한 합의와 상품의 좋은 점을 중심으로 판매만 해 온 것이다. 고객 관리 카드라고 고객으로부터 받기는 많이 받았는데 막상 받아 놓은 카드의 고객을 보면서 누가 누군지도 모르고 고객 관리 카드에도 필요한 전화 번호만 집중해서 받아왔고(그래야 문자를 보내니) 고객을 다시 찾아간다는 생각은 별로 하지 않았었다.

구매한 고객에게 '안녕히 가십시오' 라는 형식적인 인사를 했지 정말 매장에 와서 물건을 구매해 줘서 진심으로 고맙다는 마음을 전달하지 못한 것이 사실이다.

"고객이 왜 안 오지?"

"이제 구두도 식상할 시기가 된 것 같은데."

"우리 매장이 눈에 잘 안 띄는 곳에 있어서 그런가? 매장에 LED등을 달아볼까?"

손님이 항상 넘쳐나는 매장이 되고 싶으면 이렇게 해 보라.

'내가 고객이라면' 만 생각하고 행동해 보자. 실제로 추천 판매가 왕성한 매장의 특징을 보면 주인이 손님을 기억하는 대단한 분들이 많다. 이것도 바로 '내가 고객이라면' 에 대한 한 가지 사례이다.

내가 고객이라면 다시 찾은 매장을 들어오는데 '나를 기억해 주는 매장, 직원, 주인' 이 있다는 사실, 단 한 가지만 있어도 재구매 비율이나 재구매 시 구매하는 양도 자동으로 늘어나게 될 것이다(단골집이라는 곳의 특성은 가격이라던지, 분위기라던지 나를 대해 주는 이끌림으로 단골이 되고, 이끌림의 내용이 바로 그 가게가, 주인이, 직원이 알아 주기 때문이다). 계속해서 구두 매장에서 실시한 지도에 고객 스티커를 부착하면서 지도에 부착된 표시를 하고 '시간이 날 때마다 매장의 정리 정돈 및 진열된 상태를 점검하는 것도 중요한 일이지만 기존에 구매했던 고객들에 대해서 집중' 을 하자는 것이다.

그래도 자신의 매장에서 구매한 고객인데 매장이 마음에 들어서, 혹은 매장의 직원이 열심히 판매하는 모습을 보고, 정말 진지하고 성실하게 인사하는 주인이 마음에 들어서 등 상품에 대한 언급을 제외한 구매 이유가 고객들에게 있다. 불량 제품이 아닌 이상 상품에 따른 경쟁력을 가지고 판매하는 것은 배제를 한 상태에서 보자는 의미이다. 이 고객은 열외를 시켜놓고 매장 앞에 지나가는 낯선 고객을 어떻게 하면 매장으로 들어오게 할까만 고심하는 것은 의외라는 생각이다.

구매했던 고객이면 무엇인가가 마음에 들어서 구매를 했을 것이고, 그 고객을 직접 다시 찾아가는 마인드를 가진다면 그 매장은 반드시 업계 최고의 매출을 올릴 수 있을 것이다.

장사하는 분들에게 '우리 매장에서 구매한 고객에게만 잘해도 고객은 꼬리를 물고 늘어난다' 라고 말을 해주고 싶다. 그만큼 기존 구매 고객은 중요한 존재라는 것이다. 보험, 자동차, 화장품, 건강 식품 등 방문 판매 영업을 하는 분들에게 '내 고객 20명만 있으면 평생을 먹고 살 수 있다' 라는 주제로 연계 판매, 추천 판매 관련 교육을 했지만 그분들의 영업을 잘 살펴보면 역시 기존 고객을 상대로 활동을 하고 있기는 하지만 '어떤 활동을 어떤 순서로 해야 되는 것인지'는 잘 모르는 것 같았다.

신규 고객 만들기를 위해 가망 고객이 근무하는 혹은 직접 운영하는 사업체를 방문해서 청소도 가끔 해 주고, 무거운 것도 같이 옮겨 드리고, 고객의 심부름도 했던 선배들의 무용담을 들으면서 '청소한다고 계약이 나오나?', '매일 청소만 하면 영업할 시간도 없겠네'라고 신입 영업 사원들은 생각할 수 있다.

멋진 양복을 입고 명함에 전단지에 건물 타기(영업하는 분들이 사용하는 용어로 빌딩을 중심으로 일 층부터 아니면 꼭대기 층부터 전부 방문을 하면서 영업을 하는 것을 말한다)도 하고 아파트 우편함에 많이도 꽂았는데 '요즘은 불경기인 모양이네'라고 신세 한탄이나 넋두리만 하고 있는 모습을 가끔 볼 수 있다.

반면에 열심히 발품을 팔아야지 하면서 비가 오나 눈이 오나 현장에 살고 현장에 죽는 분들도 많다.

중요한 것은 어떤 경우에도 내 고객은 있게 마련이다. 특별한 영업을 하지 않아도 내 고객은 세상 어디엔가 반드시 있다. 운 좋게 아니면 열심히 노력한 결과든 내 고객은 한 명 한 명 생겨나게 마련이다(수학 공식처럼 정해진 것이 아니라 정말로 열 명의 고객을 만나서 거절을 당했을 때 열한 명째를 만나러 가는 영업의 힘이라면 반드시 내 고객은 생기게 되어 있고, 노력들이 합쳐져서 판매왕이 탄생하는 것이니 얼마나 매력적인 일인가). 이렇게 최선의 노력으로 판매왕은 아니지만 나름 어디를 가면 어떤 영업을 하면 내 고객이 생길 수 있다는 노하우도 늘어나고 상품 상담하는 실력도 늘어나는 반면에 신입 사원 때 가졌던 뜨거운 열정이 영업을 조금씩 알아가는 시간과 반비례해서 줄어든다는 것도 느끼게 될 것이다.

매일 새로운 명함을 50장씩 받는 활동을 하는 것은 옛날 이야기가 되어 버렸다. 매일 설문지를 하루 30명씩 받았던 활동들도 계속하라면 못할 것 같고, 기존 고객이 많이 생겨서 기존 고객을 챙기다 보면 시간도 부족하고 처음의 활동보다는 점차적으로 눈치가 많아져서 몸으로 고생하는 영업을 하는 것이 점점 줄어드는 것은 사실일 것이다. 기존 고객으로 인해 일거리가 많아지는 그런 것이면 상관이 없는데, 기존 고객이 정말로 소개를 시키고 싶은 마음이 생겨나게 만드는 영업을 하는 것도 아닌 것 같다. '기존 고객 관리는 어떤 핵심 포인트로 하고 있습니까?' 실제로 현장에서 영업하는 분들에게 이 질문을 한다면 어떤 대답을 할까?

기존 고객을 잘 관리하면서 주변에 소개해 줄 분이 있는지도 조심스럽게 물어보고, 또 기존 고객의 경조사가 발생하면 열심히 챙겨주고 있다. 어떤 부분이 핵심일까?

'내가 고객이라면' 이라는 것을 전제로 영업하는 분들로부터 어떤 관리를 받으면 소개를 시켜 줄 것 같은가? 쉬워 보이는 것은 가입해 준 혹은 구매해 준 고객에 대한 관리이다.

막상 고객 관리를 해 보면 처음에는 영업 사원들이 하는 것처럼 일별, 주별, 월별 동선을 고려한 방문 계획도 정해서 열심히 하게 된다.

또 기존 고객을 방문해서 어떤 것들을 해야 하는지도 준비를 잘하는 것 같지만 막상 현장에서는 특별히 나눌 대화가 없다. 그리고 하나를 가입했던 고객에게 추가 가입이나 가족이나 기존 고객의 지인들을 소개를 받지도 못하고 있다.

이런저런 이유로 시간은 흘러가고, 매월 영업 실적이 있어야 하는 영업 사원들은 월말이 다가오면서 마음만 바빠진다. 당연히 기존 고객에게 매달릴 시간이 줄어들게 되고 역시 신규 가입을 발생시키기 위해서 다른 고객들(아직 남아 있는 가망 고객)에게 집중을 하게 되는 것이 일반적이었다.

쉬운 것 같으면서도 어렵게만 보이는 것이 기존 고객 관리이다. 하지만 기존 고객을 통한 신규 고객 창출이 근본 목적이므로 고객 관리 6단계를 통해서 기존 고객으로부터 나오는 소개의 흐름을 보고 우선 판매했을 상황의 고객과 판매를 위해서 투입된 시간과 세일즈 원리, 사전 거절 처리를 활용했는지 고객이 인정한 판매인지를 확인하면서 살펴보도록 하자.

고객 관리 6단계의 흐름을 우선 잘 이해해야 한다. 리스트 정리를 해서 전화를 열심히 한다고 되는 것이 아니다. 고객에게 소개를 받는 것이 그 고객에게 첫 판매한 것보다 훨씬 어려운 것임을 알고, 고객 관리 6단계를 터득하여 '이렇게 하면 소개가 나온다' 라고 자신 있게 고객 관리 흐름을 배워 보도록 하자.

고객이 소개를 해 주지 않는 이유가 명확히 있는데 그 이유가 뭘까?

'소개를 해 줘도 고객에게 남는 것이 없어서', '지인을 소개해 주고 싶은데 과연 이 영업 사원이 가서 잘할 수 있을까? 친구가 뭐라 하지 않을까?', '영업 사원이 소개해 준 고객을 만족시킬 수 없을 것 같아서' 였다. 고객에게 뭔가 이득이 있게 하면 되고, 소개해 줄 고객에게 가기 전에 사전에 모든 것을 다 설명해 놓게 만들면 된다. 기존 고객에게 열심히 해서, 잘못할 것 같은 이미지를 '미리 바꿔주면 소개가 나오겠구나' 라고 생각하면 된다. 그래서 이 세 가지 핵심을 중심으로 고객 관리를 한다.

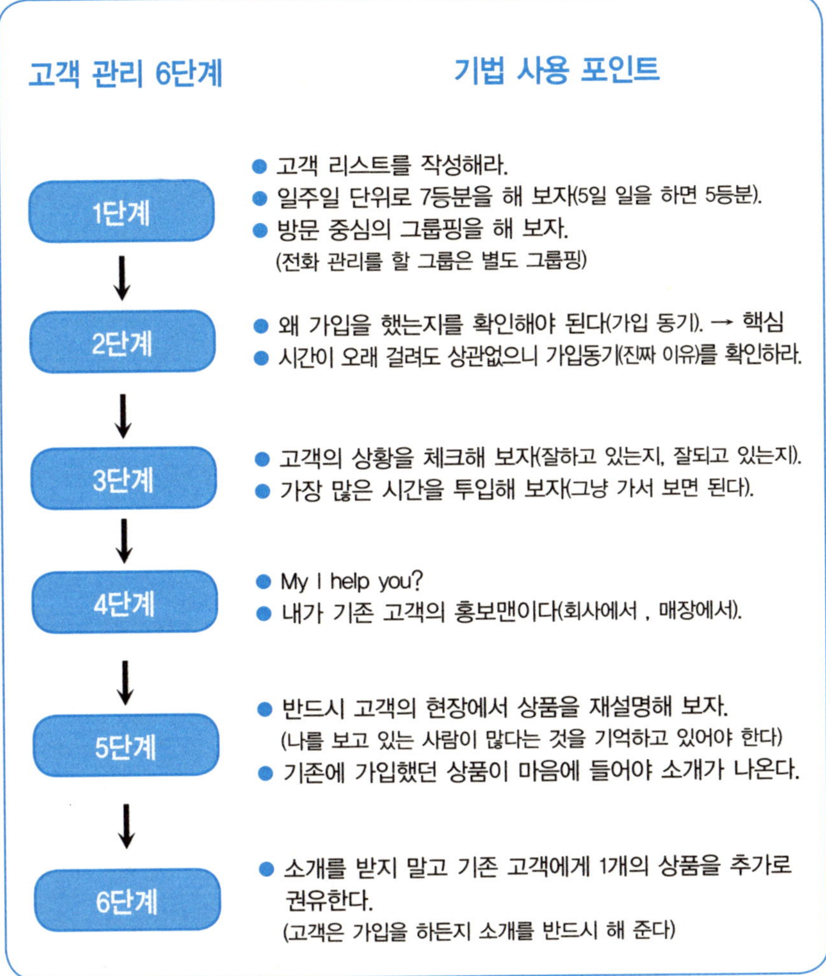

그중에서 세 번째 '이 정도 관리하는 친구면 소개를 시켜도 되겠구나' 라는 것이 중요한 내용이다. 6단계에 나와 있는 가입 동기 확인(고객이 말을 해 주지 않으면 해 줄 때까지 가서 확인해야 된다), 고객의 상태를 회사나 사업장에서 확인하며, 고객에게 도와 드릴게 뭐가 있는지(고객이 만약 장사를 하는 분이라면 세

일즈 원리라도 계속 그 직원들과 대화를 나누면서 주입을 시켜도 좋은 도움이 된다) 고객의 입에서 그만이라는 말이 나올 때까지 점검하는 것이 고객 관리이다.

이런 과정에서 고객이 있는 곳이 직장이라면 직장, 장사를 하는 매장이라면 매장에서 우리가 고객을 만나러 가는 것을 '주위에서 많은 분들이 보고 있다는 것'이 고객 관리 핵심 흐름의 가장 중요한 포인트이다.

보통 사람이라면 주변에 좋은 음식점, 좋은 구경거리, 좋은 상품이면 분명히 가까운 분들에게 자랑하며 구매를 같이 해 보려는 경향이 있다. 그 고객은 주변에 자신의 영향력에 따라서 구매를 결정해 줄 수 있는 상대가 최소 세 명은 있다. '뭔지 알겠다' 라는 분들이 있을 텐데 '맞습니다' 판매나 영업은 이런 것이다. 막상 상대방(타깃)에 대해서 우리가 판매라는 공략을 하고 있지만 사실은 주변 분들을 대상으로 영업을 하고 있었던 것이다.

기존 고객이 있는 직장이나 혹은 매장에 출입은 어렵지는 않을 것이고, 흐름이 있는 고객 관리를 통해서 활동을 하는 것을 분명히 기존 고객 옆에 있는 분들이 '특별한 말을 하지는 않았지만 우리를 보고 있다는 것'을 잊어서는 안 된다.

기존 고객들이 주위에 소개를 해 줄 마땅한 사람이 없다는 말은 거짓말이다. 기존 고객으로부터 소개를 받는 노력을 하지 않아도 가망 고객은 기존 고객 바로 '옆'에 있다. 그것도 정말 생소하게 소개를 받은 고객도 아니고 방문을 하면서 얼굴 정도는 알고 있는 가망 고객들이다.

기존 고객 관리의 흐름을 보면 고객에게 가입 동기를 알기 위해서 시간이 걸리더라도 방문을 하면서 상품을 판매할 당시에는 보여 드리지 못했던(개인적인 부분도 있을 것이고, 구매했던 상품에 대한 부분과 보는 것을 믿는 고객이라면 보여 주면 된다. 선입견을 가졌던 고객이라면 오해를 풀 수 있는 시간을 할애받은 것이

다) 것을 보여 준다. 또 홍보맨이 되어서 회사에서 기존 고객의 동료들에게 '제가 어려울 때 김대리님의 계약 한 건이 저를 다시 영업을 하게 만든 계기가 되었습니다'라고 하면서 좋은 인간성을 가진 고객을 만들 수도 있고, 든든한 주변 동료를 얻게 되는 것이 고객 관리 흐름의 핵심이다.

이렇듯 1차 가망 고객이 기존 고객 옆에 있음을 깨달아야 한다. 필자가 자동차를 구매해서 5년을 타고 다니고 있지만 그분의(자동차를 판매했던 분) 판매 이후 방문을 받아 본 적이 없고 얼굴을 보지도 못하였다. 대신 문자는 정해진 날짜가 되면 받아 보고 있다. 동료들 중에 신차 구입을 약 30% 이상 했고 그 30% 중에서 같은 회사의 제품을 구매한 비율이 50%가 넘었다.

물론 그 판매자가 본인에게 자주 왔다고 해서 주변 동료가 그분에게 자동차를 구매할 것이라고 확신하지는 않는다. 하지만 판매자에게는 그토록 그리워하던 '가망 고객'을 한두 명 정도는 소개할 수 있었을 것이다(차가 고장없으니 품질만큼은 소개를 해도 괜찮겠다는 생각을 평소에 하고 있었다). 하물며 그분이 저를 찾아오는 과정에서 주위 동료가 몇 번을 봤다면 그분이 고객 관리하는 모습을 보고 이야기하지 않아도 그분에게 견적이라도 뽑아 본 동료는 분명 있었을 것이다.

기존 고객 바로 옆에 가망 고객, 소개받을 고객이 있다는 말이 이해가 되는가?

2차 소개는 6단계 마지막 단계에서 고객은 자신에게 새로운 상품을 설명하는 판매자에게 두 가지 선택에 대해 결정하는 과정이 자연스럽게 생긴다. 고객이 신상품 구입을 하면 제일 좋은 것이고, 기존 고객이 그 신상품을 구매할 상황이 아니면 그 순간을 벗어나고 싶은 마음과 함께 새로운 고객을 소개시켜 주기도 한다.

이것이 2차 소개다. 교육을 하면서 '가 보면 고객이 있다'라고 했다. 역시 기존 고객은 내 고객이니 찾아가서 고객 관리 6단계를 순서대로 또한 그동안 판매하면서 고객에게 만족 판매를 못했다면 습득한 대로 고객에게 설명한다. 그 설명이 예전보다 훨씬 뛰어나다는 것을 고객이 느끼면 '소개를 해 줘도 상품 설명이나 고객 관리를 잘 하겠네'라는 생각이 들어서 좋은 고객을 소개해 줄 것이다. 이것이 소개의 핵심 흐름이다.

지금 현장에서 이런 활동을 하고 있다면 천만다행이고, 효과적인 고객 관리가 되지 않고 있다면 소개나 추천의 핵심 흐름에 대한 느낌을 우선 가져 보기 바라며 그 느낌의 가장 중심에는 '기존 고객에 대한 관리'가 핵심임을 인지해 주기 바란다. 소개를 너무 많이 받아서 시간이 부족한 판매자가 되었으면 한다.

02

수호아빠 판매 특허 열 번째

판매는 노는 것이다
놀아야 팔린다

　여기까지 많은 고개를 넘어왔다. 독자들(현재 장사, 영업을 하고 있는 분, 앞으로 장사, 영업을 할 분)에게 많은 것을 전해 주고 싶었고 장사나 영업을 하면서 그동안 잘 몰라서 하지 못했던 부분과 단지 열심히 하면 되는 것으로 생각하고 노력했던 것이 전부였다면 분명히 판매에는 길이 있음을 알려주고 싶었다.

　열심히 노력하고 잘하고 싶었는데 결과가 기대보다 못할 때 '뭐가 문제인지', '무엇이 부족했는지', '노하우가 없었는지'도 알게 되었을 것이다. 그리고 상품을 구매하는 고객에게 구매의 원리와 구매하지 않는 이유, 고객이 상품 구입 시 상품 외에 원하는 것이 무엇인지를 파악해 가면서 매장을 방문하는 고객에 대한 자신감도 늘어났을 것이다. 그리고 이제는 고객을 맞이할 때 자판기의 모습이 아닌 멋진 연극과 같은 순서로 M에 국한되지 않은 기승전결이 있는 판매를 하는 모습을 볼 수 있을 것이다.

"영업이 뭡니까?"

"답이 금방 나오나요?"

"답하기 힘이 듭니까?"

'영업은 노는 것' 이라고 정의해 주고 싶다.

불경기에는 장사도 영업도 잘 안 되는데 놀긴 뭘 놀아라고 반문할지도 모른다. 독자들은 '논다는 것' 에서 논다면 그 대상은 누굴까? 친구, 가족, 동료, 지인, 애인 등 아는 사람들하고 놀 것이다. 별로 친하지 않은 사람하고는 잘 놀지 않을 것이다.

집에서 아이들이 아빠에게 놀아달라고 하거나 친구들과는 '오늘 뭐하고 놀지?' 라고 서로를 바라 본다. 논다는 단어 속에서는 힘들어 하는 것, 노력하는 것, 실패, 어려움, 돈 이런 단어보다는 즐거움, 기쁨, 행복, 웃음, 더 좋은 관계가 되어가는 것들이 우선이다. 판매는 이런 것이다.

판매는 친구와 노는 것처럼 즐거워지면 경지에 이를 수 있다. 고객들이 그 매장에 오면 말이 많아지고 주인이나 직원들과 이런저런 이야기도 나누게 되면 그 매장은 안 봐도 장사가 분명히 잘되는 곳일 것이다.

세일즈 원리를 몰라도, 사전 거절 처리를 못해도, 판매의 순서가 없어도 노는데 무슨 목적이 있었던 것도 아니고 무엇보다 중요한 것이 노는 데는 M. H. D.에서 M은 배제하고 할 수 있다는 것이다.

친구와 만나면 '오늘은 절대 계산하지 않을 꺼야' 라고 생각하며 노는 친구는 별로 없다. 그래서 판매가 노는 것이 되어질 때 M 이야기 외에 M에 대한 이야기가 중요한 것이 아닌 다른 이야기를 할 수 있는 것이다.

하지만 고객과 노는 느낌으로 대화하기가 쉽지는 않을 것이다. 친구와의 자연스런 대화처럼 이어지지 않을 것이고 고객에게 상품 외에 대화를 이어가기란 어려울 것이다. 친구를 만나면 '일상 생활 이야기, 즉 그동안 별일 없었는지, 친구의 표정이 왜 밝은지, 표정이 밝지 않으면 걱정거리가 있는지도 물어볼 수 있듯이' 고객에게도 물어봐야 한다.

"그래?"

"나도 그렇다."

친구도 진지하게 물어본다.

"이건 어떠냐고?"

진심으로 대답하는 관계인가?

이런 판매가 노는 판매인 것이다.

TV에서 본 '욕쟁이 할머니 식당' 으로 과연 술만 먹으러 가는 걸까? 그 할머니 식당에서 판매하는 소주는 가격이 다른 식당에 비해서 절반 값일까?

당연히 아닐 것이다. 고객들은 그 욕쟁이 할머니 집에 놀러가는 것이다. 그 할머니한테는 남들은 가지지 못한 고객의 소리를 들어주고 그에 상응하는 응대를 정말 친구같이 손자같이 대하는 것밖에는 없다. 그 말은 할머니가 식당 안을 지나가면서 손님이 말하는 것에 대꾸도 하고 맞장구도 치고 술 많이 먹는 손님에게는 자식한테 하는 것처럼 '술 많이 먹지 마라' 라고 했던 것들이 곧 노는 판매인 것이다.

지금 우리는 어떤 모습으로 판매를 하고 있는가? 설명하는 사람, 그 설명을 듣는 사람으로 구분이 잘 되어서 상대가 듣고 있는지도 잘 모른 상태에서 고객을 기쁘고 행복하게 해 줄 것도 없이 그냥 열심히 '상품 가격이 얼마입니다, 좋은 제품입니다' 라고만 하지 않았는지 생각해 보자. 그 욕쟁이 할머니가 판매했던 것은 소주가 아니다. 그것은 고객을 알아 주는 정겨운 '대화' 였던 것이다. 포장마차의 주인들도 고객의 하소연, 기쁨, 슬픔을 다 받아주는 분들이다.

고객은 같은 회사의 같은 상품을 A라는 분에게 구입을 하던, B라는 분을 통해서 구입을 하던, 인터넷을 통한 구매도 가능한데, 꼭 A라는 분을 통해서 구입하는 이유가 있다고 생각해 본 적은 없는가? A라는 분이 고객을 상담할 때 고객을 친구처럼, 선배처럼, 후배처럼 대하고 상담을 했기 때문이다. 이처럼 고객이 원하는 것은 우리와 같은 판매자의 상품에 대한 설명이 아니라 친구와 같이 나누는 진솔함이 담겨 있는 대화였던 것이다.

앞으로는 노는 판매가 되기 위해서 판매자가 어떤 역할을 해야 하는지에 대해서 살펴보자.

구매자, 판매자의 입장에서 벗어날 줄 알아야 한다

고객을 내 가족처럼 대해야 된다는 의미인데 이것은 많은 연습이 필요하다. 처음부터 고객이 내 이모님이 되고 친구가 되고 동생이 되고, 형, 오빠가 될 수 있겠는가? 당연히 안 된다.

이것만큼은 연습을 계속해야 된다. '앞에 있는 고객이 내 가족이다' 라고 느끼고 진심으로 대할 수 있는 연습으로 자연스럽게 고객이 변화를 하게 만드는 것이다. 고객은 아무리 뛰어난 판매자이거나 아니면 정말 표현이나 행동이 '진짜' 같지 않으면 귀기울이지 않는다(고객이 구매하지 않는 두 번째 이유가 나오는 것이다. 고객은 이해하지 않으면, 혹은 알아 듣지 못하면 구매를 하지 않는다. 대신 설명을 알아 듣는 척만 하고 있다는 것을 잊어서는 안 된다).

반면에 외모나 말솜씨가 보통인데도 판매를 잘하는 분들이 있다(평범해서 고객이 부담이 없어서 그런 것이라는 생각은 틀린 생각이다. 고객은 평범하다고, 부담이 없다고 단지 그런 평범함이라는 통로로 상품을 구매하지 않는다. 아무런 상관 관계가 없다). 고객이 부담이 없어서 판매를 잘하는 비결이 되었던 것이 아니라 평범해서 고객에게 화려한 언변이나 제스처가 아닌, 평상시 모습으로 고객에게 질문을 했으며 행동도 그렇게 한 것이다. 고객 입장에서는 가족처럼 고객을 대해야 한다는 부분과 통했던 것이다.

우리가 가족이나 친구를 상담하는데 자신의 평상시 모습이 아닌 과장된 액션이나 노력이 필요 없는 것처럼 고객을 대할 때도 어색함, 과장됨이 아닌 모습이 고객에게 진심을 전달하는 것이다.

고객이 물건이 필요하지만 구매를 자제 시킬 줄 아는 프로가 되어야 한다

필자가 기법에서도 잠깐 언급했듯이 판매하지 않으려고 해도 판매가 되는 현상을 의미하는 것이다. '팔지 않으려고 해야 판매가 된다' 라는 의미 속에 고객은 매장이던, 담당자의 방문을 받던 상담을 하게 되었을 때 해당 상품이 마음에 들어서 구매를 할까, 하지 않을까 생각을 하게 되는데 판매자는 고객의 구매 신호나 거절 신호를 잘 감지해야 한다. 많은 시간을 할애해서 노력하는 모습에 구매를 하려는 상황이 오게 되면 친절하게 고객에게 구매를 만류하는 상담을 할 줄도 알아야 된다는 의미가 들어 있다.

진심을 담아서 상담을 하면 고객은 그것을 안다. 그러니 고객에게 사전 거절 처리가 아닌 세일즈 원리의 D만 고객과 같이 공유를 해도 고객은 역으로 판매자가 자신을 대하는 느낌을 그대로 느끼기에 그 구매의 결과는 너무 쉽게 ok로 나올 수 있다는 것이다.

상담이란 원리, 거절, 질문, 신호, 기법, 순서, 흐름, 콘셉트 등이 전혀 필요하지 않는다.

상담의 힘은 어떤 판매왕이 가진 노하우보다 크며, 고객이 느끼는 진심의 힘으로, 그리고 고객에게 전달되는 에너지로 판매되는 경험을 했으면 하는 것이 필자의 꿈이다. 물론 전체적인 상담의 기본에는 고객에 대한 매너 있는 자세는 당연히 있어야 한다.

구매를 자제시키는 것도 고객편에서 더 좋은 상품을 전달하기 위한 것이다.

GIVE를 진심으로 해라. 상담하고, 상품을 판매하는 수많은 모습에서 고객이 상품을 구매했을 때 가지는 기쁨이나 즐거움, 행복함을 판매자가 고객과 똑같이 느끼고 전달하는 모습은 많이 보지 못했다. 고객과 똑같은 느낌을 전달하는 것이 GIVE의 핵심인데 이런 GIVE를 아직 자신의 것으로 만들지 못한 상태에서 고객 상담이 계속된다면 고객이 상품에 대한 매력에 반감을 느끼는 것은 당연하다.

판매할 상품에 대해서 고객에게 설명을 하면서 마음에 드는 상품을 고객에게 전달하는 것이 보여야 한다는 의미와 비슷하다. 그런데 고객이 느끼는 즐거움, 행복함을 고객과 똑같이 느끼고 그 감정을 고객에게 전달하는 것이 GIVE라고 했는데, 이를 두고 고객에게 감정을 오버해서 표현하는 것이 아닌가 하는 생각이 들기도 할 것이다.

친구가 좋은 상품을 사면 기분이 좋은데 왜 그걸 고객에게는 전달하지 않아야 되는가?

현장에서 영업을 하는 분들에게 '영업을 어떻게 하면 잘 합니까' 라는 질문에 바로 GIVE하는 차이라고 했듯이, GIVE에서 말하는 그런 느낌을 고객에게 전달하지 못하면 지금 판매하거나 영업하는 상품을 판매할 자격이 없다고 GIVE에 대한 중요성을 다시 한번 강조한다.

EBS 교육 강좌를 보면서 어떤 분의 강의가 인기가 있는지 지켜보면 자신이 가진 능력과 에너지를 TV라는 매체를 통해서지만 학생들의 감정을 대변해서 전달해 주는 분이 인기 있는 강사라는 것을 알게 된다.

만약 고객이라면 상품을 판매하는 분이 상품을 다루는 모습과 권유해 주는 모습, 상품에 대해서 설명할 때 정말 좋아서라는 것이 바탕에 깔려 있는 것과 그냥 의무적인 모습의 판매는 많은 차이를 느끼지만 이를 표현만 하지 않고 내색을 하지 않았을 것이다. GIVE를 하라는 의미는 고객에게 전해 주는 상품에 대한 애정, 상품을 대하는 자세, 설명할 때 그 상품이 마음에 드는 상품을 고객에게 전달하는 것은 고객이 금방 안다고 보면 된다.

좋은 상품을 보고 온(가격대비 상품의 가치가 높은) 동생이 '형 정말 괜찮은 상품을 내가 봤는데 형에게 딱 좋을 것 같아. 같이 한 번 가 보자' 라는 말속에서 느껴지는 GIVE가 있다. 좋은 음식을 판매하는 분들도 고객의 건강을 챙긴다는 마음으로 음식을 만들고 장사를 하니 당연히 손님이 많을 수밖에 없는 것과 같다. GIVE라는 것도 처음에는 잘 되지 않지만 '노는 것' 이라는 의미를 잘 이해해서 고객을 대하고 상담할 때 전달해 보기 바란다.

이분이 괜찮은 상품을 나에게 권유하고 있구나라는 것을 고객은 금방 느낀다.

노는 것이라는 의미를 알고 그것을 '체득화' 만 된다면 1장부터 4장까지 전달했던 모든 내용을 전부 넘어설 수 있는 힘을 가지게 될 만큼 중요한 것이고 꼭 실천하기를 바라는 마음이다.

느낌이 있는 판매를 해 보도록 하자.

판매왕은 우리 자신들이다.

살아 있는 매장과
수호아빠의 마음

 **장사가 잘되는 매장**

네 가지가 살아 있어야 한다(4生)

장사를 시작하는 분들이 매장을 계약하고, 인테리어도 하고, 간판도 달면서 향후 성공해서 매장을 본점으로 체인점까지 확장하는 꿈을 가지고 있을 것이다. 장사하는 사람들에게, 그리고 영업을 하는 사람들에게 수익이 창출되는 판매를 알려 드리고, 육체적으로 힘은 많이 들지만 대신 수익이 창출되어 행복해지는 것이다.

판매라는 것이 상품을 고객에게 최선을 다해서 친절하게 판매만 하면 대박이 날 것으로 알았지만, 남들보다 덜 자고 더 많이 매장을 지켰는데도 매상은 많이 오르지 않고 고객 탓, 불경기 탓, 내 탓만 하다가도 누구의 탓도 아닌 것 같은 경험을 하게 될 것이다.

몫이 좋은 매장, 월세가 높은 매장, 유동 고객이 넘쳐나는 매장, 유명 메이커 대리점이 아닌(이런 매장들은 그래도 고객 흡인력도 좋고, 매장 운영을 하는데 기본기가 있는 매장이기에, 하지만 여기서 말하는 매장도 당연히 포함되는 이야기이다) 매장에서 열심히 노력하는 분들이나 장사를 해 보겠다고 계획하는 분들에게 살아 있는 매장에 대해서 알려 드리고자 한다. 10년 전부터 매장이 살아 있는 곳으로 변화되기 위한 무엇인가를 연구해 왔다.
'네 가지가 살아 있는 매장' 은 이렇다.

1 매장은 무생물이 아니라 생명체이다

주인이 매일 자신의 매장을 쓸고 닦아 광이 나는 매장이다. 이 매장은 살아 있는 매장인가?

맞다. 이 매장은 분명히 살아 있는 매장이다. 매장이라는 것이 콘크리트와 나무와 기타 인테리어 재료로 만들어져 있는 무생물체인데 부지런한 주인은 매장에 생명을 불어 넣고 있었던 것이다. 가끔 대청소를 하는 그런 매장이 아니라 이 주인은 항상 손님을 맞이 할 자세가 되어 있고, 입구부터 매장의 바닥, 화장실, 그리고 매장의 얼굴이라고 할 수 있는 유리창 청소까지 매일 정성을 드렸다.

이런 행위는 주인과 직원들이 가게에 대해서 정성을 드리는 행동이며 이런 행동의 결과는 매장의 깨끗함과 매장을 대하는, 그리고 손님맞이를 할 주인과 직원의 마음이 담겨지는 행동이다. 이처럼 매장이 생명이 없는 대상이 아님을 먼저 인지하고 이 생명체인 매장에 대해서 쏟아붓는 정성에서 고객이 매장에 들어와서 구매를 하는데 큰 역할을 하는 것이다.

잠시 다른 사례를 보면 매장 오픈을 하고 '고사'를 지내는 경우를 많이 봤거나 참여한 경험들이 있을 것이다. 이런 행위도 매장에 있었으면 하는 좋은 기운을 살리고 그렇지 않은 기운은 나가줬으면 하는 주인의 진심어린 바람일 것이다. 고사를 지내는 것은 나쁘지 않다. 주인이 자신의 매장 오픈을 주위에 알리고 고사라는 것을 지내면서 자신의 마음을 다짐을 하고 또 참석한 주위의 지인들에게 자연스럽게 홍보도 한다.

매장이라는 생명체에서 주인이 바뀌었고 따라서 그 매장도 그런 교체나 변화를 인지시켜주는 것이기 때문이다. 매장이 살아 있음은 깨끗함만을 가지고 말하지 않는다. 청소나 정리정돈을 해 나가는 그 사람의 마음에서 이미 그 매장이 살아 있음이 나타나기 때문이다. 봄이면 꽃화분을 매장 앞에서 키우고, 매장 안에서도 주인의 매장을 사랑하는 행위가 반영되어지고 지속화되어져야 계속 그 생명을 유지하고 기 좋은 매장이 된다.

2 사람이 살아 있어야 한다

뭔가 살아 있어야 하는지 알 것 같은데, 장사하고 영업하는 분들은 당연히 자신들은 생동감있게 고객을 맞이하고 또 방문을 하고 있다고 생각할 것이다.

당연히 그렇게 해야 한다. 매장에 생동감이 넘쳐 흐름으로써 주인과 직원의 살아 있음을 피부로 느낄 수 있어야 한다.

밝은 웃음이 가득한 얼굴, 깨끗한 복장, 밝은 목소리, 손님의 발걸음보다 걸음 폭은 좁지만 더 빠른 발걸음, 설명할 때의 자신감 등 여러 가지이다. A매장과 장사가 보통인 B매장의 사람만 봤을 때의 차이를 보면 겉으로 보기에는 비슷한데 많은 차이가 있다.

오픈에서 마감까지 한결같은 자세나 마음을 유지하는 지속력의 차이

직원의 고객 눈맞춤 없는 모습

내 일이 아니면 신경을 쓰지 않는 모습

손님이 부르지 않으면 그냥 서 있는 모습(마네킹)

조금의 불평만 보여도 파도가 일어나는 모습

등으로 금방 그 차이를 알 수 있다.

오픈에서 마감까지 한결같은 자세나 마음을 유지하는 지속력의 차이 :
이는 직원들이 손님에 대한 자신감의 차이인데 중간중간 주인과 직원이 휴식 시간을 통해서 심기 일전하는 행동만 해도 수정이 될 수 있는 것이다.

직원의 고객 눈맞춤이 없는 모습 :

필자가 매장을 방문해서 컨설팅을 하면 직원들의 눈만 보는데. 손님인 나에게 눈맞춤을 하고 대화를 하는지 인사를 하는지 한 가지만 봐도 열 가지를 알 듯이 그렇지 않은 매장은 당연히 같은 업종의 다른 매장보다 매상이 조금씩 떨어져 있을 것이다.

장사가 잘되는 매장은 손님의 말을 직원이 똑같이 따라 하는 매장도 있다.

확인을 하기 위해서 하는 것도 있고 고객의 주문이나 요청을 너무 반갑게 맞는 모습을 고객에게 보여 주기 위한 목적도 있다.

매장에서는 당연히 자연스러운 눈맞춤이 될 때까지 노력을 해야 된다.

직원들이 조금 피곤해도 절대적으로 고객과 눈맞춤 상담이 되도록 노력해야 한다.

고객은 매장의 분위기 직원들의 움직임, 눈맞춤에 50%는 구매 결정을 한다고 봐도 무방하다. 그만큼 살아 있는 매장의 핵심 내용이다.

3 오감이 살아 있는 매장

오감이라면 눈, 귀, 코, 입, 피부(시각, 청각, 후각, 미각, 촉각)을 말하는데 지금 자신의 매장은 고객의 몇 가지 '감'을 충족시켜 주고 있을까? A라는 매장은 밝은 음악, 깨끗함, 직원들의 정겨운 인사에다가 직원들이 고객에게 상품을 설명할 때 상품을 보여 주고 만지게 하고, 경험하게 해 주면서 직원들이 가벼운 질문을 하거나 고객의 문제를 찾아서 해결해 주는 주고받는 대화를 하고 있다. 이게 바로 오감을 만족시켜 주려고 노력하는 매장의 모습이다.

눈 : 깨끗한 매장, 정렬된 모습, 직원의 환한 모습, 자세를 낮추는 서비스, 오 래되지 않은 매장의 부착물, 직원의 복장, 두발, 용모 등 눈으로 보여지는 것들이 많다.

귀 : 음악, 직원의 밝고 정겨운 인사말, 고객의 질문에 전문가적인 대답, 고객을 홀로 내버려 두지 않는 직원들의 끊임없는 판매 순서에 맞는 주고받음의 대화로 직원끼리 소근거리는 것이 없는 매장

코 : 담배 냄새없는 매장, 코를 자극하는 향기, 생화의 향기 등

입 : 주고받는 대화(고객은 대화를 원한다), 고객의 말을 잘 들어주는 직원, 고객의 말에 신속히 대응해 주는 속도 있는 응대

피부 : 매장의 대부분을 고객이 느끼고 경험하게 만드는 판매 활동

오감에서 어떤 부분이 부족하고 강점인지, 그리고 환경적인 요인을 제외하고 잘보면(환경이라는 것은 누구나 따라 할 수 있는 것이라 경쟁력이라 보기 힘든 부분이 있다) 사람이 고객에게 제공할 수 있는 오감이 많다는 것을 알 수 있을 것이다.

주인과 직원이 정성이 없는 매장 운영은 그 결과를 우리도 쉽게 알 수가 있듯이 지금은 고객이 매장에 상품만을 구입하러 오는 시대가 아니라 서비스를 기대한다. 그 매장의 느낌을 같이 사러 오는 것이다(예전의 커피 전문점, 대기업의 빵집 등). 대단한 무엇이 있어서 그 매장이 대박이 나는 경우도 많겠지만, 아주 평범함에서 하다못해 주인이 매장 방문을 하는 고객에게 전부 인사하고 안내하면서 정성 어린 배웅만 해도 고객은 오감 중에 세 가지 이상을 만족하는 매장을 다녀간 느낌을 받을 수 있다. 그만큼 고객 서비스는 무한함을 다시금 느끼게 한다.

4 상담이 살아 있는 매장

　인프라가 잘 되어 있고, 위치로 보나 판매하는 상품으로 보나 경쟁력이 있는데도 불구하고 결과가 만족스럽지 않은 경우에 그 원인을 찾아보려면 힘이 많이 든다. 매장 판매 및 종합적인 컨설팅을 해 주는 팀에서도 매장의 진단을 하면서 홍보, 진열 상태, 유동 고객의 시선, 고객의 매장 내 동선, 매장에 고객이 들어와서 보는 시선의 방향, 집중할 곳의 상품 배치 상태, 직원의 친절도, 응대 방식 등을 중심으로 컨설팅을 많이 한다.

　이런 외적으로 보이는 것 외에도 매장이 살아 있음을 알게 해 주는 것들이 많은데도 불구하고 대부분이 눈으로 보이는 것에만 집중을 할 수밖에 없는 이유가 있다. '고객이 진정으로 원하는 것(상품을 구입을 하려고 하는데 직원의 도움이 필요한 부분)'과 같은 부분은 눈으로 표시가 나지도 않고 실질적으로 시간적 소요가 많이 걸리는 부분이라 잘 교정이 되지 않기 때문이다.

　직원들이 고객과의 상담 내용에 대해서도 살펴 보겠지만 필자가 언급했던 고객이 구매 시에 'D'에 대한 부분, 구매를 하지 않는 이유에 대한 준비 및 실행, 사전 거절 처리에 대한 준비 및 고객에게 먼저 언급해 주는 부분에 대한 확인 등 자신에게 상품에 대한 조언도 필요하지만, 고객은 상품 구매와 관련해서 자신의 마음을 읽어 주는 아니면 조금은 알아 주는 대화가 포함된(고객의 말을 들어주는 대화 : 대화를 들어주기 위해서는 판매자가 질문을 해야 하며, 그리고 대화가 두서없이 진행되는 것이 아니라 판매자의 판매 순서에 맞게 진행이 되어서 고객이 상품 구매와 관련되어 있지만 판매자와 많은 대화를 나누었다는 느낌을 자연스럽게 가지게 만드는 상담이 최고이다) 상품 상담을 원한다.

처음에는 어렵겠지만 차분하게 해 보면 상담을 받은 고객의 구매율은 몰라보게 달라질 것이다.

고객이 상담 과정에서 직원들과 나눈 대화 속에서 이 고객은 해당 상품의 재구매, 추천 구매 시 반드시 그 매장의 직원을 다시 생각하게 되고 재방문 시에는 반드시 그 직원의 응대를 다시 받고 싶어지게 된다는 것이다. 매장이 외형적으로 경쟁력이 떨어지는 위치에 있고 판매하는 상품 또한 유명한 대기업의 상품이 아닌 매장에서 적당히 찾아 오는 고객에게 판매한 결과물인 매출과 타협하지 말기 바란다. 판매에는 분명 왕도가 있다는 것을 믿고 외형적인 변화를 통한 변화도 좋지만 판매의 달인이 되어가면서 구입 과정에서 고객이 느끼는 '차별화'에 변화를 가해서 고객 관리를 통한 비용 대비 효율의 극대화를 만들어 가면 훨씬 달라진 매장이 될 것이다.

살아 있는 매장에서 제일 중요한 것은 역시 사람이 살아 있어야 한다. 그리고 상담이 살아 있으면 그 매장은 고객이 오게 되어 있다. 마지막으로는 모두 매장에 정성을 쏟아야 된다(매장은 살아 있는 유기체이다). 누구나 할 수 있는 것인데 습관이 안 되어 있어서 그런 것이니 좋은 습관을 만들어야 한다.

주위에 실력 있고 판매를 잘하는 동료가 있다면 그분들에게 무조건 열심히 배워야 한다. 뭐가 되었던 상관없이 노하우를 배워야 한다. 아니면 스스로 공부하고 연습하고 또 연습을 거듭해서 멋진 연극 대본(판매 순서)을 가져야 한다.

판매나 영업의 실력 쌓기에서 우선 앞에 고객이 있다고 생각하고 판매를 하는데 '내가 고객에게 판매를 할 때 무엇 때문에 판매가 잘 되지 않았지?' 라고 되돌아본다면 거울을 앞에 두고 거울 속에 비친 내 모습을 보면서 지금 고객에게 판매하고 있는 상품을 '본인한테' 판매를 해 보는 방법도 있다. '안녕하세요?' 라는 인사 후에 무슨 말부터 습관적으로 시작이 되고 있는지부터 생각보다 훨씬 어려울 것이다.

원리도, 기법도, 거절도, 순서도, 질문도, 준비가 되어 있지 않았는데 그리고 매일 여러 번 보는(제일 거리감이 없는 나 자신에게) 나라는 대상에게도 판매가 잘 되지 않고는 '노는 판매' 가 되지 않을 것이다.

내가 나에게 팔지 못한다면 고객에게도 판매가 안 될 것이고, 자신에게도 판매가 자신 있으면 고객에게도 판매가 수월해진다.

우선 상품에 대해서 '무엇을 듣고 싶어했고', '어떤 부분에서 거절 생각이 들었는지', '판매자와 상품 외에는 전혀 다른 대화를 하고 싶었던 마음은 없었는지' 등 이런 부분을 채워 나가는 것이 나에게 판매할 수 있는 길에서 길을 잃어버리지 않고 갈 수 있는 이정표가 될 수 있다. 자신에게 판매를 하지 못하는 것은 고객에게 판매가 안 된다고 스스로에게 기준을 세우고 계속해서 연습을 해야 한다.

아이돌 그룹이 대중에게 노래와 댄스를 선보이기 전까지 얼마나 맹연습을 하는지 잘아는 것처럼 우리도 고객에게 판매 순서가 정해져 있는 무대에 서는 배우라는 것을 명심하고 준비없는 공연은 관중의 외면을 받듯이 우리도 구매 대기 고객에게 똑같은 평가를 받게 될지 모른다.

판매나 영업에서도 당연히 연습이 많이 필요하다는 것은 이제 충분히 알 것이다. 또한 실력이라는 것이 하루아침에 되는 것이 아닌데 어떻게 하면 탄탄한 실력을 보유할 수 있을까?

'매일 똑같은 일을 반복하는 것'이라고 알려주고 싶다. 매일 자신감 있게 밝은 모습으로 고객을 맞이하고 순서에 맞게(거울을 보고 연습한 내용으로) 고객을 한결같은 힘으로 대해야 한다(체력적으로 힘이 들고 고객에 따라서 고객의 거듭되는 거절 때문에 점점 다시 원래대로 돌아가는 모습을 보게 될지도 모른다). 매일 똑같은 일을 반복하는 것이 실력을 누적시키는 최고의 비결인데, 이처럼 하는 것이 어렵기에 판매 실력을 쌓아가는 것이 힘이 드는 이유이다.

능동적인 자세에서 언급한 것처럼 늘 그런 힘 있고, 에너지가 있고, 순서에 맞는 판매를 할 수 있는 것이 어렵지만 첫 장부터 말하는 세일즈의 원리에서 M의 비중을 낮춰서 할 수 있는 상담, 고객이 거절을 표현하면 극복하려고 하는 사전에 거절 처리를 해 보는 상담, 내가 상담의 주도권을 잡고 질문도 하고, 상담도 하는 활동, 가족과 같은 느낌으로 고객을 대하는(노는 것) 연습을 해야 한다.

어느 항목이라도 좋으니 매일 반복해야 한다. 그래야 실력이 되고 남들보다 좋은 결과를 만들 수 있으며, 실력이 되면 남들은 쉽게 따라 하지 못하는 것, 항상 남들의 부러움을 받으면서 판매를 하게 된다.

판매하는 많은 분들이 그동안 주먹구구식으로 아니면 약간은 이론에 중점을 둔 학습에 의한 교육 외에는 별다르게 판매에 대해서, 영업에 대해서 배우는 채널이 거의 없었다.

하지만 열정과 부지런함으로 고객을 만났지만, 또 수없이 많은 거절 때문에 판매업을, 장사를, 영업을 하는 많은 분들이 떠나가는 것이 현실이었다. 앞으로는 판매가 무엇인지 어떤 원리에서 판매가 되고 영업에 따른 결과물이 나오는지, 흐름이 있는 판매를 하게 만들어서 절대 판매라는 것이 시간만 지나면 경험이 쌓여서 쉬워지는 것이 아니라 고객에게 만족을 주는 판매, 고객이 우리에게 의지할 수 있는 판매 등 판매의 모든 것을 알려 주고 싶었다.

하지만 기법에서도 언급했듯이 '기술자'가 되어서는 절대 안 된다. 결코 판매 실패를 두려워해서는 안 되며, 단지 고객에게 화려한 기법을 활용한 판매를 하라는 뜻으로 만든 것은 절대 아니다. 필자가 판매하는 분들의 현장에서의 외로움, 서글픔, 마음의 상처를 잘 알기에 영업을 하고 있는 분들은 쉬운 영업이 아니라 어렵고 힘든 과정을 겪으면서 지금의 일을 하고 있다는 것을 알려 주고 싶은 마음이다.

문전 박대, 정말로 노력을 했는데 한 방에 실패한 상담, 믿었던 지인이었는데도 불구하고 매몰찬 거절, 소 닭 보듯이 하는 시선, 잡상인 취급, 진상 고객, 컴플레인 고객(개그 콘서트의 정여사 같은 분) 때문에 뒤돌아서 뜨거운 눈물을 겪어보지 않았다면 아직 영업을 하는 분이 아니다.

이런 경험도 없이 어떻게 훌륭한 판매왕이 된단 말인가? 이런 경험이 정말 훌륭한 분을 만드는 초석이 되는 것이다. 이런 분들에게 눈물이 흐르지 않게 도와주고 싶은 마음이 잘 전달이 되었으면 하는 마음이다.

독자들은 문전 박대를 당해 보았는가?

잘 아는 친구에게 매몰찬 거절을 당해 보았는가?

판매왕들은 당연히 이런 경험을 밥 먹듯이 했었고 이런 노력 위에 그분들의 꽃이 피었던 것이지 처음부터 고객이 기다리고 있다가 판매왕이 왔을 때 묻지도 따지지도 않고 구매를 한 것은 아니다. '문전 박대 당하는 것' 기분은 상하겠지만 괜찮다. 그 고객은 내가 실력이 없어서 그렇게 하는 것이다.

절대 고객을 탓하지 않아야 한다. 우리가 실력을 가지면 된다. 우리에게 구매를 하지 않았던 고객도 우리 고객으로 만들 수 있는 실력을 갈고 닦아야 한다 (필자의 카톡 명은 '개선과 단검'인데 이는 매일 똑같은 일을 반복하겠다는 마음과 긴 칼을 갈고 갈아서 짧은 단검이 될 때까지 실력을 갈고 닦겠다는 의지를 나타낸 것이다).

간, 쓸개를 어디에 두고 영업을 해야 하는가?

고객에게 판매하려고 노력을 했는데 고객이 이런저런 핑계를 대면서 구매하지 않고 거절을 할 때 속에서 화가 날 것이다. 방문을 열 번이나 했고, 고객이 계약을 할 것으로 보였는데 '방문하는 일은 당신들이 원래 하는 일이고 구매는 내 마음이지'라고 거절을 한다.

처음에는 뒤돌아서 그를 향해 '욕(?)'을 하게 될지도 모른다. 그러나 순서대로 하게 되면 고객이 매장에 들어와서 이것저것 구경만 하다가 구매하지 않고 그냥 나가도 화가 나지 않는다. 그 고객에 대해서 뒤에서 싫은 소리를 절대 하지 않는다(참고로 인터넷 판매가 활성화되었던 이유 중의 하나가 바로 매장에서 구매하지 않고 가는 고객에게 뒤에서 '뒷소리'를 하지 않아서 좋다는 고객의 마음). 따라서 앞으로 고객이 구매하지 않고 매장을 나가는 한이 있어도 절대 뒤에서 뭐라고 하지 않았으면 한다.

'왜 화가 나지 않을까?' 판매 순서와 흐름이 있었고, 사전 거절 처리를 했고, 묻고 답하기를 주도했던 판매 상담이었다면 화를 내지 않는다. 왜냐하면 이 판매는 내가 주도를 했고 내가 하고 싶은 것은 다 해 보았기 때문이다. 그리고 간, 쓸개를 가지고 판매를 하지 않기 때문이다. 판매하는데 고객이 진상을 부리는 것도 잘 듣고, 입어보고 착용도 오래 해 보고도 아무 생각없이 매장을 나가는 고객에게도 필자는 간, 쓸개를 생각하지 않기에 화를 내지 않는 것이다. 그래서 항상 같은 자세로, 마음가짐으로 고객맞이를 할 수 있다(앞서 거절을 당한 마음으로 지금 다시 새로운 고객을 맞이하면 그 고객은 우리의 표정이나 말투에서 벌써 판매에 대한 좋은 느낌을 받을 수 없다). 독자들은 그렇지 않은가? 아직도 화가 많이 나는가? 고객의 뒤통수에 대고 마음으로 뒷소리하고 있는가? 고객은 판매자, 영업 사원들의 얼굴과 감정의 변화에 따른 목소리 변화까지 전부 다 알고 있다. 당연히 뒤통수에 대고 비록 마음으로 했지만 뒷소리를 다 느끼고 있다. 앞으로는 그렇게 하지 않았으면 한다. 뒤통수에 대고 욕하는 소리를 들은 고객은 절대로 우리 매장으로 돌아오지 않는다.

그렇다면 간, 쓸개를 어떻게 뺄까?

집에서 판매하러, 영업하러 나올 때 집에 보관하고 나오면 된다. 간, 쓸개가 그렇게 중요한가? 고객의 탓이 아니라 내 실력 탓인데 고객을 탓하니 간도 아프고 쓸개도 아픈 것이다. 고객은 거절할 수 있는 권리가 있다. 아직도 그런 고객일수록 더욱 나를 강하게 만드는 좋은 선생님이다. 간, 쓸개가 아직도 아픈 독자들은 아직도 실력이 고객을 리드하고 이끌어 주지 못한다고 자신에게 탓을 하기 바란다. 그게 맞는 것이다.

에필로그

수호아빠 세일즈의 근원

먼 길을 달려 왔다.

세일즈 원리부터 간, 쓸개까지 '판매에 왕도가 있음'을 알려 주고 모두가 거절에 눈물 흘리지 않고 판매에, 영업에 재미를 느끼고 판매를 통해서 모두가 높은 연봉과 매출, 수익을 올리도록 만들어 주고 싶었다.

마지막으로 모든 분들이 '열심히 하는 이유와 근본이 여러분들의 가족'이 되었으면 하는 것이다.

모든 판매, 영업의 근본은 가족이라고 생각한다. 누가 열심히 하지 않으려 하겠는가? 누가 비전, 꿈이 없겠는가? 그 어떤 책이나 훌륭한 전문가보다 우리들에게 동기 부여와 끊임없는 에너지의 원천은 가족이다. 돈 많이 벌어서 아버지, 어머니 맛있는 것도 사 드리고, 동생, 누나, 형, 오빠에게도 멋진 옷도 사 주기 바란다.

그리고 판매의 달인이 되기 위해서는 사랑이 마음 속에 자리잡고 '내가 지금 하는 일이 힘들고 조금 지쳐도 내 일을 사랑하고, 지금 내가 판매하고 영업하는 상품을 사랑하고 내가 만나는 고객님의 행복을 위한다'면 모두가 판매의 레벨에서 최고인 판매의 달인이 되어 있을 것이다.

여러분 꼭 여러분 것으로 만들어서 돈도 많이 벌고 대박 나는 매장이 되기 바란다.

우리 모두 성공할 수 있다.

수호아빠의 판매 특허

❋ **수호아빠 판매 특허 첫 번째** – M. H. D. 판매에는 원리가 있다.

❋ **수호아빠 판매 특허 두 번째** – GIVE 와 TAKE 나는 무엇을 어떻게 주고 있는가?

❋ **수호아빠 판매 특허 세 번째, 네 번째** – 칼자루는 우리가 잡아야 된다와 고객은 똑같다.
　　　　　　　　　　　　　　　　　　　단지 표현만 달리하는 것 뿐이다.

❋ **수호아빠 판매 특허 다섯 번째** – 질문만으로 판매할 수 있다.

❋ **수호아빠 판매 특허 여섯 번째** – 거절 겁낼 필요 없다.
　　　　　　　　　　　　　　　　거절은 사전에 막을 수 있다.

❋ **수호아빠 판매 특허 일곱 번째** – 판매는 정확한 순서다.
　　　　　　　　　　　　　　　　순서만 있으면 1,000명에게도 순식간에 판매를 할 수 있다.

❋ **수호아빠 판매 특허 여덟 번째** – 기법 8가지
　　　　　　　　　　　　　　　　모든 것을 판매할 수 있다.

❋ **수호아빠 판매 특허 아홉 번째** – 단골은 만드는 것이고 만드는 방법이 있다.
　　　　　　　　　　　　　　　　고객 20명만 있으면 평생을 먹고 살 수 있다.

❋ **수호아빠 판매 특허 열 번째** – 판매는 노는 것이다.
　　　　　　　　　　　　　　놀아야 팔린다.

❋ **수호아빠 판매 특허 판매의 달인이 되는 5가지 테마**

상품, 고객, 시장, 세일즈 기법, 판매 TOOL

❋ **살아 있는 매장과 수호아빠의 마음**

장사가 잘되는 매장 – 네 가지가 살아 있어야 한다(4生).
수호아빠의 마음 – 세일즈에는 근원이 있어야 한다.

세일즈 8기법

1 **선택 기법**

2 **맞지예 기법** (동의를 구하는 기법)

3 **무너뜨리기 기법** - 하나가 무너지면 전부를 무너뜨릴 수 있다.

4 **폭탄 기법** - 구매는 쉽게 결정을 하지만 구입 과정은 까다롭게 한다.

5 **알고 계시죠 기법** - 젊은 고객층에게 많이 사용하면 효과적인 기법이다.

6 **저라면 이렇게 기법** - 해결 기법

7 **점쟁이 기법** - 선무당이 사람을 잡을 수 있다.

8 **IF 기법** - 만약에 기법

가림출판사·가림 M & B·가림 Let's에서 나온 책들

문 학

바늘구멍
켄 폴리트 지음 | 홍영의 옮김
신국판 | 342쪽 | 5,300원

레베카의 열쇠
켄 폴리트 지음 | 손연숙 옮김
신국판 | 492쪽 | 6,800원

암병선
니시무라 쥬코 지음 | 홍영의 옮김
신국판 | 300쪽 | 4,800원

첫키스한 얘기 말해도 될까
김정미 외 7명 지음 | 신국판 | 228쪽 | 4,000원

사미인곡 上·中·下
김충호 지음 | 신국판 | 각 권 5,000원

이내의 끝자리
박수완 스님 지음 | 국판변형 | 132쪽 | 3,000원

너는 왜 나에게 다가서야 했는지
김충호 지음 | 국판변형 | 124쪽 | 3,000원

세계의 명언
편집부 엮음 | 신국판 | 322쪽 | 5,000원

여자가 알아야 할 101가지 지혜
제인 아서 엮음 | 지창국 옮김
4×6판 | 132쪽 | 5,000원

현명한 사람이 읽는 지혜로운 이야기
이정민 엮음 | 신국판 | 236쪽 | 6,500원

성공적인 표정이 당신을 바꾼다
마츠오 도오루 지음 | 홍영의 옮김
신국판 | 240쪽 / 7,500원

태양의 법
오오카와 류우호오 지음 | 민병수 옮김
신국판 | 246쪽 | 8,500원

영원의 법
오오카와 류우호오 지음 | 민병수 옮김
신국판 | 240쪽 | 8,000원

석가의 본심
오오카와 류우호오 지음 | 민병수 옮김
신국판 | 246쪽 | 10,000원

옛 사람들의 재치와 웃음
강형중·김경익 편저 | 신국판 | 316쪽 | 8,000원

지혜의 쉼터
쇼펜하우어 지음 | 김충호 엮음
4×6판 양장본 | 160쪽 | 4,300원

헤세가 너에게
헤르만 헤세 지음 | 홍영의 엮음
4×6판 양장본 | 144쪽 | 4,500원

사랑보다 소중한 삶의 의미
크리슈나무르티 지음 | 최윤영 엮음
4×6판 | 180쪽 | 4,000원

장자 – 어찌하여 알 속에 털이 있다 하는가
홍영의 엮음 | 4×6판 | 180쪽 | 4,000원

논어 – 배우고 때로 익히면 즐겁지 아니한가
신도희 엮음 | 4×6판 | 180쪽 | 4,000원

맹자 – 가까이 있는데 어찌 먼 데서 구하려 하는가
홍영의 엮음 | 4×6판 | 180쪽 | 4,000원

아름다운 세상을 만드는 사랑의 메시지 365
DuMont monte Verlag 엮음 | 정성호 옮김

4×6판 변형 양장본 | 240쪽 | 8,000원

황금의 법
오오카와 류우호오 지음 | 민병수 옮김
신국판 | 320쪽 | 12,000원

왜 여자는 바람을 피우는가?
기젤라 룬테 지음 | 김현성·진정미 옮김
국판 | 200쪽 | 7,000원

세상에서 가장 아름다운 선물
김인자 지음 | 국판변형 | 292쪽 | 9,000원

수능에 꼭 나오는 한국 단편 33
윤종필 엮음 및 해설 | 신국판 | 704쪽 | 11,000원

수능에 꼭 나오는 한국 현대 단편 소설
윤종필 엮음 및 해설 | 신국판 | 364쪽 | 11,000원

수능에 꼭 나오는 세계단편(영미권)
지창영 옮김 | 윤종필 엮음 및 해설
신국판 | 328쪽 | 10,000원

수능에 꼭 나오는 세계단편(유럽권)
지창영 옮김 | 윤종필 엮음 및 해설
신국판 | 360쪽 | 11,000원

대왕세종 1·2·3
박충훈 지음 | 신국판 | 각 권 9,800원

세상에서 가장 소중한 아버지의 선물
최은경 지음 | 신국판 | 144쪽 | 9,500원

마담파리와 고서방
아젤 지음 | 신국판 | 268쪽 | 13,000원

건 강

아름다운 피부미용법
이순희(한독피부미용학원 원장) 지음
신국판 | 296쪽 | 6,000원

버섯건강요법
김병각 외 6명 지음 | 신국판 | 286쪽 | 8,000원

성인병과 암을 정복하는 유기게르마늄
이상현 편저 | 카오 샤오이 감수
신국판 | 312쪽 | 9,000원

난치성 피부병
생약효소연구원 지음 | 신국판 | 232쪽 | 7,500원

新 방약합편
정도명 편역 | 신국판 | 416쪽 | 15,000원

자연치료의학
오홍근(신경정신과 의학박사·자연의학박사) 지음
신국판 | 472쪽 | 15,000원

약초의 활용과 가정한방
이인성 지음 | 신국판 | 384쪽 | 8,500원

역전의학
이시하라 유미 지음 | 유태종 감수
신국판 | 286쪽 | 8,500원

이순희식 순수피부미용법
이순희(한독피부미용학원 원장) 지음
신국판 | 304쪽 | 7,000원

21세기 당뇨병 예방과 치료법
이현철(연세대 의대 내과 교수) 지음
신국판 | 360쪽 | 9,500원

신재용의 민의학 동의보감
신재용(해성한의원 원장) 지음
신국판 | 476쪽 | 10,000원

치매 알면 치매 이긴다
배오성(백상한방병원 원장) 지음

신국판 | 312쪽 | 10,000원

21세기 건강혁명 밥상 위의 보약 생식
최경순 지음 | 신국판 | 348쪽 | 9,800원

기치유와 기공수련
윤한홍(기치유 연구회 회장) 지음
신국판 | 340쪽 | 12,000원

만병의 근원 스트레스 원인과 퇴치
김지혁(김지혁한의원 원장) 지음
신국판 | 324쪽 | 9,500원

김종성 박사의 뇌졸중 119
김종성 지음 | 신국판 | 356쪽 | 12,000원

탈모 예방과 모발 클리닉
장정훈·전재홍 지음 | 신국판 | 252쪽 | 8,000원

구태규의 100% 성공 다이어트
구태규 지음 | 4×6배판 변형 | 240쪽 | 9,900원

암 예방과 치료법
이춘기 지음 | 신국판 | 296쪽 | 11,000원

알기 쉬운 위장병 예방과 치료법
민영일 지음 | 신국판 | 328쪽 | 9,900원

이온 체내혁명
노보루 야마노이 지음 | 김병관 옮김
신국판 | 272쪽 | 9,500원

어혈과 사혈요법
정지천 지음 | 신국판 | 308쪽 | 12,000원

약손 경락마사지로 건강미인 만들기
고정환 지음 | 4×6배판 변형 | 284쪽 | 15,000원

정유정의 LOVE DIET
정유정 지음 | 4×6배판 변형 | 196쪽 | 10,500원

머리에서 발끝까지 예뻐지는 부분다이어트
신상만·김선민 지음 | 4×6배판 변형
196쪽 | 11,000원

알기 쉬운 심장병 119
박승정 지음 | 신국판 | 248쪽 | 9,000원

알기 쉬운 고혈압 119
이정균 지음 | 신국판 | 304쪽 | 10,000원

여성을 위한 부인과질환의 예방과 치료
차선희 지음 | 신국판 | 304쪽 | 10,000원

알기 쉬운 아토피 119
이승규·임승엽·김문호·안유일 지음
신국판 | 232쪽 | 9,500원

120세에 도전한다
이권행 지음 | 신국판 | 308쪽 | 11,000원

건강과 아름다움을 만드는 요가
정판식 지음 | 4×6배판 변형 | 224쪽 | 14,000원

우리 아이 건강하고 아름다운 롱다리 만들기
김성훈 지음 | 대국전판 | 236쪽 | 10,500원

알기 쉬운 허리디스크 예방과 치료
이종서 지음 | 대국전판 | 336쪽 | 12,000원

소아과 전문의에게 듣는 알기 쉬운 소아과 119
신영규·이강우·최성항 지음 | 4×6배판 변형
280쪽 | 14,000원

피가 맑아야 건강하게 오래 살 수 있다
김영찬 지음 | 신국판 | 256쪽 | 10,000원

웰빙형 피부 미인을 만드는 나만의 셀프 피부건강
양해원 지음 | 대국전판 | 144쪽 | 10,000원

내 몸을 살리는 생활 속의 웰빙 항암 식품
이승남 지음 | 대국전판 | 248쪽 | 9,800원

마음한글, 느낌한글
박완식 지음 | 4×6배판 | 300쪽 | 15,000원

웰빙 동의보감식 발마사지 10분
최미희 지음 | 신재용 감수
4×6배판 변형 | 204쪽 | 13,000원

아름다운 몸, 건강한 몸을 위한 목욕 건강 30분
임하성 지음 | 대국전판 | 176쪽 | 9,500원

내가 만드는 한방생주스 60
김영섭 지음 | 국판 | 112쪽 | 7,000원

건강도 키우고 성적도 올리는 자녀 건강
김진돈 지음 | 신국판 | 304쪽 | 12,000원

알기 쉬운 간질환 119
이관식 지음 | 신국판 | 264쪽 | 11,000원

밥으로 병을 고친다
허봉수 지음 | 대국전판 | 352쪽 | 13,500원

알기 쉬운 신장병 119
김형규 지음 | 신국판 | 240쪽 | 10,000원

마음의 감기 치료법 우울증 119
이민수 지음 | 대국전판 | 232쪽 | 9,800원

관절염 119
송영욱 지음 | 대국전판 | 224쪽 | 9,800원

내 딸을 위한 미성년 클리닉
강병문 · 이향아 · 최정원 지음 | 국판
148쪽 | 8,000원

암을 다스리는 기적의 치유법
케이 세이헤이 감수 | 카와키 나리카즈 지음
민병수 옮김 | 신국판 | 256쪽 | 9,000원

스트레스 다스리기
대한불안장애학회
스트레스관리연구특별위원회 지음
신국판 | 304쪽 | 12,000원

천연 식초 건강법
건강식품연구회 엮음
신재용(해성한의원 원장) 감수
신국판 | 252쪽 | 9,000원

암에 대한 모든 것
서울아산병원 암센터 지음
신국판 | 360쪽 | 13,000원

알록달록 컬러 다이어트
이승남 지음 | 국판 | 248쪽 | 10,000원

불임부부의 희망 당신도 부모가 될 수 있다
정병준 지음 | 신국판 | 268쪽 | 9,500원

키 10cm 더 크는 키네스 성장법
김양수 · 이종균 · 최형규 · 표재환 · 김문희 지음
대국전판 | 312쪽 | 12,000원

당뇨병 백과
이현철 · 송영득 · 안철우 지음
4×6배판 변형 | 396쪽 | 16,000원

호흡기 클리닉 119
박성학 지음 | 신국판 | 256쪽 | 10,000원

키 쑥쑥 크는 롱다리 만들기
롱다리 성장클리닉 원장단 지음
대국전판 | 256쪽 | 11,000원

내 몸을 살리는 건강식품
백은희 지음 | 신국판 | 384쪽 | 12,000원

내 몸에 맞는 운동과 건강
하철수 지음 | 신국판 | 264쪽 | 11,000원

알기 쉬운 척추 질환 119
김수연 지음 | 신국판 변형 | 240쪽 | 11,000원

베스트 닥터 박승정 교수팀의 심장병 예방과 치료
박승정 외 5인 지음 | 신국판 | 264쪽 | 10,500원

암 전이 재발을 막아주는 한방 신치료료

전략
조종관 · 유화승 지음 | 신국판 | 308쪽 | 12,000원

식탁 위의 위대한 혁명 사계절 웰빙 식품
김진돈 지음 | 신국판 | 284쪽 | 12,000원

우리 가족 건강을 위한 신종플루 대처법
우준희 · 김태형 · 정진원 지음
신국판 변형 | 172쪽 | 8,500원

스트레스가 내 몸을 살린다
대한불안의학회 스트레스관리특별위원회 지음
신국판 | 296쪽 | 13,000원

수술하지 않고도 나도 예뻐질 수 있다
김경모 지음 | 신국판 | 144쪽 | 9,000원

우리 교육의 창조적 백색혁명
원상기 지음 | 신국판 | 206쪽 | 6,000원

현대생활과 체육
조창남 외 5명 공저 | 신국판 | 340쪽 | 10,000원

퍼펙트 MBA
IAE유학네트 지음 | 신국판 | 400쪽 | 12,000원

유학길라잡이 I — 미국편
IAE유학네트 지음 | 4×6배판 | 372쪽 | 13,900원

유학길라잡이 II — 4개국편
IAE유학네트 지음 | 4×6배판 | 348쪽 | 13,900원

조기유학길라잡이.com
IAE유학네트 지음 | 4×6배판 | 428쪽 | 15,000원

현대인의 건강생활
박상호 외 5명 공저 | 4×6배판 | 268쪽 | 15,000원

천재아이로 키우는 두뇌훈련
나카마츠 요시로 지음 | 민병수 옮김
국판 | 288쪽 | 9,500원

두뇌혁명
나카마츠 요시로 지음 | 민병수 옮김
4×6판 양장본 | 288쪽 | 12,000원

테마별 고사성어로 익히는 한자
김경익 지음 | 4×6배판 변형 | 248쪽 | 9,800원

生생공부비법
이은승 지음 | 대국전판 | 272쪽 | 9,500원

자녀를 성공시키는 습관만들기
배은경 지음 | 대국전판 | 232쪽 | 9,500원

한자능력검정시험 1급
한자능력검정시험연구위원회 편저
4×6배판 | 568쪽 | 21,000원

한자능력검정시험 2급
한자능력검정시험연구위원회 편저
4×6배판 | 472쪽 | 18,000원

한자능력검정시험 3급(3급Ⅱ)
한자능력검정시험연구위원회 편저
4×6배판 | 440쪽 | 17,000원

한자능력검정시험 4급(4급Ⅱ)
한자능력검정시험연구위원회 편저
4×6배판 | 352쪽 | 15,000원

한자능력검정시험 5급
한자능력검정시험연구위원회 편저
4×6배판 | 264쪽 | 11,000원

한자능력검정시험 6급
한자능력검정시험연구위원회 편저
4×6배판 | 168쪽 | 8,500원

한자능력검정시험 7급
한자능력검정시험연구위원회 편저
4×6배판 | 152쪽 | 7,000원

한자능력검정시험 8급
한자능력검정시험연구위원회 편저
4×6배판 | 112쪽 | 6,000원

볼링의 이론과 실기
이택상 지음 | 신국판 | 192쪽 | 9,000원

고사성어로 끝내는 천자문
조준상 글 · 그림 | 4×6배판 | 216쪽 | 12,000원

내 아이 스타 만들기
김민성 지음 | 신국판 | 200쪽 | 9,000원

교육 1번지 강남 엄마들의 수험생 자녀 관리
황송주 지음 | 신국판 | 288쪽 | 9,500원

초등학생이 꼭 알아야 할 위대한 역사 상식
우진영 · 이양경 지음 | 4×6배판변형
228쪽 | 9,500원

초등학생이 꼭 알아야 할 행복한 경제 상식
우진영 · 전선심 지음 | 4×6배판변형
224쪽 | 9,500원

초등학생이 꼭 알아야 할 재미있는 과학상식
우진영 · 정경희 지음 | 4×6배판변형
220쪽 | 9,500원

한자능력검정시험 3급 · 3급Ⅱ
한자능력검정시험연구위원회 편저
4×6판 | 380쪽 | 7,500원

교과서 속에 꼭꼭 숨어있는 이색박물관 체험
이신화 지음 | 대국전판 | 248쪽 | 12,000원

초등학생 독서 논술(저학년)
책마루 독서교육연구회 지음 | 4×6배판 변형
244쪽 | 14,000원

초등학생 독서 논술(고학년)
책마루 독서교육연구회 지음 | 4×6배판 변형
236쪽 | 14,000원

놀면서 배우는 경제
김솔 지음 | 대국전판 | 196쪽 | 10,000원

건강생활과 레저스포츠 즐기기
강선희 외 11명 공저 | 4×6배판 | 324쪽 | 18,000원

아이의 미래를 바꿔주는 좋은 습관
배은경 지음 | 신국판 | 216쪽 | 9,500원

다중지능 아이의 미래를 바꾼다
이소영 외 6인 지음 | 신국판 | 232쪽 | 11,000원

체육학 자연과학 및 사회과학 분야의 석 · 박사 학위 논문, 학술진흥재단 등재지, 등재후보지와 관련된 학회지 논문 작성법
하철수 · 김봉경 지음 | 신국판 | 336쪽 | 15,000원

공부가 제일 쉬운 공부 달인 되기
이은승 지음 | 신국판 | 256쪽 | 10,000원

글로벌 리더가 되려면 영어부터 정복하라
서재희 지음 | 신국판 | 276쪽 | 11,500원

중국현대30년사
정재일 지음 | 신국판 | 364쪽 | 20,000원

생활호신술 및 성폭력의 유형과 예방
신현무 지음 | 신국판 | 228쪽 | 13,000원

글로벌 리더가 되는 최강 속독법
권혁천 지음 | 신국판 변형 | 336쪽 | 15,000원

디지털 시대의 여가 및 레크리에이션
박세혁 지음 | 4×6배판 양장 | 404쪽 | 30,000원

김진국과 같이 배우는 와인의 세계
김진국 지음 | 국배판 변형양장본(올 컬러판)
208쪽 | 30,000원

배스낚시 테크닉
이종건 지음 | 4×6배판 | 440쪽 | 20,000원

나도 디지털 전문가 될 수 있다!!!
이승훈 지음 | 4×6배판 | 320쪽 | 19,200원

건강하고 아름다운 동양란 기르기
난마을 지음 | 4×6배판 변형 | 184쪽 | 12,000원

애완견114
황양원 엮음 | 4×6배판 변형 | 228쪽 | 13,000원

경제 · 경영

CEO가 될 수 있는 성공법칙 101가지
김승룡 편역 | 신국판 | 320쪽 | 9,500원

정보소프트
김승룡 지음 | 신국판 | 324쪽 | 6,000원

기획대사전
다카하시 겐코 지음 | 홍영의 옮김
신국판 | 552쪽 | 19,500원

맨손창업 · 맞춤창업 BEST 74
양혜숙 지음 | 신국판 | 416쪽 | 12,000원

무자본, 무점포 창업! FAX 한 대면 성공한다
다카시로 고시 지음 | 홍영의 옮김
신국판 | 226쪽 | 7,500원

성공하는 기업의 인간경영
중소기업 노무 연구회 편저 | 홍영의 옮김
신국판 | 368쪽 | 11,000원

21세기 IT가 세계를 지배한다
김광희 지음 | 신국판 | 380쪽 | 12,000원

경제기사로 부자아빠 만들기
김기태 · 신현태 · 박근수 공저 | 신국판
388쪽 | 12,000원

포스트 PC의 주역 정보가전과 무선인터넷
김광희 지음 | 신국판 | 356쪽 | 12,000원

성공하는 사람들의 마케팅 바이블
채수명 지음 | 신국판 | 328쪽 | 12,000원

느린 비즈니스로 돌아가라
사카모토 게이이치 지음 | 정성호 옮김
신국판 | 276쪽 | 9,000원

적은 돈으로 큰돈 벌 수 있는 부동산 재테크
이원재 지음 | 신국판 | 340쪽 | 12,000원

바이오혁명
이주영 지음 | 신국판 | 328쪽 | 12,000원

성공하는 사람들의 자기혁신 경영기술
채수명 지음 | 신국판 | 344쪽 | 12,000원

CFO
교텐 토요오 · 타하라 오키시 지음
민병수 옮김 | 신국판 | 312쪽 | 12,000원

네트워크시대 네트워크마케팅
임동학 지음 | 신국판 | 376쪽 | 12,000원

성공리더의 7가지 조건
다이앤 트레이시 · 윌리엄 모건 지음
지창영 옮김 | 신국판 | 360쪽 | 13,000원

김종결의 성공창업
김종결 지음 | 신국판 | 340쪽 | 12,000원

최적의 타이밍에 내 집 마련하는 기술
이원재 지음 | 신국판 | 248쪽 | 10,500원

컨설팅 세일즈 Consulting sales
임동학 지음 | 대국전판 | 336쪽 | 13,000원

연봉 10억 만들기

김농주 지음 | 국판 | 216쪽 | 10,000원

주5일제 근무에 따른 한국형 주말창업
최효진 지음 | 신국판 변형 양장본
216쪽 | 10,000원

돈 되는 땅 돈 안되는 땅
김영준 지음 | 신국판 | 320쪽 | 13,000원

돈 버는 회사로 만들 수 있는 109가지
다카하시 도시노리 지음 | 민병수 옮김
신국판 | 344쪽 | 13,000원

프로는 디테일에 강하다
김미현 지음 | 신국판 | 248쪽 | 9,000원

머니투데이 송복규 기자의
부동산으로 주머니돈 100배 만들기
송복규 지음 | 신국판 | 328쪽 | 13,000원

성공하는 슈퍼마켓&편의점 창업
나명환 지음 | 4×6배판 변형 | 500쪽 | 28,000원

대한민국 성공 재테크 부동산 펀드와 리츠로 승부하라
김영준 지음 | 신국판 | 256쪽 | 12,000원

마일리지 200% 활용하기
박성희 지음 | 국판 변형 | 200쪽 | 8,000원

1%의 가능성에 도전, 성공 신화를 이룬 여성 CEO
김미현 지음 | 신국판 | 248쪽 | 9,500원

3천만 원으로 부동산 재벌 되기
최수길 · 이숙 · 조연희 지음
신국판 | 290쪽 | 12,000원

10년을 앞설 수 있는 재테크
노동규 지음 | 신국판 | 260쪽 | 10,000원

세계 최강을 추구하는 도요타 방식
나카야마 키요타카 지음 | 민병수 옮김
신국판 | 296쪽 | 12,000원

최고의 설득을 이끌어내는 프레젠테이션
조두환 지음 | 신국판 | 296쪽 | 11,000원

최고의 만족을 이끌어내는 창의적 협상
조강희 · 조원희 지음 | 신국판 | 248쪽 | 10,000원

New 세일즈 기법 물건을 팔지 말고 가치를 팔아라
조기선 지음 | 신국판 | 264쪽 | 9,500원

작은 회사는 전략이 달라야 산다
황문진 지음 | 신국판 | 312쪽 | 11,000원

돈되는 슈퍼마켓 & 편의점 창업전략(입지 편)
나명환 지음 | 신국판 | 352쪽 | 13,000원

25 · 35 꼼꼼 여성 재테크
정원훈 지음 | 신국판 | 224쪽 | 11,000원

대한민국 2030 독특하게 창업하라
이상헌 · 이호 지음 | 신국판 | 288쪽 | 12,000원

왕초보 주택 경매로 돈 벌기
천관성 지음 | 신국판 | 268쪽 | 12,000원

New 마케팅 기법 〈실천편〉 물건을 팔지 말고 가치를 팔아라 2
조기선 지음 | 신국판 | 240쪽 | 10,000원

퇴출 두려워 마라 홀로서기에 도전하라
신정수 지음 | 신국판 | 256쪽 | 11,500원

슈퍼마켓 & 편의점 창업 바이블
나명환 지음 | 신국판 | 280쪽 | 12,000원

위기의 한국 기업 재창조하라
신정수 지음 | 신국판 양장본 | 304쪽 | 15,000원

취업닥터
신정수 지음 | 신국판 | 272쪽 | 13,000원

합법적으로 확실하게 세금 줄이는 방법
최성호 · 김기근 지음 | 대국전판 | 372쪽 | 16,000원

선거수첩
김용한 엮음 | 4×6판 | 184쪽 | 9,000원

소상공인 마케팅 실전 노하우
㈜한국소상공인마케팅협회 지음 | 황문진 감수
4×6배판 변형 | 22,000원

불황을 완벽하게 타개하는 법칙
오오카와 류우호오 지음 | 김지현 옮김
신국판변형 | 240쪽 | 11,000원

한국 이명박 대통령의 영적 메시지
오오카와 류우호오 지음 | 박재영 옮김
4×6판 | 140쪽 | 7,500원

세계 황제를 노리는 남자 시진핑의 본심에 다가서다
오오카와 류우호오 지음 | 안미현 옮김
4×6판 | 144쪽 | 7,500원

북한 종말의 시작 영적 진실의 충격
오오카와 류우호오 지음 | 박재영 옮김
4×6판 | 194쪽 | 8,000원

러시아의 신임 대통령 푸틴과 제국의 미래
오오카와 류우호오 지음 | 안미현 옮김
4×6판 | 150쪽 | 7,500원

취업 역량과 가치로 디자인하라
신정수 지음 | 신국판 | 348쪽 | 15,000원

북한과의 충돌을 예견한다
오오카와 류우호오 지음 | 4×6판 | 148쪽 | 8,000원

주 식

개미군단 대박맞이 주식투자
홍성걸(한양증권 투자분석팀 팀장) 지음
신국판 | 310쪽 | 9,500원

알고 하자! 돈 되는 주식투자
이길영 외 2명 공저 | 신국판 | 388쪽 | 12,500원

항상 당하기만 하는 개미들의 매도 · 매수타이밍 999% 적중 노하우
강경무 지음 | 신국판 | 336쪽 | 12,000원

부자 만들기 주식성공클리닉
이창희 지음 | 신국판 | 372쪽 | 11,500원

선물 · 옵션 이론과 실전매매
이창희 지음 | 신국판 | 372쪽 | 12,000원

너무나 쉬워 재미있는 주가차트
홍성무 지음 | 4×6배판 | 216쪽 | 15,000원

주식투자 직접 투자로 높은 수익을 올릴 수 있는 비결
김학균 지음 | 신국판 | 230쪽 | 11,000원

억대 연봉 증권맨이 말하는 슈퍼 개미의 수익나는 원리
임정규 지음 | 신국판 | 248쪽 | 12,500원

역 학

역리종합 만세력
정도명 편저 | 신국판 | 532쪽 | 10,500원

작명대전
정보국 지음 | 신국판 | 460쪽 | 12,000원

하락이수 해설
이천교 편저 | 신국판 | 620쪽 | 27,000원

현대인의 창조적 관상과 수상
백운산 지음 | 신국판 | 344쪽 | 9,000원

대운용신영부적
정재원 지음 | 신국판 양장본 | 750쪽 | 39,000원

사주비결활용법
이세진 지음 | 신국판 | 392쪽 | 12,000원

컴퓨터세대를 위한 新 성명학대전
박용찬 지음 | 신국판 | 388쪽 | 11,000원

길흉화복 꿈풀이 비법
백운산 지음 | 신국판 | 410쪽 | 12,000원

새천년 작명컨설팅
정재원 지음 | 신국판 | 492쪽 | 13,900원

백운산의 신세대 궁합
백운산 지음 | 신국판 | 304쪽 | 9,500원

동자삼 작명학
남시모 지음 | 신국판 | 496쪽 | 15,000원

소울음소리
이건우 지음 | 신국판 | 314쪽 | 10,000원

알기 쉬운 명리학 총론
고순택 지음 | 신국판 양장본 | 652쪽 | 35,000원

법률일반

여성을 위한 성범죄 법률상식
조명원(변호사) 지음 | 신국판 | 248쪽 | 8,000원

아파트 난방비 75% 절감방법
고영근 지음 | 신국판 | 238쪽 | 8,000원

일반인이 꼭 알아야 할 절세전략 173선
최성호(공인회계사) 지음 | 신국판
392쪽 | 12,000원

변호사와 함께하는 부동산 경매
최환주(변호사) 지음 | 신국판 | 404쪽 | 13,000원

혼자서 쉽고 빠르게 할 수 있는 소액재판
김재용 · 김종철 공저 | 신국판 | 312쪽 | 9,500원

술 한 잔 사겠다는 말에서 찾아보는 채
권 · 채무
변환철(변호사) 지음 | 신국판 | 408쪽 | 13,000원

알기쉬운 부동산 세무 길라잡이
이건우(세무서 재산계장) 지음 | 신국판
400쪽 | 13,000원

알기쉬운 어음, 수표 길라잡이
변환철(변호사) 지음 | 신국판 | 328쪽 | 11,000원

제조물책임법
강동근(변호사) · 윤종성(검사) 공저
신국판 | 368쪽 | 13,000원

알기 쉬운 주5일근무에 따른 임금 · 연
봉제 실무
문강분(공인노무사) 지음 | 4×6배판 변형
544쪽 | 35,000원

변호사 없이 당당히 이길 수 있는 형사
소송
김대환 지음 | 신국판 | 304쪽 | 13,000원

변호사 없이 당당히 이길 수 있는 민사
소송
김대환 지음 | 신국판 | 412쪽 | 14,500원

혼자서 해결할 수 있는 교통사고 Q&A
조명원(변호사) 지음 | 신국판 | 336쪽 | 12,000원

알기 쉬운 개인회생 · 파산 신청법
최재구(법무사) 지음 | 신국판 | 352쪽 | 13,000원

부동산 조세론
정태식 · 김예기 지음 | 4×6배판 변형
408쪽 | 33,000원

생활법률

부동산 생활법률의 기본지식
대한법률연구회 지음 | 김원중(변호사) 감수
신국판 | 480쪽 | 12,000원

고소장 · 내용증명 생활법률의 기본지식
하태웅(변호사) 지음 | 신국판 | 440쪽 | 12,000원

노동 관련 생활법률의 기본지식
남동희(공인노무사) 지음
신국판 | 528쪽 | 14,000원

외국인 근로자 생활법률의 기본지식
남동희(공인노무사) 지음
신국판 | 400쪽 | 12,000원

계약작성 생활법률의 기본지식
이상도(변호사) 지음 | 신국판 | 560쪽 | 14,500원

지적재산 생활법률의 기본지식
이상도(변호사) · 조의제(변리사) 공저
신국판 | 496쪽 | 14,000원

부당노동행위와 부당해고 생활법률의
기본지식
박영수(공인노무사) 지음 | 신국판
432쪽 | 14,000원

주택 · 상가임대차 생활법률의 기본지식
김운용(변호사) 지음 | 신국판 | 480쪽 | 14,000원

하도급거래 생활법률의 기본지식
김진흥(변호사) 지음 | 신국판 | 440쪽 | 14,000원

이혼소송과 재산분할 생활법률의 기본
지식
박동섭(변호사) 지음 | 신국판 | 460쪽 | 14,000원

부동산등기 생활법률의 기본지식
정상태(법무사) 지음 | 신국판 | 456쪽 | 14,000원

기업경영 생활법률의 기본지식
안동섭(단국대 교수) 지음 | 신국판
466쪽 | 14,000원

교통사고 생활법률의 기본지식
박정무(변호사) · 전병찬 공저 | 신국판
480쪽 | 14,000원

소송서식 생활법률의 기본지식
김대환 지음 | 신국판 | 480쪽 | 14,000원

호적 · 가사소송 생활법률의 기본지식
정주수(법무사) 지음 | 신국판 | 516쪽 | 14,000원

상속과 세금 생활법률의 기본지식
박동섭(변호사) 지음 | 신국판 | 480쪽 | 14,000원

담보 · 보증 생활법률의 기본지식
류창호(법학박사) 지음 | 신국판 | 436쪽 | 14,000원

소비자보호 생활법률의 기본지식
김성천(법학박사) 지음 | 신국판 | 504쪽 | 15,000원

판결 · 공정증서 생활법률의 기본지식
정상태(법무사) 지음 | 신국판 | 312쪽 | 13,000원

산업재해보상보험 생활법률의 기본지식
정유석(공인노무사) 지음 | 신국판
384쪽 | 14,000원

명 상

명상으로 얻는 깨달음
달라이 라마 지음 | 지창영 옮김
국판 | 320쪽 | 9,000원

처 세

성공적인 삶을 추구하는 여성들에게 우
먼파워
조안 커너 · 모이라 레이너 공저 | 지창영 옮김
신국판 | 352쪽 | 8,800원

聽 이익이 되는 말 話 손해가 되는 말
우메시마 미요 지음 | 정성호 옮김
신국판 | 304쪽 | 9,000원

성공하는 사람들의 화술테크닉
민영욱 지음 | 신국판 | 320쪽 | 9,500원

부자들의 생활습관 가난한 사람들의 생
활습관
다케우치 야스오 지음 | 홍영의 옮김
신국판 | 320쪽 | 9,800원

코끼리 귀를 당긴 원숭이-히딩크식 창
의력을 배우자
강충인 지음 | 신국판 | 208쪽 | 8,500원

성공하려면 유머와 위트로 무장하라
민영욱 지음 | 신국판 | 292쪽 | 9,500원

등소평의 오뚝이전략
조창남 편저 | 신국판 | 304쪽 | 9,500원

노무현 화술과 화법을 통한 이미지 변화
이현정 지음 신국판 | 320쪽 | 10,000원

성공하는 사람들의 토론의 법칙
민영욱 지음 | 신국판 | 280쪽 | 9,500원

사람은 칭찬을 먹고산다
민영욱 지음 | 신국판 | 268쪽 | 9,500원

사과의 기술
김농주 지음 | 국판 변형 양장본 | 200쪽 | 10,000원

취업 경쟁력을 높여라
김농주 지음 | 신국판 | 280쪽 | 12,000원

유비쿼터스시대의 블루오션 전략
최양진 지음 | 신국판 | 248쪽 | 10,000원

나만의 블루오션 전략 – 화술편
민영욱 지음 | 신국판 | 254쪽 | 10,000원

희망의 씨앗을 뿌리는 20대를 위하여
우광균 지음 | 신국판 | 172쪽 | 8,000원

끌리는 사람이 되기위한 이미지 컨설팅
홍순아 지음 | 대국전판 | 194쪽 | 10,000원

글로벌 리더의 소통을 위한 스피치
민영욱 지음 | 신국판 | 328쪽 | 10,000원

오바마처럼 꿈에 미쳐라
정영순 지음 | 신국판 | 208쪽 | 9,500원

여자 30대, 내 생애 최고의 인생을 만
들어라
정영순 지음 | 신국판 | 256쪽 | 11,500원

인맥의 달인을 넘어 인맥의 神이 되라
서필환 · 봉은희 지음 | 신국판 | 304쪽 | 12,000원

아임 파인(I'm Fine!)
오오카와 류우호오 지음 | 4×6판 | 152쪽 | 8,000원

미셀 오바마처럼 사랑하고 성공하라
정영순 지음 | 신국판 | 224쪽 | 10,000원

용기의 법
오오카와 류우호오 지음 | 국판 | 208쪽 | 10,000원

긍정의 신
김태광 지음 | 신국판 변형 | 230쪽 | 9,500원

위대한 결단
이채윤 지음 | 신국판 | 316쪽 | 15,000원

한국을 일으킬 비전 리더십
안의정 지음 | 신국판 | 340쪽 | 14,000원

하우 어바웃 유?
오오카와 류우호오 지음 | 신국판 변형
140쪽 | 9,000원

셀프 리더십의 긍정적 힘
배은경 지음 | 신국판 178쪽 | 12,000원

실천하라 정주영처럼
이채윤 지음 | 신국판 | 300쪽 | 12,000원

진실에 대한 깨달음
오오카와 류우호오 지음 | 신국판 변형
170쪽 | 9,500원

통하는 화술
민영욱 · 조영관 · 손이수 지음 | 신국판
264쪽 | 12,000원

마흔, 마음샘에서 찾은 논어
이이영 지음 | 신국판 294쪽 | 12,000원

겨자씨만한 역사, 세상을 열다
이이영 · 손완주 지음 | 신국판 304쪽 | 12,000원

분노를 부르는 말 호감을 부르는 말
민영욱 · 남정숙 · 최용희 지음 | 신국판
216쪽 | 13,000원

어 학

2진법 영어
이상도 지음 | 4×6배판 변형 | 328쪽 | 13,000원

한 방으로 끝내는 영어
고제윤 지음 | 신국판 316쪽 | 9,800원

한 방으로 끝내는 영단어
김승엽 지음 | 김수경 · 카렌다 감수
4×6배판 변형 | 236쪽 | 9,800원

해도해도 안 되던 영어회화 하루에 30
분씩 90일이면 끝낸다
Carrot Korea 편집부 지음 | 4×6배판 변형
260쪽 | 11,000원

바로 활용할 수 있는 기초생활영어
김수경 지음 | 신국판 | 240쪽 | 10,000원

바로 활용할 수 있는 비즈니스영어
김수경 지음 | 신국판 | 252쪽 | 10,000원

생존영어55
홍일록 지음 | 신국판 | 224쪽 | 8,500원

필수 여행영어회화
한현숙 지음 | 4×6판 변형 | 328쪽 | 7,000원

필수 여행일어회화
윤영자 지음 | 4×6판 변형 | 264쪽 | 6,500원

필수 여행중국어회화
이은진 지음 | 4×6판 변형 | 256쪽 | 7,000원

영어로 배우는 중국어
김승엽 지음 | 신국판 | 216쪽 | 9,000원

필수 여행스페인어회화
유연창 지음 | 4×6판 변형 | 288쪽 | 7,000원

바로 활용할 수 있는 홈스테이 영어
김형주 지음 | 신국판 | 184쪽 | 9,000원

필수 여행러시아어회화
이은수 지음 | 4×6판 변형 | 248쪽 | 7,500원

바로 활용할 수 있는 홈스테이 영어
김형주 지음 | 신국판 | 184쪽 | 9,000원

필수 여행러시아어회화
이은수 지음 | 4×6판 변형 | 248쪽 | 7,500원

영어 먹는 고양이 1
권혁천 지음 | 4×6배판 변형(올컬러)
164쪽 | 9,500원

영어 먹는 고양이 2
권혁천 지음 | 4×6배판 변형(올컬러)
152쪽 | 9,500원

여 행

우리 땅 우리 문화가 살아 숨쉬는 옛터
이형권 지음 | 대국전판(올컬러)
208쪽 | 9,500원

아름다운 산사
이형권 지음 | 대국전판(올컬러) | 208쪽 | 9,500원

맛과 멋이 있는 낭만의 카페
박성찬 지음 | 대국전판(올컬러) | 168쪽 | 9,900원

한국의 숨어 있는 아름다운 풍경
이종원 지음 | 대국전판(올컬러) | 208쪽 | 9,900원

사람이 있고 자연이 있는 아름다운 명산
박기성 지음 | 대국전판(올컬러) | 176쪽 | 12,000원

마음의 고향을 찾아가는 여행 포구
김인자 지음 | 대국전판(올컬러) | 224쪽 | 14,000원

생명이 살아 숨쉬는 한국의 아름다운 강
민병준 지음 | 대국전판(올컬러) | 168쪽 | 12,000원

틈나는 대로 세계여행
김재관 지음 | 4×6배판 변형(올컬러)
368쪽 | 20,000원

풍경 속을 걷는 즐거움 명상 산책
김인자 지음 | 대국전판(올컬러) | 224쪽 | 14,000원

3.3.7 세계여행
김완수 지음 | 4×6배판 변형(올컬러)
280쪽 | 12,900원

법정 스님의 발자취가 남겨진
아름다운 산사
박성찬 · 최애정 · 이성준 지음
신국판 변형(올컬러) | 176쪽 | 12,000원

자유인 김완수의 세계 자연경관 후보지
21곳 탐방과 세계 7대 자연경관 견문록
김완수 지음 | 4×6배판(올컬러) | 368쪽 | 27,000원

레포츠

수열이의 브라질 축구 탐방 삼바 축구,
그들은 강하다
이수열 지음 | 신국판 | 280쪽 | 8,500원

마라톤, 그 아름다운 도전을 향하여
빌 로저스 · 프리실라 웰치 · 조 헨더슨 공저
오인환 감수 | 지창영 옮김
4×6배판 | 320쪽 | 15,000원

인라인스케이팅 100%즐기기
임미숙 지음 | 4×6배판 변형 | 172쪽 | 11,000원

스키 100% 즐기기
김동환 지음 | 4×6배판 변형 | 184쪽 | 12,000원

태권도 총론
하웅의 지음 | 4×6배판 | 288쪽 | 15,000원

수영 100% 즐기기
김종만 지음 | 4×6배판 변형 | 248쪽 | 13,000원

건강을 위한 웰빙 걷기
이강옥 지음 | 대국전판 | 280쪽 | 10,000원

쉽고 즐겁게! 신나게! 배우는 재즈댄스
최재선 지음 | 4×6배판 변형 | 200쪽 | 12,000원

해양스포츠 카이트보딩
김남용 편저 | 신국판(올컬러) | 152쪽 | 18,000원

골 프

퍼팅 메커닉
이근택 지음 | 4×6배판 변형 | 192쪽 | 18,000원

아마골프 가이드
정영호 지음 | 4×6배판 변형 | 216쪽 | 12,000원

골프 100타 깨기
김준모 지음 | 4×6배판 변형 | 136쪽 | 10,000원

골프 90타 깨기
김광섭 지음 | 4×6배판 변형 | 148쪽 | 11,000원

KLPGA 최여진 프로의 센스 골프
최여진 지음 | 4×6배판 변형(올컬러)
192쪽 | 13,900원

KTPGA 김준모 프로의 파워 골프
김준모 지음 | 4×6배판 변형(올컬러)
192쪽 | 13,900원

골프 80타 깨기
오태훈 지음 | 4×6배판 변형 | 132쪽 | 10,000원

신나는 골프 세상
유응열 지음 | 4×6배판 변형(올컬러)
232쪽 | 16,000원

이신 프로의 더 퍼펙트
이신 지음 | 국배판 변형 | 336쪽 | 28,000원

주니어출신 박영진 프로의 주니어골프
박영진 지음 | 4×6배판 변형(올컬러)
164쪽 | 11,000원

골프손자병법
유응열 지음 | 4×6배판 변형(올컬러)
212쪽 | 16,000원

박영진 프로의 주말 골퍼 100타 깨기
박영진 지음 | 4×6배판 변형(올컬러)
160쪽 | 12,000원

10타 줄여주는 클럽 피팅
현세용 · 서주석 공저 | 4×6배판 변형
184쪽 | 15,000원

단기간에 싱글이 될 수 있는 원포인트
레슨
권용진 · 김준모 지음 | 4×6배판 변형(올컬러)
152쪽 | 12,500원

이신 프로의 더 퍼펙트 쇼트 게임
이신 지음 | 국배판 변형(올컬러) | 248쪽 | 20,000원

인체에 가장 잘 맞는 스킨 골프
박길석 지음 | 국배판 변형 양장본(올컬러)
312쪽 | 43,000원

여성 · 실용

결혼준비, 이제 놀이가 된다
김창규 · 김수경 · 김정철 지음
4×6배판 변형(올컬러) | 230쪽 | 13,000원

아 동

꿈도둑의 비밀
이소영 지음 | 신국판 | 136쪽 | 7,500원

바리온의 빛나는 돌
이소영 지음 | 신국판 | 144쪽 | 8,000원

영 · 업 · 의 · 힘

판매의 달인이 되는 기술

제1판 1쇄 발행 2018년 4월 25일

지은이 / 정철원
펴낸이 / 강선희
펴낸곳 / 가림출판사

등록번호 / 1992. 10. 6. 제4-191호
주소 / 서울시 광진구 능동로 334(중곡동) 경남빌딩 5층
홈페이지 / www.galim.co.kr
이메일 / galim@galim.co.kr

값 15,500원

ⓒ 정철원, 2013

저자와의 협의하에 인지를 생략합니다.

ISBN 978-89-7895-405-1 13320

이 도서의 국립중앙도서관 출판예정도서목록(CIP)은 서지정보유통지원시스템 홈페이지(http://seoji.nl.go.kr)와
국가자료공동목록시스템(http://www.nl.go.kr/kolisnet)에서 이용하실 수 있습니다.
(CIP제어번호: CIP2018010838)

이 책은 《뭐든지 다판다》를 제목 변경한 도서입니다.